William Shakespeare, August Wilhelm von Schlegel, Ludwig Tieck

Sämtliche dramatische Werke

1. Band

William Shakespeare, August Wilhelm von Schlegel, Ludwig Tieck

Sämtliche dramatische Werke
1. Band

ISBN/EAN: 9783743642270

Hergestellt in Europa, USA, Kanada, Australien, Japan

Cover: Foto ©ninafisch / pixelio.de

Weitere Bücher finden Sie auf **www.hansebooks.com**

Die Cotta'sche Volksbibliothek

will ihrem Namen entsprechend dem Volke die besten Erzeugnisse seiner Dichter und Denker in schönen, gleichmäßig ausgestatteten Ausgaben zu dem Preise von

⇢ 50 Pfennig ⇠

für den elegant in Leinwand gebundenen Band

liefern und damit den weitesten Kreisen die Verschaffung einer Bibliothek von unbestritten größtem und dauerndem Wert ermöglichen.

Die **Cotta'sche Volksbibliothek** bringt in 52 Bänden von durchschnittlich 250 Seiten, welche in Zwischenräumen von 2 Wochen erscheinen, die nachstehenden Ausgaben:

Schillers sämtliche Werke. 12 Bände in Leinwand gebunden à 50 Pf.

Goethes ausgewählte Werke. 12 Bände in Leinwand gebunden à 50 Pf.

Lessings ausgewählte Werke. 6 Bände in Leinwand gebunden à 50 Pf.

Shakespeares sämtliche Werke. 12 Bände in Leinwand gebunden à 50 Pf.

Körners sämtliche Werke. 4 Bände in Leinwand gebunden à 50 Pf.

Hauffs sämtliche Werke. 6 Bände in Leinwand gebunden à 50 Pf.

Die **Cotta'sche Volksbibliothek** kann in dreifacher Weise durch alle Buchhandlungen bezogen werden:

1) **Durch Subskription auf die ganze Reihe von 52 Bänden** (alle 2 Wochen ein fertiger Band à 50 Pf.)
2) **Durch Subskription auf einzelne oder mehrere Dichter.**
3) **Durch Kauf einzelner Bände** (ohne Subskription, nach Wahl).

☞ **Auch für einzelne Bände ist der Preis von 50 Pf. für den gebundenen Band beibehalten.** ☜

Die Verlagshandlung, welche mit dieser Volksbibliothek die Musterwerke der Litteratur in gediegener Ausstattung zu einem wohlfeilen Preise ohnegleichen bietet, rechnet auf die Sympathien aller Kreise für ihr neues litterarisch wertvolles und volkstümliches Unternehmen.

Stuttgart, März 1889.

J. G. Cotta'sche Buchhandlung
Nachfolger.

Shakespeares sämtliche Dramatische Werke

in zwölf Bänden.

Uebersetzt von

Schlegel und Tieck.

Erster Band.

Inhalt:
Jugendlustspiele I: Der Widerspenstigen Zähmung. — Die Comödie der Irrungen. — Die beiden Veroneser.

Stuttgart.
J. G. Cotta'sche Buchhandlung
Nachfolger.

Der Widerspenstigen Zähmung.

Uebersetzt von

Ludwig Tieck.
[Baudissin.]

Personen.

Ein Lord.
Christoph Schlau, ein betrunkener Kesselflicker.
Wirtin, Page, Schauspieler, Jäger und andere Bediente des Lords.
Baptista, ein reicher Edelmann in Padua.
Vincentio, ein alter Edelmann aus Pisa.
Lucentio, Vincentios Sohn, Liebhaber der Bianka.
Petruchio, ein Edelmann aus Verona, Katharinens Freier.
Gremio,
Hortensio, } Biankas Freier.
Tranio,
Biondello, } Lucentios Diener.
Grumio,
Curtis, } Petruchios Diener.
Ein Pedant, der den Vincentio vorstellen soll.
Katharina, die Widerspenstige,
Bianka, ihre Schwester, } Baptistas Töchter.
Eine Witwe.
Schneider, Putzhändler und Bediente des Baptista und des Petruchio.

(Die Handlung ist abwechselnd in Padua und in dem Landhause des Petruchio.)

Einleitung.

Vor einer Schenke auf der Heide.

Schlau und die Wirtin treten auf.

Schlau. Ich will Euch zwiebeln, mein Seel!
Wirtin. Fußschellen für dich, du Lump!
Schlau. Du Weibsstück! die Schlaus sind keine Lumpen! Sieh in den Chroniken nach, wir kamen mit Richard dem Eroberer [1] herüber! also paucas palabris:[2] laßt der Welt ihr Recht; Sessa![3]
Wirtin. Ihr wollt mir die Gläser nicht bezahlen, die Ihr zerbrochen habt?
Schlau. Nein, keinen Heller. Geh, geh! sagt Jeronimo, geh in dein kaltes Bett und wärme dich.[4]
Wirtin. Ich weiß schon, was ich zu thun habe: ich muß gehen und den Viertelsmeister holen! — (Ab.)
Schlau. Den Viertels-, Fünftels-, Sechstels- oder Achtelsmeister; ich werde ihm nach dem Gesetz antworten. Ich weiche keinen Zollbreit, Junge; laßt ihn kommen und in der Güte.
(Schläft ein.)

Ein Lord, der mit seinem Gefolge von der Jagd zurückkehrt, tritt auf.

Lord. Jäger, ich sag' dir's, pfleg die Meute gut. —
Halt Lustig kurz; der Schaum steht ihm vorm Munde,
Und kupple Greif mit der tiefstimm'gen Bracke.
Sahst du nicht, Bursch, wie brav der Silber aufnahm
Am Rand des Zauns, so kalt die Fährte war?
Den Hund möcht' ich für zwanzig Pfund nicht missen.
Erster Jäger. Nun, Baumann ist so gut wie der, Mylord:
Er ließ nicht ab, verlor er gleich die Spur,
Und zweimal fand er heut die schwächste Witterung: —
Glaubt mir's, das ist der allerbeste Hund.
Lord. Du bist ein Narr; wär' Echo nur so flink,
Ich schätzt' ihn höher als ein Dutzend solcher.
Nun füttre diese gut, und sieh nach allen;
Ich reite morgen wieder auf die Jagd.
Erster Jäger. Ganz wohl, Mylord.
Lord. Was gibt's da?
Ein Toter oder Trunkner? atmet er?
Zweiter Jäger. Er atmet, gnäd'ger Herr; ihn wärmt sein Bier,
Sonst wär's ein kaltes Bett, so fest zu schlafen.
Lord. O scheußlich Tier! Da liegt er wie ein Schwein! —
Graunvoller Tod, wie ekel ist dein Abbild!
Mit diesem Trunkenbold fang' ich was an.

Was meint ihr, wenn man in ein Bett ihn legte,
In feinem Linnen, Ring' an seinen Fingern,
Ein recht erlesnes Mahl an seinem Lager,
Stattliche Diener um ihn beim Erwachen: —
Würde der Bettler nicht sein selbst vergessen?
Erster Jäger. Mein Treu, Mylord, das, glaub' ich, kann nicht fehlen.
Zweiter Jäger. Es wird ihn seltsam dünken, wenn er aufwacht.
Lord. Ganz wie ein schmeichlerischer Traum, ein Blendwerk!
Drum hebt ihn auf, verfolgt den Scherz geschickt,
Tragt ihn behutsam in mein schönstes Zimmer,
Und hängt umher die lüsternen Gemälde;
Wärmt seinen strupp'gen Kopf mit duft'gem Wasser,
Mit Lorbeerholz durchwürzt des Saales Luft,
Haltet Musik bereit, sowie er wacht,
Daß Himmelston ihm Wonn' entgegenklinge.
Und spricht er etwa, eilt sogleich herzu.
Und mit bemüt'ger, tiefer Reverenz
Fragt: Was befiehlt doch Eure Herrlichkeit?
Das Silberbecken reich' ihm einer dar
Voll Rosenwasser und bestreut mit Blumen.
Die Gießkann' trage dieser, Handtuch jener;
Sagt: Will Eu'r Gnaden sich die Hände kühlen?
Ein andrer steh' mit reichem Kleide da
Und frag' ihn, welch ein Anzug ihm beliebt?
Noch einer sprech' ihm vor von Pferd und Hunden,
Und wie sein Unfall sein Gemahl bekümmre.
Macht ihm begreiflich, er sei längst verrückt,
Und sagt er euch, er sei ... so sprecht, er träume,
Er sei nichts anders als ein mächt'ger Lord. —
Dies thut und macht's geschickt, ihr lieben Leute;
Es wird ein schön ausbünd'ger Zeitvertreib,
Wenn wir erlaubtes Maß nicht überschreiten.
Erster Jäger. Mylord, vertraut, wir spielen unsre Rolle;
Und unserm Eifer nach soll er es glauben,
Daß er nichts anders ist, als wir ihn nennen.
Lord. Hebt ihn behutsam auf, bringt ihn zu Bett,
Und jeder an sein Amt, wenn er erwacht.
(Einige tragen Schlau fort. Trompeten.)
Geh, Bursch, und sieh, wen die Trompete meldet:
Vielleicht ein großer Herr, der auf der Reise
Sich diesen Ort ersehn, um hier zu rasten.
Sag an, wer ist's?
Diener. Mit Euer Gnaden Gunst,
Schauspieler sind's, die ihre Dienste bieten.
Lord. Führ sie herein. Ihr seid willkommen, Leute.

Schauspieler treten auf.

Erster Schauspieler. Wir danken Euer Gnaden.
Lord. Gedenkt ihr diesen Abend hier zu bleiben?
Zweiter Schauspieler.
Wenn Euer Gnaden unsern Dienst genehmigt.
Lord. Von Herzen gern. Den Burschen kenn' ich noch,
Er spielte eines Pachters ältsten Sohn;
Da, wo so hübsch du um das Mädchen warbst.
Ich weiß nicht deinen Namen, doch die Rolle
War passend und natürlich dargestellt.
Erster Schauspieler. War es nicht Soto, den Eu'r Gnaden meint?
Lord. Der war es auch; du spieltest ihn vortrefflich.
Nun, zur gelegnen Stunde kommt ihr eben,
So mehr, da ich 'nen Spaß mir vorgesetzt,
Wo ihr mit eurem Witz mir helfen könnt.
Ein Lord hier wird euch heute spielen sehn;
Allein ich fürcht', ihr kommt mir aus der Fassung:
Daß, fällt sein närrisch Wesen euch ins Auge
(Denn noch sah Mylord niemals ein Theater),
Ihr nicht ausbrecht in schallendes Gelächter,
Und so ihm Anstoß gebt; denn seid versichert,
Wenn ihr nur lächelt, kommt er außer sich.
Erster Schauspieler. Sorgt nicht, Mylord, wir halten uns im Zaum,
Und wär' er auch die lächerlichste Fratze.
Lord. Du geh mir, führ sie in die Kellerei.
Da reiche jedem freundlichen Willkommen
Und spare nichts, was nur mein Haus vermag. (Schauspieler ab.)
— Du hol Bartolomeo mir, den Pagen,
Und laß ihn kleiden ganz wie eine Dame;
Dann führ ihn in des Trunkenbolds Gemach,
Und nenn ihn gnäd'ge Frau, dien ihm mit Ehrfurcht.
Sag ihm von mir, wenn meine Gunst ihm lieb,
Mög' er mit feinem Anstand sich betragen,
So wie er edle Frauen irgend nur
Mit ihren Ehherrn sich benehmen sah,
So unterthänig sei er diesem Säufer.
Mit sanfter Stimme, tief sich vor ihm neigend,
Sprech' er dann: Was befiehlt mein teurer Herr?
Worin Eu'r Weib getreu und unterwürfig
Euch Pflicht erweis' und ihre Lieb' erzeige? —
Hernach mit süßem Kuß und sanft umarmend,
Das Haupt an seine Brust ihm angelehnt,
Soll er im Uebermaß der Freude weinen,
Daß sein Gemahl ihm wieder hergestellt,
Der zweimal sieben Jahr sich selbst verkennend

Für einen schmutz'gen Bettler sich gehalten. —
Versteht der Knabe nicht die Frauenkunst,
Schnell diesem Regenschauer zu gebieten,
Wird eine Zwiebel ihm behilflich sein,
Die heimlich eingewickelt in ein Tuch
Die Augen sicher unter Wasser setzt. —
Besorge dies, so schleunig du's vermagst;
Ich will sogleich dir mehr noch anvertraun. (Diener ab.)
Ich weiß, der Knabe wird den feinen Anstand,
Gang, Stimm' und Wesen einer Dam' entwenden.
Ich freu' mich drauf, wenn er Gemahl ihn nennt,
Und wie mit Lachen alle werden kämpfen,
Wenn sie dem dummen Bauern huld'gen müssen.
Ich geh', noch mehr zu raten; mein Erscheinen
Mag ihre allzu lust'ge Laune dämpfen,
Die sonst vielleicht ein Uebermaß erreichte.
(Ab mit seinem Gefolge.)

Es treten auf Schlau mit mehreren Dienern. Einige tragen Kleider,
Becken und Gießkanne, und anderes Gerät. Der Lord unter ihnen.

Schlau. Um Gottes willen, einen Krug Dünnbier.
Erster Diener. Befiehlt Eu'r Herrlichkeit 'nen Becher Sekt?
Zweiter Diener. Befiehlt Eu'r Gnaden eingemachte Früchte?
Dritter Diener. Welch einen Anzug wünscht Eu'r Gnaden heut?
Schlau. Ich bin Christoph Schlau, heißt mich nicht Herrlichkeit noch Gnaden. Ich habe mein Lebtage keinen Sekt getrunken, und wollt ihr mir Eingemachtes geben, so gebt mir eingemachtes Rindfleisch. Fragt mich nicht, welchen Anzug ich tragen will, denn ich habe nicht mehr Wämser als Rücken, nicht mehr Strümpfe als Beine, nicht mehr Schuhe als Füße, ja zuweilen mehr Füße als Schuhe, oder solche Schuhe, wo mir die Zehen durchs Oberleder gucken.
Lord. Gott nehm' Eu'r Gnaden diesen müß'gen Wahn! —
O daß ein mächt'ger Lord, von solcher Abkunft,
So großem Reichtum, solcher hohen Würde
Sich von so bösem Geist beherrschen läßt!
Schlau. Was! wollt ihr mich verrückt machen? Bin ich denn nicht Christoph Schlau, Sohn des alten Schlau von Burtonheide? Durch Geburt ein Hausierer, durch Erziehung ein Hechelkrämer, durch Verwandlung ein Bärenführer und nun nach meiner jetzigen Hantierung ein Kesselflicker? Fragt nur Anne Hacket, die dicke Bierwirtin von Wincot,[5] ob sie mich nicht kennt. Wenn sie sagt, daß sie mich nicht mit vierzehn Pfennigen für Weißbier auf dem Kerbholz angestrichen hat, so streicht mich an

als den verlogensten Schelm in der ganzen Christenheit. Was!
ich bin doch nicht verhext? — Hier ist . . .
Erster Diener. O dies macht Eure edle Gattin weinen! —
Zweiter Diener. O dies macht Eure treuen Diener trauern! —
Lord. Ja, deßhalb scheun das Haus die Anverwandten,
Als geißelt' Euer Wahnsinn sie hinweg.
O edler Lord, gedenk der hohen Ahnen,
Den alten Sinn ruf aus dem Bann zurück,
Und banne diesen blöden niedern Traum! —
Bereit sich dein Gesind', dir aufzuwarten;
Die Pflicht will jeder thun auf deinen Wink!
Willst du Musik? so horch, Apollo spielt,
Und zwanzig Nachtigall'n im Bauer singen; —
Sag', willst du schlafen? Deiner harrt ein Lager,
Weicher und sanfter als das üpp'ge Bett,
Das für Semiramis ward aufgeschmückt. —
Willst du lustwandeln? Blumen streun wir dir;
Willst reiten? Deine Rosse lass' ich zäumen,
Ihr Zeug ganz aufgeschmückt mit Gold und Perlen; —
Liebst du die Beize? Deine Falken schwingen
Sich höher als die Morgenlerche; Jagd?
Der Himmel dröhnt vom Bellen deiner Hunde
Und weckt der hohlen Erde grelles Echo.
Erster Diener. Sprich, willst du hetzen? schnell sind deine Hunde,
Leicht wie der Hirsch und flücht'ger als das Reh.
Zweiter Diener. Liebst du Gemälde? Sprich, wir bringen dir
Adonis ruhend an dem klaren Bach,
Und Cytherea ganz im Schilf versteckt,
Das kosend sich vor ihrem Atem regt,
Wie schwankes Schilfrohr, das im Winde nickt.
Lord. Wir zeigen Jo dir, da sie noch Jungfrau,
Wie sie betrogen ward und überrascht;
Wie sie geschah, so lebt die That im Bild.
Dritter Diener. Und Daphne, flüchtend durch den dorn'gen Wald,
Zerritzt die Beine, daß man schwört, sie blute,
Und bei dem Anblick traurig wein' Apollo:.
So meisterlich gemalt sind Blut und Thränen.
Lord. Du bist ein Lord, nichts andres als ein Lord,
Und eine Gemahl besitzest du, weit schöner
Als irgend ein' in dieser dürft'gen Zeit.
Erster Diener. Und eh' die Thränen, die, für dich vergossen,
Voll Neid ihr lieblich Antlitz überströmt,
War sie das reizendste Geschöpf der Welt;
Und jetzt noch steht sie keiner andern nach.
Schlau. Bin ich ein Lord, und hab' ich solche Frau?

Träum' ich? sagt, oder träumte mir bis jetzt?
Ich schlafe nicht, ich seh', ich hör', ich spreche,
Ich rieche Duft, ich fühle weiches Lager.
Bei meiner Seel', ich bin ein Lord, wahrhaftig,
Kein Kesselflicker, noch Christopher Schlau.
Wohlan, so bringt mir meine Frau vor Augen,
Und nochmals, einen Krug vom dünnsten Bier! —
Zweiter Diener. Will Eur' Erhabenheit die Hände waschen?
(Die Diener reichen ihm Becken, Kanne und Tuch.)
Wir sind beglückt, daß Ihr zurecht Euch fandet;
O daß Ihr endlich einseht, wer Ihr seid! —
Seit fünfzehn Jahren wart Ihr wie im Traum,
Und wachtet Ihr, so war's, als ob Ihr schlieft.
Schlau. Seit fünfzehn Jahren! Blitz, ein hübsches Schläfchen!
Sprach ich denn gar nichts in der ganzen Zeit? —
Erster Diener. O ja, Mylord, doch lauter unnütz Zeug.
Denn lagt Ihr gleich in diesem schönen Zimmer,
Doch sagtet Ihr, man werf' Euch aus der Thür.
Dann schaltet Ihr die Wirtin aus und drohtet
Sie beim Gerichtstag nächstens zu verklagen,
Weil sie Steinkrüge gab statt richt'gen Maßes;
Dann wieder rieft Ihr nach Cäcilie Hacket.
Schlau. Ja ja, der Wirtin Tochter in der Schenke.
Dritter Diener. Ei, Herr, Ihr kennt solch Haus nicht und solch Mädchen,
Noch solche Leute, als Ihr hergezählt,
Auch all' die Männer, die Ihr nanntet, nicht:
Als Stephan Schlau, Hans Knopf, den alten Dicken,
Und Peter Torf, und Heinrich Pimpernell,
Und zwanzig solcher Namen noch und Leute,
Die niemals lebten, und die niemand kennt.
Schlau. Nun, Gott sei Dank für unsre Besserung!
Alle. Amen! —
Schlau. Ich danke dir, 's soll nicht dein Schade sein. —
Der Page kommt wie eine Dame gekleidet, mit Gefolge.
Page. Wie geht es meinem Herrn?
Schlau. Ei nun, recht wohl, hier gibt's genug zu essen.
Wo ist mein Weib?
Page. Hier, edler Herr; was wolltest du von ihr?
Schlau. Seid Ihr mein Weib und nennt mich nicht mein Mann?
Herr heiß' ich fürs Gesind', ich bin Eu'r Alter.
Page. Mein Gatte und mein Herr, mein Herr und Gatte,
Ich bin Eu'r Ehgemahl in schuld'ger Demut.
Schlau. Nun ja, ich weiß. Wie heißt sie denn?

Lord. Madam.
Schlau. Was! Madam Else? oder Madam Hanne? —
Lord. Madam schlichtweg, so nennen Lords die Ladies.
Schlau. Nun, Madam Frau, man sagt, ich schlief und träumte
Schon an die fünfzehn Jahre wohl und länger.
Page. Ja, und die Zeit bedünkte mich wie dreißig,
Weil ich so lang getrennt von deinem Bett.
Schlau. 's ist viel! Leute, laßt mich und sie allein.
Madam, zieht Euch nur aus und kommt zu Bett.
Page. Dreimal erhabner Lord, ich muß Euch flehn,
Geduldet Euch nur wen'ge Nächte noch,
Wo nicht, nur bis die Sonne unterging;
Denn Eure Aerzte haben streng verordnet
(In Furcht, Eu'r altes Uebel kehre wieder),
Daß ich mich noch von Eurem Bett entferne:
So steht die Sache, drum entschuldigt mich.
Schlau. Je nun ja, wenn's so steht, ist's aber doch schwer, so lange zu warten. Aber es sollte mich freilich verdrießen, wenn ich wieder in meine Träume verfiele, darum will ich warten, was auch Fleisch und Blut dazu sagen mögen.

Ein Diener kommt.

Diener. Eu'r Herrlichkeit Schauspieler sind bereit,
Weil Ihr gesund, ein lustig Stück zu spielen,
Denn also halten's Eure Aerzte dienlich,
Weil zuviel Trübsinn Euer Blut verdickt,
Und Traurigkeit des Wahnsinns Amme ist.
Deshalb schien's ihnen gut, Ihr säht dies Spiel,
Und lenktet Euern Sinn auf muntern Scherz:
Dadurch wird Leid verbannt, verlängt das Leben.
Schlau. Zum Henker, das soll geschehn. Ist es nicht so eine Komödität, eine Christmarktstanzerei, oder eine Luftspringergeschichte?
Page. Nein, Herr, dies Zeug gefällt Euch wohl noch besser.
Schlau. Was? Ist es Tischzeug?
Page. 's ist 'ne Art Historie.
Schlau. Nun, wir wollen's ansehn. Komm, Madam Frau, setz dich neben mich, und laß der Welt ihren Lauf; wir werden niemals wieder jünger.

Erster Aufzug.

1. Szene.

Straße.

Lucentio und Tranio treten auf.

Lucentio. Tranio, du weißt, wie mich der heiße Wunsch,
Padua zu sehn, der Künste schöne Wiege,
In die fruchtbare Lombardei geführt,
Des herrlichen Italiens lust'gen Garten;
Und rüstig durch des Vaters Lieb' und Urlaub,
Von seinen Wünschen und von dir begleitet,
Höchst treuer Diener, wohl erprobt in allem,
Laß uns, hier angelangt, mit Glück beginnen
Die Bahn des Lernens und geistreichen Wissens.
Pisa, berühmt durch angesehne Bürger,
Gab mir das Dasein, und dort lebt mein Vater,
Ein Kaufmann, wohlbekannt der ganzen Welt,
Vincentio, vom Geschlecht der Bentivogli. —
Vincentios Sohn, in Florenz aufgezogen,
Geziemt's, des Vaters Hoffnung zu erfüllen,
Des Reichtums Glanz durch edles Thun zu zieren.
So weih' ich, Tranio, des Studierens Zeit
Der Tugend und Philosophie allein;
Jener Philosophie, die uns belehrt,
Wie Glück durch Tugend nur erworben wird.
Wie denkst du drüber, sprich. Denn Pisa ließ ich
Und kam nach Padua, wie ein Mann verläßt
Den seichten Bach, sich in den Strom zu werfen,
Um Sättigung zu trinken seinem Durst.
Tranio. Mi perdonate,[6] lieber junger Herr:
Ich denk' in allem grade so wie Ihr,
Froh, daß Ihr fest bei Euerm Vorsatz bleibt,
Der süßen Weisheit Süßigkeit zu saugen.
Nur, guter Herr, indem wir so bewundern
Die Tugend und moral'sche Wissenschaft,
Laßt uns nicht Stoiker, nicht Stöcke werden.
Horcht nicht so fromm auf Aristot'les Schelten,
Daß Ihr Ovid als sündlich ganz verschwört;
Sprecht Logik mit den Freunden, die Ihr seht,
Und übt Rhetorik in dem Tischgespräch;
Treibt Dichtkunst und Musik, Euch zu erheitern;

Und Metaphysik und Mathematik,
Die tischt Euch auf, wenn Ihr Euch hungrig fühlt;
Was Ihr nicht thut mit Lust, gedeiht Euch nicht;
Kurz, Herr, studiert, was Ihr am meisten liebt.
Lucentio. Bedankt sei, Tranio, denn du rätst mir gut.
Wärst du, Biondello, nur erst angelangt,
Wir könnten bald hier eingerichtet sein
Und Wohnung mieten, groß genug für Freunde,
Die ich in Padua mir erwerben werde.
Doch warte noch: was kommen da für Leute?
Tranio. Ein Aufzug, von der Stadt uns zu begrüßen.

**Baptista, Katharina, Bianka, Gremio und Hortensio treten auf.
Lucentio und Tranio gehen auf die Seite.**

Baptista. Nein, werte Herren, drängt mich ferner nicht,
Denn was ich fest beschlossen, wißt ihr jetzt:
Das heißt, mein jüngres Kind nicht zu vermählen,
Eh' ich der ältsten einen Mann geschafft.
Liebt einer von euch beiden Katharinen
(Denn beide kenn' ich wohl und will euch wohl),
So steht's euch frei, nach Lust um sie zu frei'n.
Gremio. Befreit mich von dem Frei'n, sie ist zu rauh.
Da, nehmt, Hortensio! Braucht Ihr was von Frau? —
Katharina. Ich bitt' Euch, Vater, ist's Eu'r Wille so,
Mich auszuhökern allen diesen Kunden?
Hortensio. Kunden, mein Kind? dich sucht als Kundschaft keiner,
Du mußt erst neue, sanftre Form verkünden.
Katharina. Ei, laßt Euch drum nicht graue Haare wachsen.
Ihr seid noch meilenweit von ihrem Herzen;
Und hättet Ihr's, gewiß sie sorgte schon,
Den Schopf Euch mit dreibein'gem Stuhl zu bürsten,
Und schminkt' Euch das Gesicht wie den Hanswürsten.
Hortensio. Vor solchen Teufeln, lieber Gott, bewahr uns.
Gremio. Mich auch, du lieber Gott!
Tranio. Seht, junger Herr, was hier sich für ein Spaß weist!
Die Dirn' ist toll, wo nicht, gewaltig nas'weis.
Lucentio. Doch sieh, wie in der andern sanftem Schweigen
Sich jungfräuliche Mild' und Demut zeigen.
Still, Tranio!
Tranio. Gut, junger Herr! Mum! gafft Euch nur recht satt!
Baptista. Ihr, meine Herrn, damit ich gleich erfülle,
Was ich gesagt, — geh, Bianka, nun hinein!
Und laß dich's nicht betrüben, gute Bianka,
Denn du bist mir deshalb nicht minder lieb.

Katharina. Ein zierlich Püppchen! lieber gar geheult,
Wüßtest du nur warum?
Bianka. Vergnüg dich nur an meinem Mißvergnügen. —
Herr, Eurem Willen füg' ich mich in Demut.
Gesellschaft sei'n mir meine Laut' und Bücher,
Durch Lesen und Musik mich zu erheitern.
Lucentio. O Tranio, hörst du nicht Minerva sprechen?
Hortensio. Wollt Ihr so wunderlich verfahren, Herr? —
Es dauert mich, daß Bianka leiden muß
Durch unsre Liebe. —
Gremio. Was! Ihr sperrt sie ein,
Signor Baptist, um diesen höllischen Teufel?
Und straft der andern böse Zung' an ihr?
Baptista. Ihr Herrn, beruhigt euch, ich bin entschlossen.
Geh nur, mein Kind (Bianka geht),
Und weil ich weiß, sie hat am meisten Freude
An Poesie, Musik und Instrumenten,
Will ich Lehrmeister mir im Hause halten
Zur Bildung ihrer Jugend. Ihr, Hortensio,
Und Signor Gremio, wißt ihr irgend einen,
So schickt ihn zu mir, denn gelehrten Männern
Erzeig' ich Freundlichkeit und spare nichts,
Recht sorgsam meine Kinder zu erziehn.
Und so lebt wohl. Du, Katharina, bleibe;
Ich habe mehr mit Bianka noch zu reden. (Ab.)
Katharina. Meint Ihr? nun ich denk', ich geh wohl auch. Ei
seht doch!
Was! Wollt Ihr mir die Zeit vorschreiben? Weiß ich denn
Nicht selber, was ich thun und lassen soll? Ha! — (Ab.)

Gremio. Geh du nur zu des Teufels Großmutter. — Deine
Talente sind so herrlich, daß keiner dich hier zu halten begehrt! —
Der beiden Liebe ist nicht so groß, Hortensio, daß wir ihret=
wegen nicht immer stehn und auf unsre Nägel blasen und passen
mögen; unser Kuchen ist noch zäh auf beiden Seiten. Lebt wohl;
aber aus Liebe zu meiner holden Bianka will ich doch, wenn
ich's irgendwo vermag, einen geschickten Mann finden, der ihr
Unterricht erteilen kann in dem, was sie erfreut, und ihn zu
ihrem Vater senden.

Hortensio. Das will ich auch, Signor Gremio. Aber noch
ein Wort, ich bitte Euch! — Obgleich unsre Mißhelligkeit bisher
keine Verabredung unter uns gestattet hat, so laßt uns jetzt nach
besserm Rat bedenken, daß uns beiden daran gelegen sei, —
damit wir wieder Zutritt zu unsrer schönen Gebieterin erhalten,
und glückliche Nebenbuhler in Biankas Liebe werden können, —
vornehmlich Eine Sache zu betreiben und zustande zu bringen.

Gremio. Welche wäre das, ich bitte Euch? —
Hortensio. Ei nun, ihrer Schwester einen Mann zu schaffen.
Gremio. Einen Mann! Einen Teufel!
Hortensio. Ich sage, einen Mann.
Gremio. Ich sage, einen Teufel. Meinst du denn, Hortensio, daß, obgleich ihr Vater sehr reich ist, jemand so sehr verrückt sein sollte, die Hölle heiraten zu wollen? —
Hortensio. Geht doch, Gremio! Wenn es gleich Eure und meine Geduld übersteigt, ihr lautes Toben zu ertragen, so gibt's doch gutgesinnte Leute, liebster Freund (wenn sie nur zu finden wären), die sie mit allen ihren Fehlern und dem Gelde obendrein wohl nehmen würden.
Gremio. Das mag sein; aber ich nähme ebenso gern ihre Aussteuer mit der Bedingung, alle Morgen am Pranger gestäupt zu werden.
Hortensio. Ja, wie Ihr sagt; unter faulen Aepfeln gibt's nicht viel Wahl. Aber wohlan, da dieser Querstrich uns zu Freunden gemacht, so laßt uns auch so lange freundschaftlich zusammenhalten, bis wir Baptistas ältester Tochter zu einem Mann verholfen und dadurch die jüngste für einen Mann freigemacht haben; und dann wieder frisch daran! — Liebste Bianka! Wer das Glück hat, führt die Braut heim, wer am schnellsten reitet, sticht den Ring. Was meint Ihr, Signor Gremio? —
Gremio. Ich bin's zufrieden, und ich wollte, ich hätte dem schon das beste Pferd in Padua geschenkt, um damit auf die Freite zu reiten, der sie tüchtig frein, nehmen und zähmen wollte, und das Haus von ihr befreien. Kommt, laßt uns gehn. (Gremio und Hortensio ab.)

Tranio. Ich bitt' Euch, sagt mir, Herr, ist es denn möglich?
Kann so geschwind die Lieb' in Bande schlagen? —
Lucentio. O Tranio, bis ich's an mir selbst erfahren,
Hielt ich es nie für möglich, noch zu glauben.
Doch sieh, weil ich hier müßig stand und schaute,
Fand ich die Kraft der Lieb' im Müßiggang.
Und nun gesteh' ich's ehrlich offen dir, —
Der du verschwiegen mir und teuer bist,
Wie Anna[7] war der Königin Karthagos! —
Tranio! ich schmacht', ich brenn', ich sterbe, Tranio,
Wird nicht das sanfte Kind mir anvermählt.
Rate mir, Tranio! denn ich weiß, du kannst es,
Hilf mir, o Tranio! denn ich weiß, du willst es.
Tranio. Mein junger Herr, jetzt ist nicht Zeit zu schelten,
Verliebte Neigung schmält man nicht hinweg,
Hat Lieb' Euch unterjocht, so bleibt nur dies:
Redime te captum quam queas minimo.[8]

Lucentio. Hab' Dank, mein Knab', sprich weiter, dies vergnügt;
Trost sprichst du mir, ersprießlich ist dein Rat.
Tranio. Ihr wart im Anschaun so verloren, Herr,
Und habt wohl kaum das Wichtigste bemerkt? —
Lucentio. O ja! Ich sah von holdem Liebreiz strahlen
Ihr Antlitz, wie Agenors Tochter⁹ einst,
Als Jupiter, gezähmt von ihrer Hand,
Mit seinen Knieen küßte Kretas Strand.
Tranio. Bemerktet Ihr nur das? Nicht, wie die Schwester
Zu schmähn begann und solchen Sturm erregte,
Daß kaum ein menschlich Ohr den Lärm ertrug? —
Lucentio. Ich sah sie öffnen die Korallenlippen,
Die Luft durchwürzte ihres Atems Hauch;
Lieblich und süß war alles, was ich sah.
Tranio. Nun wird es Zeit, ihn aus dem Traum zu rütteln.
Erwacht doch, Herr! Wenn Ihr das Mädchen liebt,
So denkt sie zu gewinnen. Also steht's: —
Die ält'ste Schwester ist so bös und wild,
Daß, bis der Vater sie hat losgeschlagen,
Eu'r Liebchen unvermählt zu Hause bleibt.
Und darum hat er eng sie eingesperrt,
Damit kein Freier sie belästgen soll.
Lucentio. Ach, Tranio! Wie, so grausam ist der Vater! —
Doch, hast du nicht gemerkt, wie er gesonnen,
Ihr hochverständ'ge Lehrer zuzuführen? —
Tranio. Das hört' ich, Herr, und fertig ist mein Plan.
Lucentio. Tranio, nun hab' ich's!
Tranio.   Ich wette meinen Kopf! —
Daß unsre List, o Herr, die Hand sich beut.
Lucentio. Sag deine erst.
Tranio.   Ihr wollt Hauslehrer sein
Und Euch zum Unterricht der Liebsten melden;
War es nicht so? —
Lucentio.   So war's. Und geht es an? —
Tranio. Unmöglich geht's. Wer sollte denn statt Eurer
Vincentios Sohn vorstellen hier in Padua?
Haushalten, Studien treiben, Freunde sehn,
Die Landsmannschaft besuchen und traktieren? —
Lucentio. Basta! Sei still, mein Plan ist ganz geschlossen.
Man hat in keinem Haus uns noch gesehn,
Und niemand unterscheidet am Gesicht,
Wer Herr, wer Diener ist; und daraus folgt,
Du sollst an meiner Statt als Herr gebieten,
Statt meiner Haus und Staat und Leute halten;
Ich will ein andrer sein, ein Reisender

Aus Florenz, aus Neapel oder Pisa.
(Geschmiedet ist's. Gleich, Tranio, laß uns tauschen,
Nimm meinen Federhut und Mantel hier;
Sobald Biondello kommt, bedient er dich,
Doch erst bezaubr' ich ihn, daß er nicht schwatzt.
 (Sie tauschen die Kleider.)
Tranio. Das müßt Ihr auch.
 In Summa, Herr, da es Euch so gefällt,
Und meine Pflicht es ist, Euch zu gehorchen,
(Denn das gebot Eu'r Vater mir beim Abschied:
„Sei meinem Sohne stets zu Dienst." so sprach er,
— Wiewohl ich glaube, daß er's so nicht meinte),
Geb' ich Euch nach und will Lucentio sein,
Weil ich mit treuem Sinn Lucentio liebe.
Lucentio. So sei es, Tranio, weil Lucentio liebt.
 Ich werd' ein Knecht, dies Mädchen zu gewinnen,
Die mein verwundet Aug' in Fesseln schlug.

 Biondello kommt.

Hier kommt der Schlingel. Kerl, wo stecktest du? —
Biondello. Wo ich gesteckt? Nein, sagt, wo steckt Ihr selbst?
 Stahl Tranio, mein Kamrad, die Kleider Euch? —
Ihr ihm die seinen? oder beide? sprecht doch! —
Lucentio. Hör, guter Freund, es ist nicht Zeit zu spaßen,
 Drum stelle dich, so wie die Zeit es fordert.
Dein Kamrad hier, mein Leben mir zu retten,
Legt meinen Rock und äußern Anschein an,
Und ich zu meiner Rettung nahm die seiner.
Kaum angelangt, erschlug ich im Gezänk
Hier einen Mann und fürcht', ich bin erkannt.
Bedien' ihn, wie sich's ziemt, befehl' ich dir;
Zu meiner Rettung mach' ich schnell mich fort.
Verstehst du mich?
Biondello. Ich, Herr? Auch nicht ein Jota.
Lucentio. Kein Wort von Tranio komm' aus deinem Mund;
 Tranio in Zukunft heißt Lucentio.
Biondello. Ich wünsch' ihm Glück; ich möcht' es auch wohl so.
Tranio. Ich gönnt' es dir, träf' dann mein Wunsch nur ein,
 Daß unser Herr Bianka möchte frein.
Doch, Bursch, nicht meinethalben, es gilt des Plans Vollführen;
Laß stets nun in Gesellschaft die Klugheit dich regieren.
Sind wir allein, nun wohl, da bin ich Tranio,
Doch wo uns Leute sehn, dein Herr Lucentio.
Lucentio. Tranio, nun komm,
 Noch eins ist übrig, das mußt du vollbringen:

Sei auch ein Freier, dann ist alles richtig.
Frag nicht weshalb; mein Grund ist sehr gewichtig. (Alle ab.)
Erster Diener. Mylord, Ihr nickt, Ihr merkt nicht auf das Spiel?
Schlau. Ja doch, bei Sankt Annen, es ist eine hübsche Geschichte. Kommt noch mehr davon?
Page. Mylord, es fing erst an.
Schlau. Es ist ein schön Stück Arbeit, Madam Frau; — Ich wollt', es wär' erst aus.

2. Szene.

Andere Straße.

Petruchio und Grumio treten auf.

Petruchio. Verona, lebe wohl auf kurze Zeit,
Die Freund' in Padua will ich sehn; vor allen
Den Freund, der mir der liebst' und nächste ist,
Hortensio; und dies, denk' ich, ist sein Haus: —
Hier, Grumio, Bursche, klopfe, sag ich dir.
Grumio. Klopfen, Herr? Wen soll ich klopfen? Ist hier jemand, der Euer Edeln exultiert hat? —
Petruchio. Schlingel, ich sage, llopf hier recht derb.
Grumio. Euch hier klopfen, Herr? Ach, wer bin ich, daß ich Euch hier klopfen sollte? —
Petruchio. Schlingel, ich sage, klopf mir hier ans Thor,
Und hol gut aus, sonst schlag' ich dich aufs Ohr.
Grumio. Mein Herr sucht, glaub' ich, Händel! gelt daß ich's
nicht probiere;
Ich wüßt', wer am Ende am schlimmsten dabei führe.
Petruchio. Sag, machst du bald? Sieh, Kerl, wenn du nicht
klopfst,
So schell' ich selbst; da, nimm aufs Maul die Schelle,
Und sing mir dein Sol Fa hier auf der Stelle.
(Zieht den Grumio an den Ohren.)
Grumio. Helft, Leute, helft, mein Herr ist toll geworden! —
Petruchio. Nun klopf ein andermal, wenn ich's dir sage! —

Hortensio kommt.

Hortensio. Was nun? Was gibt's? Mein alter Freund Grumio? und mein lieber Freund Petruchio? was macht Ihr alle in Verona? —
Petruchio. Signor Hortensio, kommt Ihr zu schlichten diesen
Strauß?
Con tutto il cuore bene trovato,[10] ruf' ich aus.

Hortensio. Alla nostra casa ben venuto, molto onorato Signor mio Petruchio.[11]
Grumio, steh auf, wir müssen Frieden stiften.
Grumio. Ach! was er da auf lateinisch vorträgt, wird's nicht in Ordnung bringen. — Wenn das kein rechtmäßiger Grund für mich ist, seinen Dienst zu verlassen! — Hört Ihr, Herr, er sagt zu mir, ich soll ihm klopfen; ich soll nur tüchtig ausholen, Herr; nun seht selbst, kam es einem Diener zu, seinem Herrn so zu begegnen? noch dazu, wenn er in fremden Zungen spricht? —
Und that ich nur, was er befahl in Eil,
Dann kam auf Grumio nicht der schlimmste Teil.
Petruchio. Ein unvernünftiger Bursch, seht nur, Hortensio,
Ich hieß den Schurken klopfen an das Thor,
Und konnt' es nicht um alle Welt erlangen.
Grumio. Du lieber Himmel! Klopfen an das Thor!
Spracht Ihr nicht deutlich: Bursche, klopf mich hier.
Hol aus und klopf mich, klopf mich hier gehörig.
Und kommt Ihr jetzt mit: Klopf mir an das Thor.
Petruchio. Kerl, pack dich oder schweig, das rat' ich dir.
Hortensio. Geduld, Petruchio, ich bin Grumios Anwalt.
Das ist ein schlimmer Fall ja zwischen Euch
Und Eurem alten, lust'gen, treuen Grumio! —
Und sagt mir nun, mein Freund, welch günst'ger Wind
Blies Euch nach Padua von Verona her? —
Petruchio. Der Wind, der durch die Welt die Jugend treibt,
Sich Glück wo anders als daheim zu suchen,
Wo uns Erfahrung spärlich reift. In kurzem,
Signor Hortensio, steht es so mit mir:
Antonio, mein Vater, ist gestorben;
Nun treib' ich auf Geratewohl mich um,
Vielleicht zu frein und zu gedeihn, wie's geht;
Im Beutel hab' ich Gold, daheim die Güter,
Und also reist' ich aus, die Welt zu sehn.
Hortensio. Petruchio, soll ich nun dir ohne Umschweif
Zu einer zänk'schen bösen Frau verhelfen?
Du würd'st mir wenig danken solchen Rat,
Und doch versprech' ich dir's, reich soll sie sein,
Und zwar sehr reich; indes, du bist mein Freund,
Ich will sie dir nicht wünschen.
Petruchio. Signor Hortensio, unter alten Freunden
Braucht's wenig Worte. Wißt Ihr also nur
Ein Mädchen, reich genug, mein Weib zu werden
— (Denn Gold muß klingen zu dem Hochzeitstanz),
Sei sie so häßlich als Florentius' Schätzchen,[12]

Alt wie Sibylle, zänkisch und erbost
Wie Sokrates' Xantippe, ja noch schlimmer:
Ich kehre mich nicht dran, und nichts bekehrt
Meinen verliebten Eifer, tobt sie gleich
Dem Adriat'schen Meer, von Sturm gepeitscht;
Ich kam zur reichen Heirat her nach Padua,
Wenn reich, kam ich zum Glück hierher nach Padua.

Grumio. Nun seht, lieber Herr, er sagt's Euch wenigstens klar heraus, wie er denkt. Ei, gebt ihm nur Gold genug, und verheiratet ihn mit einer Marionette, oder einem Haubenblock, oder einer alten Schachtel, die keinen Zahn mehr im Munde hat, hätte sie auch so viel Krankheiten als zweiundfünfzig Pferde: nichts kommt ihm ungelegen, wenn nur Geld mitkommt.

Hortensio. Petruchio, da wir schon so weit gediehn,
So jetz' ich fort, was ich im Scherz begann.
Ich kann, Petruchio, dir ein Weib verschaffen
Mit Geld genug, und jung und schön dazu,
Erzogen, wie der Edelfrau geziemt.
Ihr einz'ger Fehl — und das ist Fehls genug —
Ist, daß sie unerträglich bös und wild,
Zänkisch und trotzig über alles Maß;
Daß, wär' auch mein Besitz noch viel geringer,
Ich nähm' sie nicht um eine Mine Goldes.

Petruchio. O still, du kennst die Kraft des Goldes nicht!
Sag ihres Vaters Namen, das genügt.
Ich mach' mich an sie, tobte sie so laut
Wie Donner, wenn im Herbst Gewitter kracht.

Hortensio. Ihr Vater ist Baptista Minola,
Ein freundlicher und sehr gefäll'ger Mann;
Ihr Name Katharina Minola,
Berühmt in Padua als die schlimmste Zunge.

Petruchio. Sie kenn' ich nicht, doch ihren Vater kenn' ich,
Und dieser war bekannt mit meinem Vater.
Ich will nicht schlafen, bis ich sie gesehn,
Und drum verzeiht, daß ich so gradezu
Euch gleich beim ersten Wiedersehn verlasse,
Wenn Ihr mich nicht dahin begleiten wollt.

Grumio. Ich bitt' Euch, Herr, laßt ihn gehn, solange der Humor bei ihm dauert. Mein Seel, wenn sie ihn so kennte wie ich, so müßte sie, daß Zanken wenig gut bei ihm thut. Mag sie ihn meinetwegen ein Stücker zwanzigmal Spitzbube nennen, oder so etwas, ei, das thut ihm nichts. Aber er nachher anfängt, so geht's durch alle Register. Ich will Euch was sagen, Herr, nimmt sie's nur irgend mit ihm auf, so wird er ihr eine Figur in das Angesicht zeichnen und sie so defigurieren, daß sie nicht mehr Augen behält als eine Katze. Ihr kennt ihn noch nicht, Herr!

Hortensio. Wart nur, Petruchio, ich will mit dir gehn.
Baptista ist der Wächter meines Schatzes,
Der meiner Seele Kleinod aufbewahrt,
Die schöne Bianka, seine jüngste Tochter;
Und die entzieht er mir und vielen andern,
Die Nebenbuhler sind in meiner Liebe,
Weil er's unmöglich glaubt und unerhört,
(Um jene Fehler, die ich dir genannt,)
Daß jemand könnt' um Katharinen werben.
Drum hat Baptista so es angeordnet,
Daß keiner je bei Bianka Zutritt findet,
Bis er sein zänkisch Käthchen erst vermählt. —

Grumio. Sein zänkisch Käthchen! —
Der schlimmste Nam' aus allen für ein Mädchen! —

Hortensio. Nun, Freund Petruchio, thut mir einen Dienst
Und stellt mich, in ein schlicht Gewand verkleidet,
Baptista vor als wohlerfahrnen Meister,
Um Bianka in Musik zu unterrichten.
So schafft ein Kunstgriff mir Gelegenheit
Und Muß', ihr meine Liebe zu entdecken
Und unerkannt um sie mich zu bewerben.

Grumio. Das ist keine Schelmerei! Seht nur, wie das junge Volk die Köpfe zusammensteckt, um die Alten anzuführen. Junger Herr, junger Herr, seht Euch einmal um; wer kommt da? He? —

Hortensio. Still, Grumio! Es ist mein Nebenbuhler.
Petruchio, tritt beiseit'! (Sie gehen auf die Seite.)

Gremio und Lucentio treten auf, letzterer verkleidet, mit Büchern unter dem Arm.

Grumio. Ein art'ger Milchbart! Recht ein Amorojo! —

Gremio. O recht sehr gut! Ich las die Liste durch,
Nun, sag' ich, laßt sie mir recht kostbar binden,
Und lauter Liebesbücher, merkt das ja,
Ihr müßt durchaus kein andres mit ihr lesen.
Versteht Ihr mich? Dann will ich, außer dem,
Was Euch Signor Baptistas Großmut schenkt,
Euch wohl bedenken. Die Papiere nehmt,
Laßt sie mit süßem Wohlgeruch durchräuchern,
Denn sie ist süßer noch als Wohlgeruch,
Der sie bestimmt. Was wollt Ihr mit ihr lesen? —

Lucentio. Was ich auch les', ich führe Eure Sache,
Als meines Gönners, dessen seid gewiß,

So treu, als ob Ihr selbst zugegen wär't.
Ja, und vielleicht mit noch wirksamern Worten,
Wenn Ihr nicht etwa ein Gelehrter seid.
Gremio. O Wissenschaft! Was für ein Segen bist du! —
Grumio. O Schnepfenhirn! Was für ein Esel bist du! —
Petruchio. Schweig, Kerl!
Hortensio. Still, Grumio! — Gott zum Gruß, Herr Gremio! —
Gremio. Euch gleichfalls, Herr Hortensio. Ratet Ihr's,
Wohin ich gehe? Zu Baptista Minola;
Ich gab mein Wort, mich sorglich zu bemühn
Um einen Lehrer für die schöne Bianka.
Da traf ich's nun zu meinem Glück recht wohl
Mit diesem jungen Mann, der sich empfiehlt
Durch Kenntnis und Geschick. Er liest Poeten
Und andre Bücher, und zwar gute, glaubt mir.
Hortensio. Das freut mich sehr. Ich sagt' es einem Freund,
Der will mir einen feinen Mann empfehlen
Zum Lehrer der Musik für unsre Herrin.
So bleib' ich denn in keinem Punkt zurück
Im Dienst der schönen Bianka, die ich liebe.
Gremio. Ich liebe sie, das soll die That beweisen.
Grumio. Der Beutel soll's beweisen.
Hortensio. Gremio, nicht Zeit ist's, jetzt von Liebe schwatzen.
Hört mich, und wenn Ihr gute Worte gebt,
Erzähl' ich, was uns beide freuen muß.
Hier ist ein Herr, den ich zufällig fand,
Der, weil mit uns sein eigner Vorteil geht,
Sich um das böse Käthchen will bewerben,
Ja, und sie frein, ist ihm die Mitgift recht.
Gremio. Ein Wort, ein Mann, wär' herrlich! —
Hortensio, weiß er ihre Fehler alle? —
Petruchio. Ich weiß, sie ist ein trotzig, störrisch Ding.
Ist's weiter nichts? Ihr Herrn, was ist da schlimm?
Gremio. Nicht schlimm, mein Freund? Was für ein Landsmann
seid Ihr?
Petruchio. Ich bin ein Veroneser, Antonios Sohn.
Mein Vater starb, doch blieb sein Geld mir leben,
Das soll mir noch viel gute Tage geben.
Gremio. Nein, gute Tage nicht mit solcher Plage;
Doch habt Ihr solch Gelüst, in Gottes Namen!
Behilflich will ich Euch in allem sein. —
Und um die wilde Katze wollt Ihr frein? —
Petruchio. Ei, will ich leben?
Grumio (beiseite). Will er sie frein? Ja, oder ich will sie hängen.
Petruchio. Weshalb, als in der Absicht kam ich her?

Denkt Ihr, ein kleiner Schall betäubt mein Ohr?
Hört' ich zuzeiten nicht den Löwen brüllen?
Hört' ich das Meer nicht, aufgeschwellt von Stürmen,
Gleich wilden Ebern wüten, schweißbeschäumt?
Vernahm ich Feuerschlünde nicht im Feld,
In Wolken donnern Jovis schwer Geschütz?
Hab' ich in großer Feldschlacht nicht gehört
Trompetenklang, Roßwiehern, Kriegsgeschrei?
Und von der Weiberzunge schwatzt Ihr mir,
Die halb nicht gibt so harten Schlag dem Ohr,
Als die Kastanie auf des Landmanns Herd? —
Popanze für ein Kind!

Grumio (beiseite).   Die scheut' er nie!

Gremio. Hortensio, hört,
Zu unserm Besten ist der Herr gekommen,
Mir ahndet gutes Glück für uns und ihn.

Hortensio. Ich bürgte, daß wir ihm beisteuern wollten
Und alle Kosten seiner Werbung tragen.

Gremio. Wohl! wenn Ihr sicher nur von ihrer Wahl seid...

Grumio (beiseite). Wär' mir so sicher nur 'ne gute Mahlzeit! —

  Tranio in stattlichen Kleidern kommt mit Biondello.

Tranio. Gott grüß euch, meine Herrn! Ich bin so kühn
Und bitt' euch, mir den nächsten Weg zu zeigen
Zum Hause des Signor Baptista Minola.

Gremio. Zu dem, der die zwei schönen Töchter hat?
Sagt, meint Ihr den?

Tranio.   Denselben. — He, Biondello! —

Gremio. Ich hoffe nicht, Ihr meint auch sie zugleich?

Tranio. Sie oder ihn! Wer weiß! Was kümmert's Euch?

Petruchio. Nur nicht die Zänk'rin, bitt' Euch, galt es der?

Tranio. Nach Zänkern frag' ich nicht. Bursch, komm doch her.

Lucentio (beiseite). Gut, Tranio! —

Hortensio.   Herr, ein Wort mit Euch allein! —
Liebt Ihr das Mädchen? Sagt ja oder nein! —

Tranio. Und wenn ich's thäte, wär' es ein Verbrechen?

Gremio. Nein, wenn Ihr gehn wollt, ohne mehr zu sprechen.

Tranio. Daß mir nicht frei die Straße, hört' ich nie,
So gut wie Euch, mein Herr.

Gremio.   Ja, doch nicht sie.

Tranio. Und warum nicht?

Gremio.   Nun, wenn ein Grund Euch fehlt,
Weil Signor Gremio sie für sich erwählt.

Hortensio. Und auch Signor Hortensio wählte sie.

Tranio. Geduld, Ihr Herrn, und seid Ihr Edelleute,

Gönnt mir das Wort, hört mich gelassen an.
Baptista ist ein Edelmann von Rang,
Dem auch mein Vater nicht ganz unbekannt.
Und wär' sein Kind noch schöner, als sie ist,
Mag mancher um sie werben, und auch ich.
Der schönen Leda Tochter[13] liebten tausend:
So drängt zur schönen Bianka sich noch einer.
Und kurz, Lucentio wird als Freier bleiben,
Käm' Paris selbst und hofft' ihn zu vertreiben.
Gremio. Schaut! dieses Herrchen schwatzt uns all' zu Tode.
Lucentio. Laßt ihm nur Raum, der Schluß wird lumpig sein.
Petruchio. Hortensio, sag, wohin das alles führt.
Hortensio. Mein Herr, nur eine Frag' erlaubt mir noch:
Habt Ihr Baptistas Tochter je gesehn? —
Tranio. Nein, doch gehört, er habe deren zwei:
Die eine so berühmt als Keiferin,
Wie es als schön und sittsam ist die andre.
Petruchio. Herr, Herr, die ältst' ist mein, die laßt mir gehn!
Gremio. Ja, laßt die Arbeit nur dem Herkules,
Und schwerer wiege sie als alle zwölf.
Petruchio. Laßt Euch von mir, zum Kuckuck, das erklären.
Die jüngre Tochter, nach der Ihr so angelt,
Verschließt der Vater allen Freiern streng
Und will sie keinem einz'gen Mann versprechen,
Bis erst die ältre Schwester angebracht.
Dann ist die jüngre frei, doch nicht vorher.
Tranio. Wenn es sich so verhält, daß Ihr es seid,
Der all' uns fördert, mit den andern mich,
So brecht das Eis denn, setzt die Sache durch;
Holt Euch die älteste, macht die jüngre frei,
Daß wir ihr nahn; und wer sie dann erbeutet,
Wird nicht so roh sein, nicht es zu vergelten.
Hortensio. Herr, Ihr sprecht gut, und zeigt Euch sehr verständig,
Und weil Ihr nun als Freier zu uns kommt,
Müßt Ihr, wie wir, dem Herrn erkenntlich werden,
Dem alle obenein verschuldet bleiben.
Tranio. Ich werde nicht ermangeln. Dies zu zeigen,
Ersuch' ich Euch, schenkt mir den heut'gen Abend,
Und zechen wir auf unsrer Damen Wohl.
Thun wir, gleich Advokaten im Prozeß,
Die tüchtig streiten, doch als Freunde schmausen.
Grumio und Biondello. Welch schöner Vorschlag! Kinder, laßt uns gehn.
Hortensio. Der Vorschlag in der That ist gut und sinnig.
Petruchio, kommt, Euer Ben venuto[14] bin ich. (Alle ab.)

Zweiter Aufzug.

1. Szene.

Zimmer bei Baptista.

Katharina und Bianka treten auf.

Bianka. Sieh, Schwester, mir und dir thust du zu nah,
Wenn du mich so zur Magd und Sklavin machst;
Das nur beklag' ich, was den Putz betrifft,
Mach los die Hand, so werf' ich selbst ihn weg,
Mantel und Oberkleid, bis auf den Rock.
Und was du mir befiehlst, ich will es thun,
So wohl weiß ich, was ich der ältern schuldig.
Katharina. Von deinen Freiern sage, ich befehl's dir,
Wer ist der liebste dir? und nicht gelogen! —
Bianka. Glaub' mir, o Schwester, unter allen Männern
Sah ich noch nie so auserwählte Züge,
Daß einer mehr als andre mir gefallen.
Katharina. Schätzchen, du lügst. Ist's nicht Hortensio?
Bianka. Wenn du ihm gut bist, Schwester, schwör' ich dir,
Ich rede selbst für dich, daß du ihn kriegst.
Katharina. Aha! ich merke schon, du wärst gern reich,
Du willst den Gremio, um in Pracht zu leben!
Bianka. Wenn er es ist, um den du mich beneidest,
O dann ist's Scherz, und nun bemerk' ich auch,
Du spaßtest nur mit mir die ganze Zeit.
Ich bitt' dich, Schwester Käthchen, bind mich los.
Katharina. Wenn das ein Scherz ist, so war alles Spaß. (Schlägt sie.)

Baptista tritt auf.

Baptista. He, halt, du Drache! Was soll diese Bosheit?
Bianka, hierher! Das arme Kind, sie weint!
Bleib doch beim Näh'n, gib dich mit ihr nicht ab.
Pfui! schäme dich, du böse Teufelslarve!
Was kränkst du sie, die dich doch nie gekränkt?
Wann hat sie dir ein bittres Wort entgegnet? —
Katharina. Ihr Schweigen höhnt mich, und ich will mich rächen.
(Springt auf Bianka zu.)
Baptista. Was! mir vor Augen? Bianka, geh hinein! —
(Bianka ab.)
Katharina. Wollt Ihr mir das nicht gönnen? Ja, nun seh' ich's,
Sie ist Eu'r Kleinod, sie muß man vermählen,
Ich muß auf ihrer Hochzeit barfuß tanzen,

Zweiter Aufzug. 1. Szene.

Weil Ihr sie liebt, Affen zur Hölle führen!¹⁵
Sprecht nicht mit mir, denn ich will gehn und weinen,
Bis mir Gelegenheit zur Rache wird. (Ab.)
Baptista. Hat je ein Hausherr den Verdruß empfunden?
Doch wer kommt hier?

<small>Gremio mit Lucentio, in geringer Kleidung; Petruchio mit Hortensio, als Musiklehrer; und Tranio mit Biondello, der eine Laute und Bücher trägt, treten auf.</small>

Gremio. Guten Morgen, Freund Baptista.
Baptista. Freund Gremio, guten Morgen! Ihr Herrn, Gott
grüß' euch).
Petruchio. Euch gleichfalls, Herr. Habt Ihr nicht eine Tochter,
Genannt Kathrina, schön und tugendhaft? —
Baptista. Ich hab 'ne Tochter, Herr, genannt Kathrina.
Gremio. Ihr seid zu derb, beginnt den Spruch nach Ordnung.
Petruchio. Mischt Euch nicht drein, Herr Gremio, laßt mich machen.
Ich bin ein Edler aus Verona, Herr,
Der Ruf von ihrer Schönheit, ihrem Geiste,
Leutsel'gem Wesen und bescheidnem Anstand,
Erlesnen Tugenden und sanften Sitten
Macht mich so kühn, als Gast mich einzudrängen
In Euer Haus, damit mein Aug' erfahre
Die Wahrheit des, was ich so oft gehört.
Und als das Angeld der Bewillkommnung
Beschenk' ich Euch mit dem da, der mir dient,
<small>(stellt den Hortensio vor)</small>
Erfahren in Musik und Mathematik,
Um dieses Wissen gründlich sie zu lehren,
In dem sie, wie ich weiß, nicht unerfahren.
Schlagt mir's nicht ab, Ihr würdet sonst mich kränken;
Sein Name ist Licio, und er stammt aus Mantua.
Baptista. Ihr seid willkommen, er um Euretwillen.
Doch meine Tochter Katharin', ich weiß es,
Paßt nicht für Euch, zu meinem großen Kummer.
Petruchio. Ich seh', die Trennung wird Euch allzu schwer;
Vielleicht ist Euch mein Wesen auch zuwider? —
Baptista. Versteht mich recht, ich sprach so, wie ich denke.
Von woher kommt Ihr, Herr? Wie nenn' ich Euch? —
Petruchio. Petruchio ist mein Nam', Antonios Sohn;
In ganz Italien war der wohl bekannt.
Baptista. Ich kenn' ihn wohl, willkommen seinethalb.
Gremio. Eu'r Recht in Ehren, Herr Petruchio, laßt
Uns arme Freier auch zu Worte kommen. —
Cospetto! Ihr seid hurtig bei der Hand. —

Petruchio. Laßt, Herr, ich muß es zu beenden suchen.
Gremio. So scheint's, doch mögt Ihr einst dem Werben fluchen!
Nachbar, dies ist ein sehr annehmliches Geschenk, davon bin ich überzeugt. Um Euch meinerseits die gleiche Höflichkeit zu erweisen (der ich von Euch höflicher behandelt worden bin als irgend jemand), so nehme ich mir die Freiheit, Euch diesen jungen Gelehrten zu übergeben (stellt Lucentio vor), welcher lange Zeit in Reims studiert hat, und ebenso erfahren ist im Griechischen, Lateinischen und andern Sprachen, als jener in Musik und Mathematik. Sein Name ist Cambio; ich bitte, genehmigt seine Dienste.
Baptista. Tausend Dank, Signor Gremio: willkommen, lieber Cambio (zu Tranio). Aber, werter Herr, Ihr geht wie ein Fremder; darf ich so kühn sein, nach der Ursache Eures Hierseins zu fragen? —
Tranio. Verzeiht, Signor, denn Kühnheit ist's von mir,
Daß ich, ein Fremder noch in dieser Stadt,
Mich gleich als Freier Eurer Tochter nenne,
Der tugendhaft gesinnten schönen Bianka. —
Auch ist Eu'r fester Vorsatz mir bekannt,
Der Vorzug ihrer ältern Schwester gibt.
Das einz'ge, was ich bitt', ist die Erlaubnis —
Seid Ihr von meiner Herkunft unterrichtet —
Daß mit den andern Freiern Zutritt mir,
Aufnahm' und Gunst gleich allen sei gestattet.
Und zur Erziehung Eurer Töchter bracht' ich
Dies schlichte Instrument; ich bitte, nehmt's,
Und ein'ge Bücher, Griechisch und Latein.
Groß ist ihr Wert, wenn Ihr sie nicht verschmäht. —
Baptista. Lucentio heißt Ihr? und von wannen kommt Ihr?
Tranio. Aus Pisa, edler Herr, Vincentios Sohn.
Baptista. Ein sehr geehrter Mann, ich kenn' ihn wohl
Nach seinem Ruf, und heiß' Euch sehr willkommen.
(Zum Hortensio.) Nehmt Ihr die Laute, — Ihr (zum Lucentio)
   dies Pack von Büchern,
Gleich sollt Ihr Eure Schülerinnen sehn.
He! Holla drinnen!

(Ein Diener kommt.

Bursche, führ sofort
Die Herrn zu meinen Töchtern, sage beiden
Sie sollen höflich ihren Lehrern sein.
   (Diener, Hortensio, Lucentio und Biondello ab.)
Ich bitt' Euch, in den Garten mir zu folgen,

Und dann zum Essen. Ihr seid sehr willkommen,
Davon ist jeder, hoff' ich, überzeugt.
Petruchio. Signor Baptista, mein Geschäft hat Eil';
Ich kann nicht jeden Tag als Freier kommen.
Wohl kennt Ihr meinen Vater, mich in ihm,
Den einz'gen Erben seines Gelds und Guts,
Das ich vermehrt eh' als vermindert habe;
So sagt mir nun: erwürb' ich ihre Gunst,
Welch eine Mitgift bringt sie mir ins Haus? —
Baptista. Nach meinem Tod die Hälfte meines Guts
Und gleich zur Stelle zwanzigtausend Kronen.
Petruchio. Und für erwähnte Mitgift sichr' ich ihr
Als Wittum, falls sie länger lebt als ich,
Was nur an Länderein und Höfen mein.
Laßt uns genauer schriftlich dies entwerfen,
Und gelte gegenseitig der Kontrakt.
Baptista. Doch was genau zuerst sich muß ergeben,
Das ist ihr Ja; denn das ist eins und alles.
Petruchio. Ei, das ist nichts; denn jetzt, ich sag' Euch, Vater,
Ist sie unbändig, bin ich toll und wild.
Und wo zwei wüt'ge Feuer sich begegnen,
Vertilgen sie, was ihren Grimm genährt.
Wenn kleiner Wind die kleine Flamme facht,
So bläst der Sturm das Feu'r auf einmal aus.
Das bin ich ihr, und so fügt sie sich mir;
Denn ich bin rauh und werbe nicht als Kind.
Baptista. Wirb dann mit Glück und möge dir's gelingen;
Doch rüste dich auf einige harte Reden.
Petruchio. Auf Hieb und Stich; wie Berge stehn dem Wind;
Sie wanken nicht, und blies' er immerdar.

Hortensio kommt zurück mit zerschlagenem Kopfe.

Baptista. Wie nun, mein Freund? Was machte dich so bleich?
Hortensio. Das that die Furcht, wahrhaftig, ward ich bleich.
Baptista. Bringt's meine Tochter weit als Künstlerin?
Hortensio. Ich glaube, weiter bringt sie's als Soldat;
Eisen hält bei ihr aus, doch keine Laute.
Baptista. Kannst du sie nicht die Laute schlagen lehren?
Hortensio. Nein, denn sie hat die Laut' an mir zerschlagen.
Ich sagt' ihr, ihre Griffe sei'n nicht recht,
Und bog zur Fingersetzung ihr die Hand;
Als sie mit teuflisch bösem Geiste rief:
Griffe nennt Ihr's? Jetzt will ich richtig greifen!
Und schlug mich auf den Kopf mit diesen Worten,
Daß durch die Laut' er einen Weg sich bahnte.

So stand ich da, erschrocken und betäubt,
Wie durchs Halseisen schaut' ich durch die Laute,
Während sie tobt', mich lump'gen Fiedler schalt,
Und Klimperhans, und zwanzig schlimme Namen,
Als hätt' sie's ausstudiert, mich recht zu schimpfen.
Petruchio. Nun, meiner Seel', es ist ein muntres Kind;
Nun lieb' ich zehnmal mehr sie als vorher.
Wie sehn' ich mich, ein Stück mit ihr zu plaudern! —
Baptista. Kommt, geht mit mir, und seid nicht so bestürzt.
Setzt mit der jüngsten fort den Unterricht;
Sie dankt Euch guten Rat und ist gelehrig.
Signor Petruchio, wollt Ihr mit uns gehn,
Sonst schick' ich meine Tochter Käthchen her.
Petruchio. Ich bitt' Euch, thut's; ich will sie hier erwarten
(Baptista, Tranio, Gremio und Hortensio ab.)
Und etwas dreist mich zeigen, wenn sie kommt.
Schmält sie, so sag' ich ihr ins Angesicht,
Sie singe lieblich, gleich der Nachtigall.
Blickt sie mit Wut, sag' ich, sie schaut so klar
Wie Morgenrosen, frisch vom Tau gewaschen.
Und bleibt sie stumm, und spricht kein einzig Wort,
So rühm' ich ihr behendes Sprechtalent
Und sag', die Redekunst sei herzentzückend.
Sagt sie, ich soll mich packen, dank' ich ihr,
Als bäte sie mich, Wochen da zu bleiben;
Schlägt sie mich aus, so frag' ich nach dem Tag
Des Aufgebots, und wann die Hochzeit sei?
Da kommt sie schon! Und nun, Petruchio, sprich.

Katharina kommt.

Guten Morgen, Käthchen, denn so heißt Ihr, hör' ich.
Katharina. Ihr hörtet recht und seid doch hart gehört,
Wer von mir spricht, nennt sonst mich Katharine.
Petruchio.
Mein Seel, Ihr lügt, man nennt Euch schlechtweg Käthchen,
Das lust'ge Käthchen, auch das böse Käthchen.
Doch, Käthchen, schmuckstes Käthchen in Europa,
Käthchen von Käthchenheim, du, Käthchen, goldnes,
(Denn sind nicht die Dukätchen stets von Gold?)
Erfahre denn, du Käthchen Herzenstrost:
Weil alle Welt mir deine Sanftmut preist,
Von deiner Tugend spricht, dich reizend nennt,
Und doch so reizend nicht, als dir gebührt,
Hat mich's bewegt, zur Frau dich zu begehren, —
Katharina. Bewegt? Ei seht! so bleibt nur in Bewegung

Und macht, daß Ihr Euch baldigst heimbewegt.
Ihr scheint beweglich.
Petruchio. So! Was ist beweglich?
Katharina. Ein Feldstuhl.
Petruchio. Brav getroffen! Sitzt auf mir.
Katharina. Die Esel sind zum Tragen, so auch Ihr.
Petruchio. Die Weiber sind zum Tragen, so auch Ihr.
Katharina. Nicht solchen Narr'n als Euch, wenn Ihr mich meint.
Petruchio. Ich will dich nicht belasten, gutes Käthchen;
Denn weil du doch bis jetzt nur jung und leicht...
Katharina. Zu leicht gefüßt, daß solch ein Tropf mich hasche;
Allein so schwer Gewicht, als mir gebührt,
Hab' ich trotz einer.
Petruchio. Sprichst du mir vom Habicht? —
Katharina. Ihr fangt nicht übel.
Petruchio. Soll ich Habicht sein,
Und du die Ringeltaube?
Katharina. Zu den Tauben
Gehört Ihr selbst, trotz Eurer großen Ohren,
Und dies mein Ringel ist wohl nicht für Euch.
Petruchio. Geh mir, du Wespe! du bist allzu böse! —
Katharina. Nennt Ihr mich Wespe, fürchtet meinen Stachel.
Petruchio. Das beste Mittel ist, ihn auszureißen.
Katharina. Ja, wüßte nur der Narr, wo er versteckt.
Petruchio. Wer weiß nicht, wo der Wespe Stachel sitzt?
Im Schweif!
Katharina. Nein, in der Zunge.
Petruchio. In wessen Zunge?
Katharina. Der Euren, sprecht vom Schweifen Ihr. Lebt wohl!
Petruchio. Mit meiner Zung' in deinem Schweif? Komm, Käthchen,
Ich bin ein Edelmann...
Katharina. Das woll'n wir sehn. (Schlägt ihn.)
Petruchio. Mein Seel, du kriegst eins, wenn du nochmal schlägst!
Katharina. So mögt Ihr Eure Armatur verlieren.
Wenn Ihr mich schlügt, wär't Ihr kein Edelmann,
Wärt nicht armiert, und folglich ohne Arme.
Petruchio. Treibst du Heraldit? Trag mich in dein Buch.
Katharina. Was ist Eu'r Helmschmuck? Ist's ein Hahnenkamm?
Petruchio. Ein Hahn; doch kammlos, bist du meine Henne.
Katharina. Kein Hahn für mich, Ihr kräht als mattes Hähnlein!
Petruchio. Komm, Käthchen, komm, du mußt nicht sauer sehn.
Katharina. 's ist meine Art, wenn ich Holzäpfel sehe.
Petruchio. Hier ist ja keiner, darum sieh nicht sauer.
Katharina. Doch, doch! —
Petruchio. So zeig' ihn mir!

Katharina. Ich habe keinen Spiegel!
Petruchio. Wie? Mein Gesicht?
Katharina. So jung und schon so klug? —
Petruchio. Nun, bei Sankt Georg, ich bin zu jung für dich!
Katharina. Doch schon verwelkt!
Petruchio. Aus Gram!
Katharina. Das grämt mich nicht.
Petruchio. Nein, Käthchen, bleib, so nicht entkommst du mir.
Katharina. Nein, ich erbos' Euch, bleib' ich länger hier.
Petruchio. Nicht dran zu denken; du bist allerliebst! —
Ich hörte, du seist rauh und spröd' und wild,
Und sehe nun, daß dich der Ruf verleumdet.
Denn scherzhaft bist du, schelmisch, äußerst höflich,
Nicht schnell von Wort, doch süß wie Frühlingsblumen.
Du kannst nicht zürnen, kannst nicht finster blicken,
Wie böse Weiber thun, die Lippe beißen.
Du magst niemand im Reden überhaun,
Mit Sanftmut unterhältst du deine Freier,
Mit freundlichem Gespräch und süßen Phrasen. —
Was fabelt denn die Welt, daß Käthchen hinkt?
O böse Welt! Sieh, gleich der Haselgerte
Ist Käthchen schlank und grad' und braun von Farbe,
Wie Haselnüss' und süßer als ihr Kern.
Laß deinen Gang mich sehen. — Nein, du hinkst nicht.
Katharina. Geh, Narr, befiehl den Leuten, die du lohnst! —
Petruchio. Hat je Diana so den Wald geschmückt,
Wie Käthchens königlicher Gang dies Zimmer?
O sei du Diana, laß sie Käthchen sein,
Und dann sei Käthchen keusch und Diana üppig.
Katharina. Wo habt Ihr die gelehrte Red' erlernt?
Petruchio. Ist nur ex tempore, mein Mutterwitz.
Katharina. O witz'ge Mutter! Witzlos sonst ihr Sohn! —
Petruchio. Fehlt mir Verstand?
Katharina. Ihr habt wohl just so viel,
Euch warm zu halten.
Petruchio. Nun, das will ich auch
In deinem Bett, mein Käthchen; und deshalb,
Beiseite setzend alles dies Geschwätz,
Sag' ich Euch rund heraus: Eu'r Vater gibt
Euch mir zur Frau, die Mitgift ward bestimmt,
Und wollt Ihr's oder nicht, Ihr werdet mein.
Nun, Käthchen, ich bin grad' ein Mann für dich;
Denn bei dem Sonnenlicht, das schön dich zeigt,
Und zwar so schön, daß ich dir gut sein muß,
Kein andrer darf dein Ehmann sein als ich.

Ich ward geboren, dich zu zähmen, Käthchen,
Dich aus 'nem wilden Kätzchen zu 'nem Käthchen
Zu wandeln, zahm wie andre fromme Käthchen.
Dein Vater kommt zurück, nun sprich nicht nein;
Ich will und muß zur Frau Kathrinen haben.

Baptista, Gremio und Tranio kommen zurück.

Baptista. Nun, Herr Petruchio, sagt, wie geht es Euch
Mit meiner Tochter?
Petruchio. Nun, wie sonst als gut?
Wie sonst als gut? Unmöglich ging' es schlecht.
Baptista. Nun, Tochter Katharina? So verdrossen?
Katharina. Nennt Ihr mich Tochter? Nun, ich muß gestehn,
Ihr zeigtet mir recht zarte Vaterliebe,
Mir den Halbtollen da zum Mann zu wünschen!
Den Hans den Flucher, wilden Renommisten,
Der's durchzusetzen denkt mit Schwadronieren! —
Petruchio. Vater, so steht's: Ihr und die ganze Welt,
Wer von ihr sprach, der sprach von ihr verkehrt.
Thut sie so wild, so ist es Politik.
Denn beißend ist sie nicht, nein, sanft wie Tauben;
Nicht heißen Sinns, nein, wie der Morgen kühl.
Im Dulden kommt sie nah Griseldens Vorbild
Und in der Keuschheit Roms Lucretia.
Und kurz und gut: wir stimmen so zusammen,
Daß nächsten Sonntag unsre Hochzeit ist.
Katharina. Eh' will ich nächsten Sonntag dich gehenkt sehn.
Gremio. Petruchio, hört, sie will Euch eh' gehenkt sehn!
Tranio. Nennt Ihr das gut gehn? Dann steht's schön mit uns! —
Petruchio. Seid ruhig, Herrn, ich wähle sie für mich,
Wenn's nur uns beiden recht, was kümmert's Euch? —
Wir machten's aus, hier unter uns allein,
Daß in Gesellschaft sie sich böse stellt.
Ich sag' euch, ganz unglaublich ist's fürwahr,
Wie sie mich liebt. O du holdseliges Käthchen! —
Sie hing an meinem Hals, und Kuß auf Kuß
Ward aufgetrumpft, und Schwur auf Liebesschwur,
So rasch, daß sie im Nu mein Herz gewann.
O, Ihr seid Schüler, und das ist das Wunder,
Wie zahm, wenn Mann und Frau allein gelassen,
Der lahmste Wicht die tollste Spröde stimmt.
Gib mir die Hand, mein Käthchen. Nach Venedig
Reis' ich, um Putz zum Hochzeitstag zu kaufen: —
Besorgt das Mahl, Herr Vater, ladet Gäste,
So zweifl' ich nicht, mein Käthchen zeigt sich schmuck.

Baptista. Das Wort versagt mir. Gebt mir Eure Hände!
Gott schenk' Euch Glück, Petruchio; wir sind einig.
Gremio und Tranio.
Amen von ganzem Herzen! Wir sind Zeugen.
Petruchio. Vater, und Braut, und Freunde, lebt denn wohl.
Jetzt nach Venedig! Sonntag ist bald da,
Da braucht man Ring' und Ding' und bunte Schau.
Nun küß mich, Sonntag bist du meine Frau.
(Petruchio und Katharina zu verschiedenen Seiten ab.)
Gremio. Ward je ein Paar so schnell zusamm' gekuppelt? —
Baptista. Jetzt bin ich, Freund', in eines Kaufmanns Lage,
Da ich auf zweifelnd Glück verzweifelt wage.
Tranio. Doch lag die War' Euch lästig auf dem Hals,
Nun trägt sie Zinsen oder geht zu Grund.
Baptista. Als Zins ist mir nur ihre Ruhe teuer.
Gremio. Gewiß, er kaufte sich 'nen ruh'gen Geier! —
Doch nun, Baptista, denkt der jüngern Tochter;
Dies ist der Tag, den wir so lang' ersehnt.
Ich bin Eu'r Nachbar, war der erste Freier.
Tranio. Und ich bin einer, der Bianka liebt,
Mehr als Gedanken raten, Worte zeugen.
Gremio. Jüngling! Du kannst nicht lieben, stark wie ich.
Tranio. Graubart, dein Lieben fröstelt.
Gremio. Deines knistert.
Fort, Springinsfeld! das Alter ist gedeihlich!
Tranio. Doch Jugend nur dem Mädchensinn erfreulich.
Baptista. Zankt nicht, ihr Herrn. Ich will den Streit entscheiden;
Das Bare trägt's davon. Wer von euch zwein
Das größte Wittum meiner Tochter sichert,
Soll Biankas Lieb' erhalten. —
Sagt, Signor Gremio, was könnt Ihr verschreiben?
Gremio. Vor allem, wißt Ihr, ist mein Haus in Padua
Reichlich versehn mit Gold und Silberzeug,
Becken und Kanne, die Händchen ihr zu waschen.
Alle Tapeten tyrisches Gewirk,
Koffer von Elfenbein, gepackt voll Kronen,
In Zedernkisten Teppiche, bunte Decken,
Köstliche Stoffe, Betthimmel, Baldachine,
Batiste, türk'sche perlgestickte Polster,
Borten, durchwebt mit venezian'schem Gold,
Kupfer- und Zinngeschirr, und was gehört
Zum Haus und Hausrat. In der Meierei
Stehn hundert Stück Milchkühe für den Eimer,
In Ställen hundertzwanzig fette Ochsen,
Nebst allem Zubehör und Inventar.

Ich selbst, ich bin bejahrt, ich kann's nicht leugnen;
Und wenn ich morgen sterb', ist alles ihr,
Gehört sie einzig mir, so lang ich lebe.
Tranio. Das einzig war gut angebracht, hört mich!
Ich bin des Vaters Erb' und einz'ger Sohn.
Wenn Ihr die Tochter mir zum Weibe gebt,
Verschreib' ich ihr drei, vier so schöne Häuser
Im reichen Pisa als nur irgend eins,
Das Signor Gremio hier in Padua hat.
Und außerdem zweitausend Kronen jährlich
Aus reichen Ländereien, allein für sie.
Nun, Signor Gremio, womit stecht Ihr das?
Gremio. Zweitausend Kronen Landertrag im Jahr?
Mein Landgut trägt in allem nicht so viel,
Doch ihr verschreib' ich es; zudem ein Frachtschiff,
Das jetzt im Hafen von Marseille liegt.
Nun? Streicht Ihr vor dem Frachtschiff nicht die Segel?
Tranio. Gremio! Man weiß, mein Vater hat drei große
Kauffahrerschiffe, zwei Galeeren und
Zwölf tücht'ge Ruderbarken: die verschreib' ich
Und zweimal mehr, als du noch bieten kannst.
Gremio. Nein, alles bot ich nun, mehr hab' ich nicht;
All' meine Habe, mehr kann sie nicht haben;
Und wählt Ihr mich, hat sie mein Gut und mich.
Tranio. Dann ist vor aller Welt das Mädchen mein,
Nach Euerm Wort; Gremio ward abgetrumpft.
Baptista. Ich muß gestehn, Eu'r Bieten war das höchste;
Und stellt Eu'r Vater die Versicherung aus,
Ist sie die Eurige; wo nicht, verzeiht,
Wo bleibt ihr Wittum, sterbt Ihr vor dem Vater?
Tranio. Schikane das! Er ist bejahrt, ich jung.
Gremio. Und sterben Junge nicht so gut als Alte? —
Baptista. Wohlan, ihr Herrn,
Dies ist mein Wort. Am nächsten Sonntag, wißt Ihr,
Ist meiner Tochter Katharine Trauung.
Nun, einen Sonntag später will ich Bianka
Mit Euch verloben, schafft Ihr den Revers,
Wo nicht, mit Signor Gremio;
Und so empfehl' ich mich, und dank' euch beiden. (Ab.)
Gremio. Lebt, Nachbar, wohl. Jetzt, Freund, fürcht' ich dich nicht,
Du Hasenfuß! Dein Vater wär' ein Narr!
Dir alles geben, und in alten Tagen
Von deiner Gnade leben? Gute Nacht!
Des hat solch italien'scher Fuchs wohl acht. (Ab.)
Tranio. Der Teufel hol' dich, list'ges altes Fell!

Ich spiele hohes Spiel und jetz' es durch.
Mein Plan ist fertig, meinem Herrn zu dienen.
Was braucht es mehr? Lucentio der falsche
Zeugt einen Vater, Vincentio den falschen.
Und das ist Wunders gnug. Sonst sind's die Väter,
Die sich die Kinder zeugen; allein für unser Freien hier
Erzeugt das Kind den Vater, will nur die List gedeihn mir. (Ab.)

Dritter Aufzug.

1. Szene.

Zimmer bei Baptista.

Lucentio, Hortensio und Bianka treten auf.

Lucentio. Fiedler, laßt sein; Ihr werdet allzu dreist.
Habt Ihr die Freundlichkeit so schnell vergessen,
Mit der Euch Katharine hier empfing?
Hortensio. Zanksücht'ger Schulgelehrter! Dieses Fräulein
Ist Schutzherrin der himmlischen Musik.
Drum steht zurück und gönnet mir den Vorzug;
Und wenn wir eine Stunde musiziert,
Soll Euer Lesen gleiche Muße finden.
Lucentio. Ihr widersinn'ger Tropf! der nicht begriff,
Zu welchem Zweck Musik uns ward gegeben: —
Ist's nicht, des Menschen Seele zu erfrischen,
Nach ernstem Studium und des Tages Müh'? —
Deshalb vergönnt, daß wir philosophieren,
Und ruhn wir aus, dann mögt Ihr musizieren.
Hortensio. Gesell! Ich will dein Trotzen nicht ertragen! —
Bianka. Ei, Herrn, das heißt ja doppelt mich beleid'gen,
Zu zanken, wo mein Will' entscheidend ist.
Ich bin kein Schulkind, das die Rute scheut,
Ich will mich nicht an Zeitbestimmung binden,
Nein, Stunde nehmen, wie's mir selbst gefällt.
Den Streit zu schlichten, setzen wir uns hier,
Nehmt Euer Instrument, und spielt indessen,
Denn wir sind fertig, eh' Ihr nur gestimmt.
Hortensio. So schließt Ihr, wenn ich recht in Stimmung bin?
(Zieht sich zurück.)
Lucentio. Das wird wohl nie der Fall sein. Stimmt nur immer.

Bianka. Wo blieben wir?
Lucentio. An dieser Stelle, Fräulein:
Hac ibat Simois, hic est Sigeia Tellus,
Hic steterat Priami regia celsa senis.[16]
Bianka. Wollt Ihr das übersetzen?
Lucentio. Hac ibat, wie ich Euch schon sagte, Simois — ich bin Lucentio, — hic est — Sohn des Vincentio in Pisa; — Sigeia tellus — so verkleidet, um Eure Liebe zu erflehen; — hic steterat und jener Lucentio, der um Euch wirbt, — Priami — ist mein Diener Tranio; — Regia — der mich vertritt, — Celsa Senis damit wir den alten Herrn Pantalon anführen.
Hortensio. Fräulein, nun stimmt die Laute.
Bianka. O pfui! das E ist falsch, das G ist recht.
Lucentio. Recht, darum geh! mein Freund, und stimme wieder.
Bianka. Laßt sehn, ob ich's jetzt übersetzen kann.
Hac ibat Simois — ich kenne Euch nicht; — hic est Sigeia tellus — ich traue Euch nicht; hic steterat Priami — nehmt Euch in acht, daß er uns nicht hört; — Regia seid nicht zu verwegen — Celsa Senis verzweifelt nicht.
Hortensio. Fräulein, nun stimmt sie.
Lucentio. A und F sind falsch.
Hortensio. Ihr seid wohl selbst das A und F, Herr Aff'.
Wie feurig keck der Schulgelehrte wird! —
Fürwahr, der Schelm wagt's, ihr den Hof zu machen;
Wart, Schulfuchs, ich will besser dich bewachen.
Bianka. Ich seh es mit der Zeit wohl ein, noch zweifl' ich.
Lucentio. O zweifelt nicht! Ihr wißt, der Aeacide
War Aiax, nach dem Ahnherrn so genannt.
Bianka. Ich muß dem Lehrer glauben, sonst beteur' ich),
Auf meinem Zweifel würd' ich stets beharren.
Doch sei's genug. Nun, Licio, ist's an Euch).
Ihr guten Lehrer, nehmt's nicht übel auf,
Daß ich so scherzhaft mit euch beiden war.
Hortensio. Ihr mögt nun gehn und uns ein Weilchen lassen,
Dreistimmige Musik kommt heut nicht vor.
Lucentio. Nehmt Ihr es so genau? (Beiseite) Dann muß ich warten
Und auf ihn achten; denn irr' ich mich nicht,
Macht unser feiner Sänger den Verliebten.
Hortensio. Fräulein, eh' Ihr die Laute nehmt zur Hand,
Muß ich beginnen mit den Anfangsregeln,
Daß Ihr des Fingersatzes Kunst begreift
Und Eure Skala lernt in kürzrer Zeit,
Vergnüglicher, brauchbarer, kräftiger,
Als je ein andrer Lehrer Euch's gezeigt. —
Hier habt Ihr's aufgeschrieben, schön und faßlich.

Bianka. Die Skala hab' ich längst schon absolviert.
Hortensio. Doch hört, wie sie Hortensio konstruiert.
Bianka (liest):
C. Skala, Grund der Harmonie genannt,
D. Soll Hortensios heiße Wünsche deuten.
E. F. O Bianka, schenk' ihm deine Hand,
G. A. Und laß sein treues Herz dich leiten.
H. Nimm zwei Schlüssel an, die er dir bot,
C. Dein Erbarmen, oder seinen Tod.
Bianka. Das nennt Ihr Skala? Geht, die mag ich nicht;
Die alte lieb' ich mehr, bin nicht so lüstern,
Seltsamer Neu'rung Echtes aufzuopfern.

Ein Diener kommt.

Diener. Fräulein, der Vater will, Ihr laßt die Bücher
Und helft der Schwester Zimmer aufzuschmücken;
Ihr wißt, auf morgen ist der Hochzeittag.
Bianka. Lebt wohl, ihr lieben Lehrer, ich muß gehn.

(Bianka und Diener ab.)

Lucentio. Dann, Fräulein, hab' ich keinen Grund zu bleiben. (Ab.)
Hortensio. Doch Grund hab' ich, den Schulfuchs zu erforschen.
Mir scheint nach seinem Blick, er sei verliebt;
Doch, Bianka, ist dein Sinn so ganz verächtlich,
Dein wandernd Aug' auf jeden Knecht zu werfen,
So lauf', zu wem du willst! Bist du so niedrig,
Such' ich ein andres Weib, und so erwidr' ich. (Ab.)

2. Szene.

Anderes Zimmer.

Baptista, Gremio, Tranio, Katharina, Bianka und Diener treten auf.

Baptista. Signor Lucentio, dieses ist der Tag
Für Katharinens und Petruchios Hochzeit,
Und immer noch läßt sich kein Eidam sehn.
Was wird man sagen? Welch ein Spott für uns!
Der Bräut'gam fehlt, da schon der Priester wartet,
Um der Vermählung Feier zu vollziehn!
Was sagt Lucentio denn zu unsrer Schmach?
Katharina. Nur meine Schmach! Hat man mich doch gezwungen,
Die Hand zu reichen, meinem Sinn entgegen,
Dem tollen Grobian, halbverrückt von Launen,
Der eilig freit und langsam Hochzeit macht.

Dritter Aufzug. 2. Szene.

Ich sagt' es wohl, er sei ein Narrenhäusler,
Der unter Derbheit bittern Hohn versteckt;
Und um für einen lust'gen Mann zu gelten,
Hält er um tausend an, setzt fest die Hochzeit,
Ladt Freunde ein, bestellt das Aufgebot,
Und denkt nie Ernst aus schlechtem Spaß zu machen.
Mit Fingern zeigt man nun auf Katharinen
Und spricht: Da geht des Narr'n Petruchio Frau,
Gefiel's ihm nur, zur Heirat sie zu holen! —
Tranio. Geduld, Baptista, liebe Katharine;
Petruchio meint es gut, bei meinem Leben,
Was auch ihn hemmen mag, sein Wort zu halten.
Ist er gleich derb, kenn' ich ihn doch als klug,
Und ist er lustig, doch als Mann von Ehre.
Katharina. Hätt' ich ihn nur mit Augen nie gesehn!
(*Geht weinend ab mit Bianka und den Dienern*)
Baptista. Geh', Mädchen, wenn du weinst, kann ich's nicht schelten:
Denn solche Schmach müßt' eine Heil'ge kränken,
Viel mehr so heft'gen Sinn und rasches Blut.

Biondello kommt.

Biondello. Herr, Herr, Neuigkeiten! Alte Neuigkeiten! Solche Neuigkeiten, wie Ihr sie nie gehört habt!
Baptista. Alt und neu zugleich? Wie kann das sein?
Biondello. Nun, ist das keine Neuigkeit, wenn ich Euch sage, daß Petruchio kommt?
Baptista. Ist er gekommen?
Biondello. Ei, nicht doch!
Baptista. Was denn?
Biondello. Er kommt erst.
Baptista. Wann wird er hier sein?
Biondello. Wann er hier steht, wo ich jetzt stehe, und Euch dort sieht.
Tranio. Aber nun deine alten Neuigkeiten?
Biondello. Ei, Petruchio langt jetzt an in einem neuen Hut und einem alten Wams, einem Paar alten Beinkleidern, dreimal gewendet, mit einem Paar Stiefeln, die schon als Lichtkasten gedient haben, einer mit Schnallen, der andere zum Schnüren; mit einem alten, rostigen Degen aus dem Stadtzeughause: das Gefäß ist zerbrochen, der Bügel fehlt, und die beiden Riemen sind zerrissen; sein Pferd ist kreuzlahm und trägt einen alten wurmstichigen Sattel mit zweierlei Bügeln; außerdem hat's den Rotz und ist auf dem Rückgrat ganz vermoost; es ist krank an der Mundfäule, behaftet mit der Räude, steckt voller Gallen, ist ruiniert vom Spat, leidet an der Gelbsucht, hat einen in-

turabeln Hahnentritt, einen intermittierenden Sonnenkoller und einen unvertilgbaren Kropf; dabei ist's senkrückig, stark buglahm und steif auf den Vorderbeinen; es hat eine halbverbogene Stange und ein Kopfgestell von Schafleder, das man so kurz geschnallt, um's vom Stolpern abzuhalten, daß es schon oft gerissen und dann wieder mit Knoten zusammengestückt ist; einen Gurt, aus sechs Stücken geflickt, und einen samtnen Schwanzriem von einem Frauensattel, mit zwei Buchstaben, die ihren Namen bedeuten sollen, zierlich mit Nägeln eingeschlagen, und hie und da mit Packfaden ergänzt.

Baptista. Wer kommt mit ihm?

Biondello. O Herr, sein Lakai, der leibhaftig wie das Pferd ausstaffiert ist: mit einem leinenen Strumpf an einem Bein und einem groben wollenen Jagdstrumpf am andern, und ein Paar roten und blauen Tuchegaen als Kniegürteln; einen alten Hut, an dem die „Vierzig verliebten neuen Lieder" als Feder stecken; ein Ungeheuer, ein rechtes Ungeheuer in seinem Anzuge, und sieht keinem christlichen Dienstboten oder eines Edelmanns Lakaien ähnlich!

Tranio. Wer weiß, welch seltne Laun' ihn dazu trieb,
Obgleich er oft geringe Kleider trägt.

Baptista. Nun, ich bin froh, daß er kommt; mag er kommen, wie er will.

Biondello. Nein, Herr, er kommt nicht.

Baptista. Sagtest du nicht, er komme?

Biondello. Wer? Petruchio?

Baptista. Ja, daß Petruchio komme.

Biondello. Nein, Herr, ich sagte, sein Pferd kommt, und er sitzt drauf.

Baptista. Nun, das ist eins.

Biondello. O nein doch, beim St. Jakob! da seid Ihr weit vom Ziele!
Denn Pferd und Mann sind mehr als eins, und sind doch auch
nicht viele.

Petruchio und Grumio kommen.

Petruchio. Wo seid ihr, schmuckes Volk? Wer ist zu Haus?

Baptista. Gut, daß Ihr grade kommt ...

Petruchio. Und doch nicht grade ...

Baptista. Ihr hinkt doch nicht?

Tranio. Nicht grade so geschmückt,
Als Ihr wohl solltet.

Petruchio. Wär's auch zierlicher,
Ich stürmte eben so zu euch herein.
Doch wo ist Käthchen, meine holde Braut?
Was macht mein Vater? Leute, sagt, was habt ihr?

Was gafft denn diese werteste Gesellschaft,
Als wär' ein seltsam Abenteu'r zu sehn,
Ein Wunderzeichen oder ein Komet?
Baptista. Ei nun, Ihr wißt, heut ist Eu'r Hochzeittag;
Erst sorgten wir, Ihr möchtet gar nicht kommen,
Nun mehr noch, daß Ihr kommt so ungeschmückt.
Pfui! Weg das Kleid, Schand' einem Mann wie Ihr,
Und unserm Ehrentag ein Dorn im Auge! —
Tranio. Und sagt uns, welch ein wichtig Hinderniß
Hielt Euch so lang entfernt von Eurer Braut?
Und bringt Euch her, Euch selbst so gar nicht ähnlich?
Petruchio. Langweilig wär's zu sagen, schlimm zu hören;
Genug, ich kam, und will mein Wort erfüllen,
Kann ich's auch nicht in allen Stücken thun,
Was ich bei längrer Muß' entschuld'gen will,
So daß ihr alle sollt zufrieden sein.
Doch wo ist Käthchen? Schon zu lange säumt' ich,
's ist spät, wir sollten in der Kirche sein.
Tranio. Seht nicht die Braut in den unzarten Hüllen;
Geht auf mein Zimmer, nehmt ein Kleid von mir.
Petruchio. Daraus wird nichts, ich will sie so besuchen.
Baptista. Doch so, ich hoff' es, geht Ihr nicht zur Kirche?
Petruchio. Ja doch, just so; drum laßt das Reden sein;
Mir wird sie angetraut, nicht meinen Kleidern.
Könnt' ich ergänzen, was sie an mir abnutzt,
Wie ich dies ärmliche Gewand kann tauschen,
Wär's gut für Käthchen, besser noch für mich.
Doch welch ein Narr bin ich, mit Euch zu schwatzen,
Derweil ich sie als Braut begrüßen sollte,
Mein Recht mit einem süßen Kuß besiegelnd!
(Petruchio, Grumio und Biondello ab.)
Tranio. Der närrische Aufzug hat gewiß Bedeutung!
Doch reden wir ihm zu, wenn's möglich ist,
Daß er sich besser kleide vor der Trauung.
Baptista. Ich will ihm nach und sehn, was daraus wird. (Ab.)
Tranio. Nun, junger Herr, kommt's noch drauf an, den Willen
Des Vaters zu gewinnen. Zu dem Zweck,
Wie ich vorhin Eu'r Gnaden schon erzählte,
Schaff' ich uns einen Mann — wer es auch sei,
Macht wenig aus — den richten wir uns ab,
Der soll Vincentio aus Pisa sein
Und hier in Padua die Verschreibung geben
Auf größre Summen noch, als ich versprach.
So sollt Ihr Eures Glücks Euch ruhig freun,
Mit Einstimmung vermählt der schönen Bianka.

Lucentio. Wär' mein Kamrad nur nicht, der zweite Lehrer,
Der Biankas Schritte so genau bewacht,
So ging' es leicht, sich heimlich zu vermählen.
Und ist's geschehn, sag' alle Welt auch nein,
Behaupt' ich, aller Welt zum Trotz, mein Recht.
Tranio. Das, denk' ich, läßt sich nach und nach ersehn.
Sind wir nur wachsam stets auf unsern Vorteil,
So prellen wir den alten Graubart Gremio,
Den überschlauen Vater Minola,
Den schmachtend süßen Meister Licio
Zum Besten meines lieben Herrn Lucentio.

Gremio kommt zurück.

Nun, Signor Gremio! kommt Ihr aus der Kirche?
Gremio. Und zwar so gern, wie je nur aus der Schule.
Tranio. Sind Braut und Bräut'gam denn zu Hause schon? —
Gremio. Bräut'gam? Recht! Breit ja macht er sich genug,
Bräut Jammer noch und Not der armen Braut.
Tranio. Schlimmer als sie? Ei was! Das ist nicht möglich.
Gremio. Er ist ein Teufel, ein leibhaft'ger Satan!
Tranio. Und sie des Teufels leibhaft'ge Großmutter!
Gremio. Pah! gegen ihn ein Lamm, ein Kind, ein Täubchen!
Laßt Euch erzählen, Herr. Der Priester fragt' ihn,
Ob Katharinen er zur Frau begehre?
„Beim Donnerwetter, ja!" schrie er, und fluchte.
Vor Schrecken ließ das Buch der Priester fallen;
Und als er sich gebückt, es aufzunehmen,
Gab ihm der tolle Bräut'gam solchen Schlag,
Daß Buch und Pfaff', und Pfaff' und Buch hinstürzten.
„Nun raff' das Zeug auf!" rief er, „wer da mag!"
Tranio. Was sagte denn das Bräutchen, als er aufstand?
Gremio. Die war ganz Furcht; denn seht, er stampft' und fluchte,
Als hätte ihn der Priester thören wollen.
Als nun die Zeremonien all' geendet,
Ruft er nach Wein,
Und: Prosit! schreit er, wie auf dem Verdeck,
Als tränk' er nach dem Sturm mit den Kamraden;.
Stürzt den Muskat hinab, und wirft die Tunke
Dem Küster ins Gesicht, aus keinem Grund,
Als weil sein Bart ihm, dünn und hungrig, schien
Um einen Schluck zu betteln, da er trank.
Und nun faßt' er die Braut um ihren Hals,
Und gibt ihr einen Schmatz so gellend laut,
Daß rings die ganze Kirche widerhallte.
Ich lief aus Scham hinaus, als ich dies sah,

Dritter Aufzug. 2. Szene.

Und nach mir, glaub' ich, folgt' der ganze Schwarm.
So tolle Hochzeit war noch nie zuvor!
Horch! horch! ich höre schon die Musikanten.

Musik. Petruchio, Katharina, Bianka, Baptista, Hortensio und Grumio kommen mit Dienern und Gefolge.

Petruchio. Ihr Herrn und Freund', ich dank' für eure Müh'.
Ich weiß, ihr denkt nun heut mit mir zu essen,
Und habt viel aufgewandt zum Hochzeitschmaus.
Doch leider ruft die Eil' mich gleich von hier;
Darum muß jetzt ich Abschied von euch nehmen.
Baptista. Ist's möglich? Noch heut abend wollt Ihr fort?
Petruchio. Bei Tag noch muß ich fort, noch vor dem Abend;
Nicht wundert Euch: sagt' ich Euch mein Geschäft,
Ihr hießt mich selbst wohl gehn, und nicht verweilen.
Und, ehrsame Gesellschaft, Dank euch allen,
Die ihr gesehn, wie ich mich hingegeben
Der höchst sanftmüt'gen, frommen, lieben Frau.
Mit meinem Vater schmaust, trinkt auf mein Wohl;
Denn ich muß fort, und Gott sei mit euch allen.
Tranio. Laßt uns Euch bitten, bleibt bis nach der Mahlzeit.
Petruchio. Es kann nicht sein.
Gremio. Laßt mich Euch bitten.
Petruchio. Es kann nicht sein.
Katharina. Laßt mich Euch bitten.
Petruchio. Das ist mir recht!
Katharina. So ist's Euch recht, zu bleiben?
Petruchio. Recht ist mir's, daß Ihr bittet, ich soll bleiben;
Doch nichts von Bleiben, bittet, was Ihr mögt.
Katharina. Wenn Ihr mich liebt, so bleibt.
Petruchio. Grumio, die Pferde! —
Grumio. Ja, Herr, sie sind parat, der Haber hat die Pferde schon gefressen.
Katharina. Nun gut;
Thu', was du willst, mich bringst du heut nicht weg,
Auch morgen nicht, nicht bis es mir gefällt.
Das Thor ist offen, Herr, da geht der Weg,
Drum trabt nach Haus, eh' Euch die Stiefel drücken;
Ich aber will nicht gehn, eh' mir's gefällt.
Das gäb 'nen herrlich mürrischen Grobian,
Der sich den ersten Tag so mausig macht!
Petruchio. Ei, Käthchen, still, ich bitt' dich, sei nicht bös.
Katharina. Ich will nun böse sein, was kümmert's dich?
Vater, schweigt nur, er bleibt, solang ich will.
Gremio. Aha, mein Freund, nun geht die Sache los.

Katharina. Ihr Herrn, hinein da zu dem Hochzeitsmahl.
Ich seh', ein Weib wird bald zum Narrn gemacht,
Wenn sie nicht Mut hat, sich zu widersetzen.
Petruchio. Sie soll'n hinein, mein Kind, wie du befiehlst;
(Gehorcht der Braut, denn ihretwegen kamt ihr.
Setzt euch zum Schmausen, singt und jubiliert,
Bringt volle Humpen ihrem Mädchenstand;
Seid toll und lustig, oder laßt euch henken;
Allein mein herzig Käthchen muß mit mir.
Nein, seht nicht scheel, noch stampft und stiert und mault;
Ich will der Herr sein meines Eigentums;
Sie ist mein Landgut, ist mein Haus und Hof,
Mein Hausgerät, mein Acker, meine Scheune,
Mein Pferd, mein Ochs, mein Esel, kurz mein Alles.
Hier steht sie, rühr' sie einer an, der Herz hat!
Ich will mein Recht behaupten vor dem Frechsten,
Der mir den Weg in Padua sperrt! Zieh, Grumio,
Zieh deinen Sarras, rund um uns sind Räuber;
Hau deine Frau heraus, bist du ein Mann!
Ruhig, lieb Herz, sie soll'n dir nichts thun, Käthchen;
Ich helf' dir durch, und wären's Millionen.
(Petruchio, Katharina und Grumio ab.)
Baptista. Nun gehn sie denn, o sanftes, stilles Paar!
Gremio. Es war wohl Zeit, sonst starb ich noch vor Lachen!
Tranio. So tolles Bündnis ist noch nie geschlossen!
Lucentio. Fräulein, was haltet Ihr von Eurer Schwester?
Bianka. Daß toll von je, sie toll sich angekettet.
Gremio. Und sich ihr Mann noch toller angekäthet.
Baptista. Nachbarn und Freunde, fehlt auch Braut und Bräut'gam,
Um ihren Platz zu nehmen an dem Tisch,
So strotzt die Tafel doch von Leckerbissen.
Ihr nehmt des Bräut'gams Platz, Lucentio,
Und Bianka mag für ihre Schwester gelten.
Tranio. Soll unsre Bianka lernen Bräutchen spielen?
Baptista. Das soll sie, Freund Lucentio. Kommt herein.
(Alle ab.)

Vierter Aufzug.

1. Szene.

Saal bei Petruchio.

Grumio tritt auf.

Grumio. Hol' die Pest alle müden Schindmähren, alle tollen Herrn und alle schlechten Wege! Ward je einer so geprügelt? — Je einer so vollgespritzt? Ist je ein Mensch so müde gewesen? Ich bin vorausgeschickt, um Feuer zu machen, und sie kommen hinter mir drein, um sich zu wärmen. Wär' ich nun nicht so ein kleiner Topf und bald heiß im Kopf, mir würden die Lippen an die Zähne frieren, die Zunge an den Gaumen, das Herz an die Rippen, ehe ich zu einem Feuer käme, um mich aufzutauen. Aber ich gedenke das Feuer anzublasen und mich damit zu wärmen; denn wenn man dies Wetter erwägt, so kann ein viel größerer Kerl, als ich bin, sich den Schnupfen holen. Holla, he! Curtis!

Curtis kommt.

Curtis. Wer schreit da so erfroren?

Grumio. Ein Stück Eis. Wenn du es nicht glauben willst, so kannst du von meinen Schultern zu meinen Füßen so geschwind hinuntergeglitschen, als wie vom Kopf zum Genick. Feuer, liebster Curtis!

Curtis. Kommen denn unser Herr und seine Frau, Grumio?

Grumio. Ja doch, Curtis, o ja! und darum Feuer, Feuer, thu kein Wasser dran!

Curtis. Ist sie denn solch eine hitzige Widerspenstige, wie man sagt? —

Grumio. Das war sie, guter Curtis, vor diesem Frost; aber du weißt's, der Winter zähmt Mann, Frau und Vieh; denn er hat meinen alten Herrn und meine neue Frau gezähmt und mich selbst, Kamrad Curtis.

Curtis. Geh mir, du dreizölliger Geck! Ich bin kein Vieh! —

Grumio. Halt' ich nur drei Zoll? Ei was! Dein Horn mißt einen Fuß, und so lang bin ich zum wenigsten. Aber willst du Feuer anmachen? Oder soll ich Klage über dich bei unsrer Frau führen, deren Hand (denn sie ist gleich bei der Hand) du bald fühlen wirst, als einen kalten Trost dafür, daß du langsam bist in deinem heißen Dienst? —

Curtis. Bitt' dich, lieber Grumio, erzähle mir was; wie geht's in der Welt?

Grumio. Kalt geht's in der Welt, Curtis, in jedem andern Dienst als im deinigen; und darum Feuer! Thu, was dir gebührt, und nimm, was dir gebührt; denn unser Herr und seine Frau sind beinahe totgefroren.

Curtis. Das Feuer brennt, und also nun erzähle was Neues, guter Grumio.

Grumio. J nun. (Singt.) „He Hans! Ho Hans!" so viel Neues du willst.

Curtis. Ach, geh, du bist immer so voller Flausen.

Grumio. Nun also, mach Feuer, denn ich bin auch voller Kälte. Wo ist der Koch? Ist das Abendessen fertig? Ist das Haus gescheuert, Binsen gestreut, Spinneweben abgefegt, die Knechte in ihren neuen Jacken und weißen Strümpfen? Hat jeder Bediente sein hochzeitlich Kleid an? Sind die Gläser geschwenkt und die Becher getränkt, die Tischdecken aufgelegt, und alles in Ordnung? —

Curtis. Alles fertig, und darum bitt' ich dich, was Neues.

Grumio. Erstlich wisse, daß mein Pferd müde ist; daß mein Herr und meine Frau übereinander hergefallen sind....

Curtis. Wie? handgreiflich?

Grumio. Aus ihrem Sattel in den Kot, übereinander; und davon ließe sich eine Geschichte erzählen.

Curtis. Nun laß hören, liebster Grumio.

Grumio. Dein Ohr her!

Curtis. Hier!

Grumio. Da! (Gibt ihm eine Ohrfeige.)

Curtis. Das heißt eine Geschichte fühlen, nicht eine Geschichte hören.

Grumio. Und darum nennt man's eine gefühlvolle Geschichte; und dieser Schlag sollte nur an dein Ohr anklopfen und sich Gehör ausbitten. Nun fang' ich an. In primis, wir kamen einen schmutzigen Berg herab, mein Herr ritt hinter meiner gnädigen Frau —

Curtis. Beide auf einem Pferde?

Grumio. Was denkst du dir dabei?

Curtis. Ei, ein Pferd.

Grumio. Erzähle du die Geschichte. Aber wärst du mir nicht dazwischen gekommen, so hätt'st du gehört, wie ihr Pferd fiel, und sie unter ihr Pferd; du hätt'st gehört, an welcher schmutzigen Stelle, und wie durchnäßt sie war; wie er sie liegen ließ mit dem Pferde auf ihr; wie er mich prügelte, weil ihr Pferd gestolpert war; wie sie durch den Kot watete, um ihn von mir wegzureißen; wie er fluchte, wie sie betete, sie, die noch nimmermehr gebetet hatte; wie ich heulte, wie die Pferde davonliefen, wie ihr Zügel zerriß, wie ich meinen Schwanzriemen verlor, nebst vielen anderen denkwürdigen Historien, welche nun in Vergessenheit sterben; und du kehrst ohne Weltkenntnis in dein Grab zurück.

Curtis. Nach dieser Rechnung ist mit ihm ja noch weniger Auskommens, als mit ihr?

Grumio. Ja, und das werden die Frechsten von euch allen erfahren, wenn er nach Hause kommt. Aber warum schwatze ich hier? Ruf Nathanael, Joseph, Niklas, Philipp, Walther, Haberkuckuck, und die andern her; laß sie ihre Köpfe glatt kämmen, ihre blauen Röcke ausbürsten, ihre Kniegürtel sollen sie nicht anstößig binden, mit dem linken Fuß ausschatren, und sich's nicht unterstehen, ein Haar von meines Herrn Pferdeschwanz anzurühren, bis sie sich die Hand geküßt haben. Sind sie alle fertig?

Curtis. Das sind sie.

Grumio. Ruf sie her.

Curtis. Hört ihr! He! Ihr sollt dem Herrn entgegengehn! — und meiner gnädigen Frau ein rechtes Ansehn geben!

Grumio. Nun, sie ist selbst schon ansehnlich genug!

Curtis. Das ist gewiß.

Grumio. Nun, was rufst du denn die Leute, ihr ein Ansehn zu geben?

Curtis. Ich meine, sie sollen ihr Kredit verschaffen.

Grumio. Ei was, sie wird ja nichts von ihnen borgen wollen.

Mehrere Bediente kommen.

Nathanael. Willkommen zu Hause, Grumio!
Philipp. Wie geht's, Grumio?
Joseph. Ei, Grumio!
Niklas. Kamerad, Grumio!
Nathanael. Wie geht's, alter Junge?
Grumio. Willkommen, du! — Wie geht's, du? — Ei, du! — Kamerad, du! — und damit genug des Grüßens. — Nun, ist alles fertig? Ist jedes Ding niedlich, meine schmucken Kerlchen?

Nathanael. Jedes Ding ist fertig. — Wie nah ist der Herr?

Grumio. Ganz nah, vielleicht schon abgestiegen, und darum seid nicht — — Potz sapperment, seid still! Ich höre meinen Herrn.

Petruchio und Katharina kommen.

Petruchio. Wo sind die Schurken? Was? Kein Mensch am Thor
Hielt mir den Bügel, nahm das Pferd mir ab?
Wo sind Nathanael, Philipp und Gregor?
Alle. Hier, Herr! Hier, Herr!
Petruchio. Hier, Herr! hier, Herr! hier, Herr! hier, Herr!
Ihr tölpelhaften, schlecht gezognen Flegel!

Was! keine Ordnung? Kein Respekt? Kein Dienst?
Wo ist der dumme Kerl, den ich geschickt?
Grumio. Hier, Herr, noch ganz so dumm, und doch geschickt.
Petruchio. Du Bauernlümmel! Du verdammter Karr'ngaul!
Sollt'st du im Park uns nicht entgegenkommen
Und all' die faulen Schlingel mit dir bringen?
Grumio. Nathanaels Rock, Herr, war noch nicht ganz fertig,
An Philipps Korduanschuh'n war noch kein Eisen,
Kein Fackelruß, um Peters Hut zu schwärzen,
An Walthers Dolch die Scheide noch in Arbeit.
Niemand in Staat, als Ralph, Gregor und Adam;
Die andern lumpig, alt und bettelhaft.
Doch wie sie sind, hab' ich sie hergeholt.
Petruchio. Geht, Schlingel! Geht, besorgt das Abendessen!
(Einige von den Dienern ab.)
(Singt.) Wo ist mein vor'ges Leben hin?
— Wo sind die — — Setz' dich, Käthchen! sei willkommen
Hum, hum, hum, hum!
Wird's bald? he? — Nun, lieb Käthchen, sei vergnügt! —
— Die Stiefel ab, ihr Schlingel, Schufte! Wird's?
(Singt.) Ein Bruder Graurock lobesan
Kam seines Wegs getrost heran — —
Spitzbube! du verrenkst mir ja das Bein!
Nimm das! Und zieh den andern besser aus! *(Schlägt ihn.)*
— Sei lustig, Käthchen. — Wasser her! Geschwind!
— Wo ist mein Windspiel Troilus? Kerl, gleich hin,
Mein Vetter Ferdinand soll zu uns kommen. *(Ein Diener ab.)*
Den mußt du küssen, Kind, und näher kennen lernen.
Her die Pantoffeln! Krieg' ich denn kein Wasser?
(Es wird ihm ein Becken gebracht.)
Komm, Käthchen, wasch' dich! Und nochmals willkommen!
(Der Bediente wirft die Kanne hin.)
Verdammter Hundsfott! Mußt du's fallen lassen? *(Schlägt ihn.)*
Katharina. Geduld, ich bitt', er that es unversehns!
Petruchio. Ein Hurensohn! Ein Eselsohr von Dickkopf! —
Komm, Käthchen, setz' dich, hungrig mußt du sein;
Sprichst du das Gratias, Liebchen, oder ich? —
Was ist das? Schöps?
Erster Diener. Ja.
Petruchio. Und wer bracht' es?
Erster Diener. Ich.
Petruchio. Es ist verbrannt, und so ist alles Essen;
Welch Hundevolk! Wo ist der Koch, die Bestie?
Wie wagt ihr Schurken, das mir anzurichten,

Vierter Aufzug. 1. Szene.

Mir vorzusetzen, was ich doch nicht mag?
Da! Fort damit! Fort Teller, Becher! Alles!
      (Wirft Essen und Alles zeug auf die Erde.)
Einfält'ge Lümmel! Ungeschliffnes Volk!
Was? brummt ihr noch? Gleich werd' ich bei euch sein.
Katharina. Ich bitt' dich, lieber Mann, sei nicht so unwirsch;
Gut war das Essen, hätt'st du's nur gemocht!
Petruchio. Nein, Käthchen, 's war vertrocknet und verbrannt.
Und grade das hat man mir streng verboten;
Denn auf die Galle wirft's, erzeugt den Aerger.
Drum ist es besser, wenn wir beide fasten,
Die an und für sich mir cholerisch sind,
Als durch zu stark Gebratnes uns verderben.
Geduld, mein Kind, wir holen's morgen ein;
Doch diese Nacht woll'n wir gemeinsam fasten,
Komm nun, ich führ' dich in dein Brautgemach.
      (Katharina, Petruchio und Curtis ab.)
Nathanael. Peter, sag, hast du so was je gesehn?
Peter. Die macht er tot in ihrer eignen Manier.

      Curtis kommt zurück.

  Grumio. Wo ist er?
Curtis. Drin mit ihr;
Hält ihr 'ne Predigt von Enthaltsamkeit,
Zankt, flucht und schilt; und sie, das arme Ding,
Wagt kaum noch aufzusehn, zu stehn, zu reden,
Und sitzt, wie eben aus 'nem Traum erwacht.
Fort! Fort! Da kommt er wieder her! (Sie laufen fort.)

      Petruchio kommt zurück.

Petruchio. So hab' ich klugerweis' mein Reich begonnen
Und hoffe, ferner glücklich zu regieren.
Mein Falk' ist nun geschärft und tüchtig hungrig,
Und bis er zahm ist, kriegt er auch kein Futter;
Sonst wird er nie auf meinen Wink gehorchen.
Noch kirr' ich anders meinen wilden Sperber,
So daß er kommt, und kennt des Wächters Ruf.
Wach bleibt sie, wie der Habicht wachen muß,
Der schlägt und stößt und nicht gehorchen will.
Heut aß sie nichts, und soll auch nichts bekommen,
Schlief nicht die Nacht, und soll's auch diese nicht;
Wie bei dem Essen stell' ich mich, als wär'
Das Bett ganz unrecht und verkehrt gemacht;
Dahin werf' ich den Pfühl, dorthin das Kissen,
Die Deck' auf jene Seit', auf die das Laken;
Ja, bei dem Wirrwarr schwör' ich noch, ich thu'

Shakespeare, Werke. I.   4

Das alles nur aus zarter Sorg' um sie.
Kurz, sie soll wachen diese ganze Nacht;
Nickt sie nur etwas ein, so zank' und tob' ich,
Um durch mein Schrei'n den Schlaf ihr zu verscheuchen.
Dies ist die Art, durch Lieb' ein Weib zu töten;
So beug' ich ihren harten störr'gen Sinn.
Wer Widerspenst'ge besser weiß zu zähmen,
Mag christlich mir's zu sagen sich bequemen. (Ab.)

2. Szene.

Straße in Padua vor Baptistas Haus.

Tranio und Hortensio treten auf.

Tranio. Wär's möglich wohl, Freund Licio, daß ein andrer
Sich Biankas Gunst erworben, als Lucentio? —
Sie that doch ganz, als liebte sie nur mich.
Hortensio. Wollt Ihr Beweis von dem, was ich Euch sagte,
So gebt hier acht, wie er sie unterrichtet.
(Sie stellen sich auf die Seite.)

Bianka und Lucentio kommen.

Lucentio. Fräulein, behaltet Ihr, was ich Euch lehrte?
Bianka. Was lehrt Ihr, Meister, erst erklärt mir das.
Lucentio. Was einzig mein Beruf, die Kunst zu lieben.
Bianka. Mögt Ihr bald Meister sein in dieser Kunst!
Lucentio. Nehmt Ihr als Lehrling mich in Eure Gunst.
(Gehen vorüber.)
Hortensio. Nun wahrlich, das geht schnell! o sagt mir doch,
Ihr schwuret ja, daß Euer Fräulein Bianka
Nichts in der Welt so als Lucentio liebe?
Tranio. O falscher Amor! Treulos Weibervolk!
Ich sag' dir, Licio, es ist unglaublich!
Hortensio. Nicht länger diese Mask': ich bin nicht Licio,
Bin auch kein Musiker, wie ich Euch schien,
Vielmehr ein Mann, den die Verkleidung reut
Um solche, die den Edelmann verwirft
Und solchen Wicht zu ihrem Abgott macht!
So wißt denn, Herr, daß ich Hortensio heiße.
Tranio. Signor Hortensio, oft hab' ich gehört
Von Eurer starken Leidenschaft für Bianka.
Da ich nun Augenzeuge bin des Leichtsinns,
Will ich mit Euch, seid Ihr es so zufrieden,
Auf ewig Biankas Lieb und Gunst verschwören.

Vierter Aufzug. 2. Szene.

Hortenſio. Wie zärtlich ſie ſich küſſen! Herr Lucentio!
Hier meine Hand; und feierlich beſchwör' ich
Nie mehr um ſie zu frein; abſchwör' ich ihr
Als ganz unwürdig aller Zärtlichkeit,
Mit der ich thöricht ihr gehuldigt habe.
Tranio. Empfangt auch meinen ungefälſchten Schwur:
Zur Frau nehm' ich ſie nie, ſelbſt wenn ſie bäte.
Pfui! ſeht nur, wie unmenſchlich ſie ihn ſtreichelt!
Hortenſio. Möcht' alle Welt, nur er nicht, ſie verſchwören!
Ich nun, um recht gewiß den Schwur zu halten,
Will einer reichen Witwe mich vermählen,
Morgen am Tag, die mich ſo lang geliebt,
Als ich der ſchnöden Dirne nachgegangen.
Und ſo lebt wohl, Signor Lucentio!
Der Weiber Freundlichkeit, nicht ſchöne Augen,
Gewinnt mein Herz. So nehm' ich meinen Abſchied,
Und feſt bleibt ſtehn, was ich beſchworen habe. (Hortenſio ab.)

Bianka und Lucentio kommen wieder.

Tranio. Nun, Fräulein Bianka, werd' Euch Glück und Segen
Auf allen Euern heil'gen Liebeswegen! —
Ja, ja! ich hab' Euch wohl ertappt, mein Herz;
Wir ſchwuren beid' Euch ab, ich und Hortenſio.
Bianka. Tranio, Ihr ſcherzt. Schwurt ihr mir beide ab?
Tranio. Das thaten wir.
Lucentio. Dann ſind wir Licio los.
Tranio. Mein Seel, er nimmt ſich eine friſche Witwe;
Die wird dann Braut und Frau an einem Tag.
Bianka. Gott geb' ihm Freude.
Tranio. Und zähmen wird er ſie.
Bianka. So ſpricht er, Freund.
Tranio. Gewiß, er geht ſchon in die Zähmungsſchule.
Bianka. Die Zähmungsſchule? Ei, gibt's ſolchen Ort?
Tranio. Ja, Fräulein, und Petruchio iſt der Rektor.
Der lehrt Manier, die jedem er verſtändigt,
Wie man der Widerſpenſt'gen Zunge bändigt.

Biondello kommt gelaufen.

Biondello. O lieber Herr, ſo lang hab' ich gelauert,
Daß hundemüd' ich bin; doch endlich ſah ich
'nen alten Biedermann vom Hügel kommen,
Der paßt für uns.
Tranio. Sag an, wer iſt's, Biondello?
Biondello. Ein Merkatant, Herr, oder ein Pedant;

Ich weiß nicht was; doch steif in seinem Anzug,
An Haltung, Gang und Tracht recht wie ein Vater.
Lucentio. Tranio, was soll er uns?
Tranio. Wenn der leichtgläubig meinen Märchen traut,
So ist er froh, Vincentio hier zu spielen;
Und gibt Baptista Minola Verschreibung
So gut, als ob Vincentio selbst er wäre. —
Nehmt Eure Braut hinein und laßt mich machen.
(Lucentio und Bianka ab.)

Ein Pedant tritt auf.

Pedant. Gott grüß Euch, Herr!
Tranio. Und Euch, Herr, seid willkommen!
Ist hier Eu'r Ziel, Herr, oder reist Ihr weiter?
Pedant. Hier ist mein Ziel, für einige Wochen mind'stens;
Dann reis' ich weiter, reise noch bis Rom;
Von dort nach Tripolis, schenkt Gott mir Leben.
Tranio. Von woher kommt Ihr, wenn's vergönnt?
Pedant. Von Mantua.
Tranio. Von Mantua, Herr? Ei, Gott verhüt' es!
Und kommt nach Padua mit Gefahr des Lebens?
Pedant. Mein Leben, Herr? Wieso? Das wäre schlimm!
Tranio. Tod ist verhängt für jeden, der von Mantua
Nach Padua kommt; wißt Ihr die Ursach' nicht?
Venedig nahm Euch Schiffe weg, der Doge
(Weil Feindschaft zwischen ihm und Eurem Herzog)
Ließ öffentlich durch Ausruf es verkünden.
Mich wundert — nur weil Ihr erst kürzlich kamt,
Sonst hättet Ihr den Ausruf schon vernommen.
Pedant. O weh, mein Herr! Das ist für mich noch schlimmer;
Denn Wechselbriefe hab' ich von Florenz,
Die hier in Padua abzugeben sind.
Tranio. Gut, Herr; um einen Dienst Euch zu erweisen,
Will ich dies thun, und diesen Rat Euch geben; —
Erst sagt mir aber: wart't Ihr je in Pisa?
Pedant. Ja, Herr, in Pisa bin ich oft gewesen,
Pisa, berühmt durch angesehne Bürger.
Tranio. So kennt Ihr unter diesen wohl Vincentio?
Pedant. Ich kenn' ihn nicht, doch hört' ich oft von ihm;
Ein Kaufmann von unendlichem Vermögen.
Tranio. Er ist mein Vater, Herr, und auf mein Wort,
Er sieht Euch im Gesicht so ziemlich gleich.
Biondello. Just, wie ein Apfel einer Auster gleicht!
Tranio. In dieser Not das Leben Euch zu retten,
Thu' ich Euch, ihm zuliebe, diesen Dienst.

Und haltet's nicht für Euer schlimmstes Glück,
Daß Ihr dem Herrn Vincentio ähnlich seht.
Von ihm müßt Namen Ihr und Ansehn borgen;
Mein Haus steht Euch zu Diensten, wohnt bei mir.
Betragt Euch so, daß niemand Argwohn faßt,
Nun, Ihr versteht mich; ja, so sollt Ihr bleiben,
Bis Eu'r Geschäft in dieser Stadt beendigt.
Ist dies ein Dienst, so nehmt ihn willig an.
Pedant. Das thu' ich, Herr, und will in Euch stets sehn
Den Schützer meines Lebens, meiner Freiheit.
Tranio. So kommt mit mir und stellt die Sach' ins Werk.
So viel sei Euch beiläufig noch gesagt,
Mein Vater wird hier jeden Tag erwartet,
Um hier ein Eheverlöbnis abzuschließen
Mit mir und eines Herrn Baptista Tochter;
Von alledem will ich Euch unterrichten.
Kommt mit mir, Herr, geziemlich Euch zu kleiden. (Alle ab.)

5. Szene.

Zimmer in Petruchios Landhaus.

Katharina und Grumio treten auf.

Grumio. Nein, nein, gewiß! Ich darf nicht, für mein Leben!
Katharina. Für jede neue Kränkung neuer Hohn.
Ward ich sein Weib, daß er mich läßt verhungern?
Betritt ein Bettler meines Vaters Haus,
Bekommt er, wie er bittet, gleich die Gabe,
Wo nicht, so find't er anderswo Erbarmen;
Doch ich, die nie gewußt, was Bitten sei,
Und die kein Mangel je zum Bitten zwang,
Ich sterb' aus Hunger, bin vom Wachen schwindelnd,
Durch Fluchen wach, durch Zanken satt gemacht;
Und was mich mehr noch kränkt als alles dies,
Er thut es unterm Schein der zartesten Liebe,
Als könnt's nicht fehlen: wenn ich schliefe, äße,
Würd' ich gefährlich krank, und stürbe gleich.
Ich bitte, geh und schaff mir was zu essen,
Und gleichviel was, wenn's nur genießbar ist.
Grumio. Was sagt Ihr wohl zu einem Kälberfuß?
Katharina. Ach, gar zu gut; ich bitt' dich, schaff ihn mir.
Grumio. Nur fürcht' ich, ist's ein zu cholerisch Essen.
Allein ein fett Getröse, gut geschmort?
Katharina. Das mag ich gern, o Liebster, hol es mir.

Grumio. Ich weiß doch nicht, ich fürcht', es ist cholerisch.
Was sagt Ihr denn zu Rindfleisch, und mit Senf?
Katharina. Dies Essen zählt zu meinen Leibgerichten.
Grumio. Ja, ja, doch ist der Senf ein wenig hitzig.
Katharina. Nun, Rindfleisch dann, und laß den Senf ganz weg.
Grumio. Nein, das ist nichts; Ihr nehmt den Senf dabei,
Sonst kriegt Ihr auch das Fleisch von Grumio nicht.
Katharina. Gut, beides oder eins, ganz wie du willst.
Grumio. Also den Senf denn, und kein Fleisch dazu?
Katharina. Mir aus den Augen, Kerl! boshafter Wicht!
Abspeisen willst du mich mit Wortgerichten? (Schlägt ihn.)
Verwünscht seist du und deine ganze Rotte,
Die sich an meinem Elend noch ergötzt!
Aus meinen Augen! Fort! —

Petruchio mit einer Schüssel und Hortensio kommen.

Petruchio. Wie geht's, mein Käthchen? Herz, so melancholisch?
Hortensio. Nun, seid Ihr guten Muts?
Katharina. Ja! guten Unmuts!
Petruchio. Nun lach mich an, mein Herz, sei wohlgemut.
Hier, Kind, du siehst, wie ich für dich besorgt.
Selbst richt' ich für dich an und bringe dir's.
(Setzt die Schüssel auf den Tisch.)
Nun! solche Freundlichkeit verdient doch Dank.
Was! nicht ein Wort? Nun dann, du magst es nicht,
Und mein Bemühn ist ganz umsonst gewesen.
Da! Nehmt die Schüssel weg.
Katharina. Bitte, laßt sie stehn.
Petruchio. Der kleinste Dienst wird ja mit Dank bezahlt;
Und meiner soll's, eh' du dir davon nimmst.
Katharina. Ich dank' Euch, Herr.
Hortensio. Signor Petruchio, pfui! Ihr seid zu tadeln!
Gesellschaft leist' ich Euch, so kommt und eßt.
Petruchio (beiseite). Iß alles auf, wenn du mich liebst, Hortensio;
(Laut.) Nun wohl bekomm' es dir, mein liebes Herz;
Iß schnell, mein Käthchen. Nun, mein süßes Liebchen,
Laß uns zurück, zu deinem Vater reisen;
Dort laß uns wacker schwärmen und stolzieren,
Mit seidnen Kleidern, Hauben, goldnen Ringen,
Mit Litzen, Spitzen, Samt und tausend Dingen,
Mit Spang' und Armband wie die höchste Edeldam',
Bernstein, Korall' und Perl und solchem Tröbelkram.
Nun, bist du satt? Dein wartet schon der Schneider
Und bringt zum Putz die raschelnd seidnen Kleider.

Vierter Aufzug. 3. Szene.

Schneider kommt.

Komm, Schneider! zeig uns deine Herrlichkeiten!
Leg aus das Kleid.

Putzhändler kommt.

Und was habt Ihr zu suchen?
Putzhändler. Hier ist die Haube, die Eu'r Gnaden wünschte.
Petruchio. Was! Auf 'ne Suppenschüssel abgeformt?
Ein samtner Napf? Pfui doch! gemein und garstig!
Wie eine Walnußschal', ein Schneckenhaus,
Ein Quark, ein Tand, ein Wisch, ein Puppenhäubchen!
Weg mit dem Ding! Schafft eine größre, sag' ich.
Katharina. Ich will sie größer nicht; so ist's die Mode,
So tragen feine Damen jetzt die Hauben.
Petruchio. Wenn Ihr erst fein seid, sollt Ihr eine haben;
Doch nicht vorher.
Hortensio (beiseite). Das wird sobald nicht sein!
Katharina. Wie, Herr? hab' ich Erlaubnis nicht, zu reden?
Ja, ich will reden, denn ich bin kein Kind!
Schon Beßre hörten meine Meinung sonst;
Könnt Ihr das nicht, stopft Euch die Ohren zu.
Mein Mund soll meines Herzens Bosheit sagen,
Sonst wird mein Herz, verschweig' ich sie, zerspringen;
Und ehe das geschieht, so will ich frei
Und über alles Maß die Zunge brauchen.
Petruchio. Du hast ganz recht, es ist 'ne lump'ge Haube,
Ein Tortendeckel, eine Samtpastete;
Ich hab' dich lieb drum, daß sie dir mißfällt.
Katharina. Lieb oder lieb mich nicht, die Haub' ist hübsch;
Und keine sonst, nur diese wird mich kleiden.
Petruchio.
Dein Kleid willst du? Ganz recht! Kommt, zeigt es, Schneider.
O gnad' uns Gott! Welch Faschingstück ist dies?
Was gibt's hier? Aermel? Nein, Haubitzen sind's;
Seht! auf und ab, gekerbt wie Apfelkuchen,
Mit Schlitzen, Schnipp und Schnapp, gezickt, gezackt,
Recht wie ein Rauchfaß in der Baderstube.
Wie nennst du das ins Teufels Namen, Schneider?
Hortensio (beiseite). Ich seh', nicht Kleid noch Haube wird sie kriegen.
Schneider. Ihr hießt mich's machen, ganz wie sich's gehört,
So wie die Mod' es heutzutage will.
Petruchio. Ja wohl, das that ich; doch besinne dich,
Ich sagte nicht: verdirb es nach der Mode!
Gleich spring nach Hause über Stock und Block,

Denn meiner Kundschaft bist du völlig quitt.
Für mich ist's nicht! Fort, mach mit, was du willst.

Katharina. Ich sah noch nie so schön gemachtes Kleid,
So modisch, sauber, von so hübscher Form;
Ihr wollt mich wohl zur Marionette machen?

Petruchio. Recht! Er will dich zur Marionette machen.

Schneider. Sie sagt, Euer Gnaden will sie zu einer Marionette machen.

Petruchio. O ungeheure Frechheit! — Du lügst, du Zwirn,
Du Fingerhut, du Elle,
Dreiviertel-, halbe, Viertelelle, Zoll!
Du Floh! du Mücke! Winterheimchen du!
Trotzt mir im eignen Hauf' ein Faden Zwirn?
Fort, Lappen du! Du Ueberrest, du Zuthat!
Sonst mess' ich mit der Elle dich zurecht,
Daß du zeitlebens solch Gewäsch verlernst.
Ich sag' es, ich! du hast ihr Kleid verpfuscht.

Schneider. Eu'r Gnaden irrt; das Kleid ist so gemacht,
Just so, wie's meinem Meister ward befohlen.
Grumio gab Ordre, wie es werden sollte.

Grumio. Ich gab nicht Ordre; Zeug hab' ich gegeben.

Schneider. Und wie verlangtet Ihr's von ihm gemacht?

Grumio. Zum Henker, Herr, mit Nadel und mit Zwirn.

Schneider. Doch sagt, nach welchem Schnitt Ihr's habt bestellt?

Grumio. Du hast wohl schon allerlei geschnitten?

Schneider. O ja, das habe ich.

Grumio. Schneide mir aber kein Gesicht. Du hast auch schon manchen herausgeputzt, mich verschone aber mit deinen Ausputzern; weder das eine noch das andre ist bei mir angebracht. Ich sage dir, ich hieß deinem Meister, er solle das Kleid schneiden; ich hieß ihm aber nicht, es in Stücke schneiden: ergo, du lügst.

Schneider. Nun, hier ist der Zettel mit der Bestellung, mir zum Zeugen.

Petruchio. Lies ihn.

Grumio. Der Zettel lügt in seinen Hals, wenn er sagt, ich habe es so bestellt.

Schneider. „In primis, ein freies loses Kleid."

Grumio. Herr, wenn ich ein Wort von freiem losen Wesen gesagt habe, so näht mich in des Kleides Schleppe, und schlagt mich mit einem Knäul braunen Zwirn tot. Ich sagte bloß Kleid.

Petruchio. Weiter.

Schneider. „Mit einem kleinen runden Kragen."

Grumio. Ich bekenne den Kragen.

Schneider. „Mit einem Panschärmel."

Grumio. Ich bekenne zwei Aermel.

Vierter Aufzug. 3. Szene.

Schneider. „Die Aermel niedlich zugespitzt und ausgeschnitten."
Petruchio. Ja, das ist die Spitzbüberei.
Grumio. Der Zettel lügt, Herr, der Zettel lügt. Ich befahl, die Aermel sollten ausgeschnitten und wieder zugenäht werden; und das will ich an dir gut machen, wenn auch dein kleiner Finger mit einem Fingerhut gepanzert ist.
Schneider. Was ich gesagt habe, ist doch wahr; und hätte ich dich nur, ich weiß wohl wo, wollte ich es dir schon beweisen.
Grumio. Ich steh' dir gleich bereit; nimm du die Rechnung, gib mir die Elle, und schone mich nicht.
Hortensio. Ha! Ha! Grumio, dabei käme er zu kurz!
Petruchio. Nun, kurz und gut, das Kleid ist nicht für mich.
Grumio. Da habt Ihr recht, 's ist für die gnäd'ge Frau.
Petruchio. Geh, heb' es auf zu deines Herrn Gebrauch.
Grumio. Schurke, bei deinem Leben nicht — meiner gnädigen Frau Kleid aufheben zu deines Herrn Gebrauch?
Petruchio. Nun, Mensch, was denkst du dir dabei?
Grumio. O Herr, die Meinung geht tiefer, als Ihr denkt — meiner gnädigen Frau Kleid aufheben zu seines Herrn Gebrauch? o pfui! pfui! pfui!
Petruchio (beiseite). Hortensio, sag, du wollst den Schneider zahlen. (Laut.) Geh! Nimm es mit! Fort, und kein Wort nun weiter!
Hortensio. Schneider, das Kleid bezahl' ich morgen dir,
Und nimm die hast'gen Reden ihm nicht übel;
Geh, sag' ich dir, und grüß' mir deinen Meister. (Schneider ab.)
Petruchio. So, Käthchen, komm! Besuchen wir den Vater,
So wie wir sind, in unsern schlichten Kleidern.
Stolz soll der Beutel sein, der Anzug arm;
Denn nur der Geist macht unsern Körper reich.
Und wie die Sonne bricht durch trübste Wolken,
So strahlt aus niedrigstem Gewand die Ehre.
Was? Ist der Häher edler als die Lerche,
Weil er mit schönerem Gefieder prangt?
Und ist die Otter besser als der Aal,
Weil ihre fleckige Haut das Aug' ergötzt?
O Käthchen, nein; so bist auch du nicht schlimmer
Um diese arme Tracht und schlechte Kleidung.
Doch hältst du's schimpflich, so gib mir die Schuld.
Und drum frisch auf, wir wollen gleich dahin,
Beim Vater froh und guter Dinge sein.
Geht, meine Leute ruft, gleich reiten wir,
Die Pferde führt zum Heckenthor hinaus,
Bis dahin gehn wir, setzen dort uns auf.
Laßt sehn: ich denk', es ist jetzt sieben Uhr;
Wir können dort sein noch zum Mittagessen.

Katharina. Herr, ich versichr' Euch, es hat zwei geschlagen,
Und kaum zum Abendessen kommt Ihr hin.
Petruchio. Es soll nun sieben Uhr sein, eh' wir reiten.
Sieh, was ich sag' und thu', und möchte thun,
Stets mußt du widersprechen! Laßt nur, Leute;
Ich will nun heut nicht fort; und eh' ich reite,
Da soll's die Stunde sein, die ich gesagt.
Hortensio. Der große Herr stellt gar die Sonne rückwärts! (Gehen ab.)

4. Szene.

Straße in Padua vor Baptistas Haus.

Tranio und der Pedant als Vincentio gekleidet treten auf.

Tranio. Dies ist das Haus, Signor; sagt, soll ich rufen?
Pedant. Jawohl! Was sonst? Und wenn ich mich nicht täusche,
Muß sich Signor Baptista mein erinnern
Von Genua her; bald sind es zwanzig Jahr,
Da wohnten beide wir im Pegasus.
Tranio. So ist es recht. Bleibt Eurer Rolle treu.
Seid strenge, wie es einem Vater ziemt.

Biondello kommt.

Pedant. Seid unbesorgt. Doch seht, hier kommt Eu'r Bursch;
Den müßt Ihr noch belehren.
Tranio. Um den seid unbekümmert. He, Biondello,
Nimm dich zusammen jetzt, das rat' ich dir;
Halt fest im Sinn, dies sei Vincentio.
Biondello. Ei, das ist meine Sache.
Tranio. Doch hast du's auch Baptista angemeldet?
Biondello. Der Alte, sagt' ich ihm, sei in Venedig,
Und daß Ihr heut in Padua ihn erwartet.
Tranio. Du bist ein ganzer Kerl; nimm das zum Trinken.
Hier kommt Baptista; nun macht ernste Mienen.

Baptista und Lucentio kommen.

Signor Baptista! glücklich angetroffen!
Vater, (zum Pedanten)
Dies ist der Herr, von dem ich Euch erzählt.
Ich bitt' Euch, handelt väterlich an mir,
Gebt mir mein Erbteil um Biankas willen.
Pedant. Sacht, sacht, mein Sohn!
Mit Eurer Gunst, mein Herr. Nach Padua kommend,
Um Schulden einzufordern, jetzt mein Sohn

Vierter Aufzug. 4. Szene.

In Kenntniß mich von einer großen Sache,
Betreffend sein und Eurer Tochter Liebe.
Und um des Rufes will'n, in dem Ihr steht,
Und um der Liebe will'n, die er für sie
Und sie für ihn hegt — nicht ihn hinzuhalten,
Willige ich als guter Vater ein,
Ihn bald vermählt zu sehn; und sagt Ihr „ja"
So williglich als ich, sollt Ihr mich sicher
(Verständ'gen wir uns erst) höchst dienlich finden,
Damit gemeinsam der Kontrakt sich schließe.
Denn schwierig kann ich gegen Euch nicht sein,
Mein Teurer, Eures guten Rufes halb!
Baptiste. Verzeiht, Signor, was ich erwidern muß:
Eu'r bünd'ger, kurzer Antrag ist mir lieb;
So viel ist wahr: Lucentio, Euer Sohn,
Liebt meine Tochter, und sie liebt ihn wieder,
Wenn beide nicht die größten Heuchler sind.
Deshalb, wenn es bei Eurem Worte bleibt,
Daß wie ein Vater Ihr an ihm wollt handeln
Und meinem Kind ein Wittum wollt verschreiben,
So ist es gut; die Heirat ist gemacht;
Eu'r Sohn erhält mein Kind mit gutem Willen.
Tranio. Ich dank' Euch, Herr. Wo scheint's Euch wohl am besten,
Uns zu verloben und den Ehkontrakt
Nach gegenseitigem Vertrag zu stiften?
Baptista. Nur nicht bei mir! Ihr wißt, es haben Ohren
Die Wände, meine Dienerschaft ist groß;
Auch Gremio liegt noch immer auf der Lauer.
So kann man dort gar leicht uns unterbrechen.
Tranio. In meiner Wohnung denn, wenn's Euch gefällt.
Dort wohnt mein Vater; dort, noch diesen Abend,
Verhandeln wir die Sache wohl und heimlich.
Schickt diesen Diener hin zu Eurer Tochter;
Mein Bursch soll gleich uns den Notar besorgen.
Das schlimmste bleibt, daß hastig so bestellt,
Ihr schmale, magre Vorbereitung findet.
Baptista. Mir ist es recht. Nun, Cambio, eilt nach Haus,
Und sagt Bianka, sich bereit zu halten;
Und wenn Ihr wollt, erzählt, was sich begeben.
Lucentios Vater kam nach Padua,
Und sie wird nun wohl bald Lucentios Frau.
Lucentio. Daß dies gescheh', fleh' ich zu allen Göttern!
Tranio. Halt dich nicht auf mit Göttern, sondern geh.
Signor Baptista, zeig' ich Euch den Weg?

Willkomm'! Ihr trefft wohl heut nur eine Schüssel;
In Pisa mach' ich's wieder gut.
Baptista. Ich folg' Euch.
(Tranio, Pedant und Baptista ab.)
Biondello. Cambio!
Lucentio. Was sagst du, Biondello?
Biondello. Ihr saht doch meinen Herrn mit den Augen blinzeln und Euch anlachen?
Lucentio. Und das heißt, Biondello?
Biondello. Ei, das heißt nichts; aber er ließ mich hier zurück, Euch den Sinn und die Moral seiner Zeichen auszulegen.
Lucentio. Nun so bitte ich dich, kommentiere sie denn.
Biondello. Also denn wie folgt: Baptista ist uns sicher und schwatzt mit dem trügenden Vater eines trügerischen Sohns.
Lucentio. Nun, und was weiter?
Biondello. Ihr sollt seine Tochter zum Abendessen führen.
Lucentio. Und dann?
Biondello. Der alte Pfarrer an der Sankt Lukaskirche steht Euch jede Stunde zu Gebot.
Lucentio. Und was soll nun das alles?
Biondello. Das weiß ich nicht; nur das weiß ich, daß sie sich jetzt mit einer nachgemachten Versicherung beschäftigen. Denkt Ihr nun daran, Euch ihrer zu versichern, cum Privilegio ad imprimendum solum,[17] macht, daß Ihr zur Kirche kommt; nehmt Pfarrer, Küster und ein paar gültige Zeugen mit.
Und hilft Euch nicht zum Ziele, was ich Euch jetzt erdacht,
Sagt Eurer schönen Bianca nur auf ewig gute Nacht.
Lucentio. Höre noch, Biondello!...
Biondello. Ich habe keine Zeit. Ich kenne ein Mädchen, die verheiratete sich an einem Nachmittag, als sie in den Garten ging und Petersilie pflückte, um ein Kaninchen zu füllen; warum denn nicht auch Ihr, Herr? und so lebt wohl. Mein Herr hat mir aufgetragen, nach St. Lukas zu gehn, damit der Pfarrer zur Hand sei, wenn Ihr mit Eurem Appendix ankommen werdet. (Ab.)
Lucentio. Ich kann und will, wenn sie's zufrieden ist;
Sie wird es sein; weshalb denn sollt' ich zweifeln?
Mag's gehn, wie's will. Ich will es ehrlich wagen.
Cambio, frisch auf! die Braut dir zu erjagen! (Ab.)

5. Szene.

Landstraße.

Petruchio, Katharina und Horten sio treten auf.

Petruchio. Ums Himmels willen schnell! Es geht zum Vater!
Mein Gott! Wie hell und freundlich scheint der Mond!
Katharina. Der Mond? die Sonne! Jetzt scheint ja nicht der
Mond!
Petruchio. Ich sag', es ist der Mond, der scheint so hell.
Katharina. Ich weiß gewiß, die Sonne scheint so hell.
Petruchio. Bei meiner Mutter Sohn, und das bin ich,
Mond soll's sein oder Stern, oder was ich will,
Eh' ich zu deinem Vater weiter reise.
Führt nur die Pferde wieder in den Stall.
Stets Widerspruch! und nichts als Widerspruch!
Hortensio. Gebt ihm doch recht; sonst kommt Ihr nicht vom Fleck.
Katharina. Nein, bitt' Euch, kommt, da wir so weit gelangt;
Sei's Mond und Sonn', und was dir nur gefällt,
Und wenn du willst, magst du's ein Nachtlicht nennen;
Ich schwör', es soll für mich dasselbe sein.
Petruchio. Ich sag', es ist der Mond.
Katharina. Natürlich ist's der Mond.
Petruchio. Ei wie du lügst! 's ist ja die liebe Sonne!
Katharina. Ja, lieber Gott! Es ist die liebe Sonne!
Doch nicht die Sonne, wenn du's anders willst;
Der Mond auch wechselt, wie es dir gelüstet;
Und wie du's nennen willst, das ist es auch,
Und soll's gewiß für Katharinen sein.
Hortensio. Glück auf, Petruchio, denn der Sieg ist dein.
Petruchio. Nun vorwärts denn! So läuft die Kugel recht,
Und nicht verkehrt mehr gegen ihre Richtung.
Doch still! Was für Gesellschaft kommt uns da?

Vincentio in Reisekleidern tritt auf.

(Zum Vincentio.) Gott grüß Euch, schöne Dame! Wo hinaus?
Sprich, liebes Käthchen, sprich recht offenherzig,
Sahst du wohl je ein frischeres Frauenbild?
Wie kämpft auf ihrer Wange Rot und Weiß!
Nie schmückten wohl zwei Sterne so den Himmel,
Wie dieses Himmels Antlitz ihre Augen.
Du holdes Kind, noch einmal guten Morgen;
Käthchen, umarm sie ihrer Schönheit wegen.
Hortensio. Er macht den Mann noch toll, den er zur Frau macht.

Katharina. Aufblüh'nde Schöne! frische Mädchenknospe,
Wohin des Weges? Wo ist deine Heimat?
Glücksel'ge Eltern von so schönem Kind!
Glücksel'ger noch der Mann, dem günst'ge Sterne
Zur holden Ehgenossin dich bestimmten!
Petruchio. Was! Käthchen! Ei, ich hoff', du bist nicht toll?
Das ist ein Mann, alt, runzlig, welk und grau,
Und nicht ein Mädchen, wie du doch behauptest.
Katharina. Verzeiht dem Wahn der Augen, alter Vater;
Die Sonne traf mir blendend das Gesicht,
Und was ich sah, erschien mir jung und grün.
Nun merk' ich erst, Ihr seid ein würd'ger Greis;
Verzeiht, bitt' ich, dies thörichte Verkennen.
Petruchio. Thu's, guter alter Mann, und laß uns wissen,
Wohin du reisest. Ist es unser Weg,
Soll die Gesellschaft uns erfreulich sein.
Vincentio. Mein werter Herr und schöne muntre Dame,
Die durch solch seltsam Grüßen mich erschreckt,
Vincentio heiß' ich, komm' aus Pisa her;
Nach Padua geh' ich jetzt, dort zu besuchen
Den Sohn, den ich seit lange nicht gesehn.
Petruchio. Wie heißt er? sagt!
Vincentio. Lucentio, edler Herr.
Petruchio. Das trifft sich gut, für deinen Sohn am besten;
Und nach Verwandtschaft nun wie nach dem Alter
Mag ich dich jetzt geliebter Vater nennen.
Die Schwester meiner Frau hier, dieser Dame,
Ist deinem Sohn vermählt. Nicht sei verwundert,
Und nicht erschreckt; untadlig ist ihr Ruf,
Die Mitgift reich, sie selbst aus gutem Hause,
Auch außerdem von Sitt' und Eigenschaft,
Wie eines Edelmanns Gemahlin ziemt.
Erlaub', Vincentio, daß ich dich umarme;
Und gehn wir, deinen wackern Sohn zu sehn,
Den deine Ankunft sicher hoch erfreut.
Vincentio. Ist's Wahrheit? oder ist's nur lecker Mutwill,
Daß Ihr als lust'ger Reisender die Laune
An Fremden übt, die auf der Straß' Ihr einholt?
Hortensio. Nein, ich versich'r Euch, alter Herr, so ist's.
Petruchio. Komm, geh nur mit und sieh die Wahrheit selbst;
Du traust wohl nicht, weil wir dich erst geneckt.
(Petruchio, Katharina und Vincentio ab.)
Hortensio. Petruchio, schön! du hast mir Herz gemacht!
Zur Witwe! wär' sie noch so widerspenstig,
Jetzt hast du Selbstvertraun und Mut, und kennst dich. (Ab.)

Fünfter Aufzug.

1. Szene.

Padua. Vor Lucentios Haus.

Von der einen Seite treten auf Bionbello, Lucentio und Bianka;
Gremio geht auf und ab ihnen gegenüber.

Bionbello. Nur schnell und still, Herr, denn der Priester wartet.

Lucentio. Ich fliege, Bionbello; aber sie haben dich vielleicht im Hause nötig, darum verlaß uns.

Bionbello. Nein, meiner Treu, erst müßt Ihr die Kirche im Rücken haben, und dann will ich zu meinem Herrn zurück, sobald ich kann.
(Lucentio, Bianka und Bionbello ab.)

Gremio. Mich wundert, wo nur Cambio bleiben mag.

Petruchio, Katharina, Vincentio und Diener treten auf.

Petruchio. Hier ist die Thür, dies ist Lucentios Haus;
Mein Vater wohnt mehr nach dem Markte zu;
Dorthin muß ich, und also laß' ich Euch.

Vincentio. Ihr müßt durchaus mit mir vorher noch trinken;
Ich denk', ich kann Euch hier als Wirt begrüßen,
Und angerichtet finden wir wohl auch. (Klopft an die Thür.)

Gremio. Sie haben Geschäfte da drinnen; Ihr müßt stärker klopfen.

Pedant oben am Fenster.

Pedant. Wer klopft denn da, als wollt' er die Thür einschlagen?

Vincentio. Ist Signor Lucentio zu Hause, Herr?

Pedant. Zu Hause ist er, Herr, aber nicht zu sprechen.

Vincentio. Wenn ihm nun aber jemand ein- oder zweihundert Pfund brächte, um sich einen guten Tag zu machen?

Pedant. Behaltet Eure hundert Pfund für Euch; er hat sie nicht nötig, so lange ich lebe.

Petruchio. Nun, ich hab's Euch wohl gesagt, Euer Sohn sei in Padua beliebt. Hört einmal, Herr, ohne viel unnütze Weitläuftigkeit: sagt doch, ich bitte Euch, dem jungen Herrn Lucentio, sein Vater sei von Pisa angekommen und stehe hier an der Thür, um ihn zu sprechen.

Pedant. Du lügst; sein Vater ist von Pisa angekommen und sieht hier aus dem Fenster.

Vincentio. Bist du sein Vater?

Pedant. Ja, Herr; so sagt mir seine Mutter, wenn ich ihr glauben darf.

Petruchio (zu Vincentio). Was soll das heißen, Herr? Das ist ja offenbare Schelmerei, daß Ihr einen fremden Namen annehmt.

Pedant. Legt Hand an den Schurken! Er denkt wohl jemand hier in der Stadt unter meiner Maske zu betrügen?

Biondello kommt zurück.

Biondello. Ich habe sie in der Kirche zusammen gesehn; der Himmel verleih ihnen günstigen Wind. — Aber was ist hier? Mein alter Herr Vincentio? Nun sind wir alle verloren und zu Grunde gerichtet!

Vincentio (Biondello erblickend). Komm her, du Galgenstrick!

Biondello. Ich hoffe, das kann ich bleiben lassen!

Vincentio. Komm hierher, Spitzbube! Was, hast du mich vergessen?

Biondello. Euch vergessen? Nein, Herr, ich konnte Euch nicht vergessen, denn ich habe Euch in meinem Leben nicht gesehn.

Vincentio. Was, du ausgemachter Schelm! Deines Herrn Vater, Vincentio, nie gesehn?

Biondello. Was! meinen alten, verehrungswürdigen Herrn? Ei versteht sich, Signor, da guckt er ja zum Fenster heraus!

Vincentio. Ist dem wirklich so? (Schlägt ihn.)

Biondello. Hilfe! Hilfe! hier ist ein verrückter Mensch, der mich umbringen will. (Läuft davon.)

Pedant. Zu Hilfe, mein Sohn! Zu Hilfe, Signor Baptista! (Tritt vom Fenster zurück.)

Petruchio. Komm, liebes Käthchen, laß uns zurücktreten und warten, wie dieser Handel ablaufen wird. (Sie gehen auf die Seite.)

Pedant, Baptista, Tranio und Diener treten auf.

Tranio. Herr, wer seid Ihr denn, daß Ihr Euch herausnehmt, meinen Diener zu schlagen?

Vincentio. Wer ich bin, Herr? Sagt mir lieber, wer seid denn Ihr? O ihr unsterblichen Götter! O du gepußter Schlingel! Ein seidnes Wams, samtne Hosen, ein Scharlachmantel und ein hochgespitzter Hut! O ich bin verloren, ich bin verloren! Unterdes ich zu Hause den guten Wirt mache, bringen mein Sohn und mein Bedienter alles auf der Universität durch!

Tranio. Nun, was gibt's denn?

Baptista. Was! Ist der Mensch mondsüchtig?

Tranio. Herr, nach Eurer Tracht scheint Ihr ein gesetzter alter Mann, aber Eure Reden verraten Euch als einen Verrückten. Ei, Herr, was geht's denn Euch an, und wenn ich Gold

und Perlen trage? Dank sei es meinem guten Vater, ich bin im stande, es dran zu wenden!
Vincentio. Dein Vater, o Spitzbube! der ist ein Segelmacher in Bergamo!
Baptista. Ihr irrt Euch, Herr, Ihr irrt Euch! Sagt mir doch, wie denkt Ihr denn, daß er heißt?
Vincentio. Wie er heißt! Als wüßte ich nicht, wie er heißt! Ich habe ihn vom dritten Jahr auf groß gezogen, und sein Name ist Tranio.
Pedant. Fort mit dir, du toller Esel; er heißt Lucentio und ist mein einziger Sohn und Erbe aller meiner, des Signor Vincentio, Güter.
Vincentio. Lucentio? O, er hat seinen Herrn umgebracht! Verhaftet ihn, ich befehle es Euch im Namen des Dogen. O mein Sohn! mein Sohn! Sag mir, Bösewicht, wo ist mein Sohn Lucentio?
Tranio. Ruft einen Gerichtsdiener her! (Einer von den Bedienten geht und holt einen Gerichtsdiener.) Bringt diesen verrückten Menschen ins Gefängnis. Vater Baptista, ich binde es Euch auf die Seele, daß er vor Gericht gestellt wird.
Vincentio. Mich ins Gefängnis bringen?
Gremio. Haltet, Gerichtsdiener, er soll nicht in Verhaft!
Baptista. Redet nicht drein, Signor Gremio; ich sage, er soll in Verhaft.
Gremio. Nehmt Euch in acht, Signor Baptista, daß Ihr nicht in dieser Sache hinters Licht geführt werdet. Ich getraue mir's, darauf zu schwören, dies sei der rechte Vincentio.
Pedant. Schwöre, wenn du's dir getraust.
Gremio. Nein, zu schwören getraue ich mir's just nicht.
Tranio. So solltest du lieber auch sagen, ich sei nicht Lucentio?
Gremio. Ja, dich kenne ich als den Signor Lucentio.
Baptista. Fort mit dem alten Narren, in Arrest mit ihm.
Vincentio. So schleppt gewaltthätig man Fremde fort! O niederträcht'ger Bösewicht!

Biondello kommt zurück mit Lucentio und Bianka.

Biondello. Ja, wir sind zu Grunde gerichtet, und dort ist er, verleugnet ihn, verschwört ihn; sonst sind wir alle verloren.
Lucentio (knieend). Verzeiht mir, Vater!
Vincentio. Lebst du, liebster Sohn?
(Biondello, Tranio und der Pedant laufen davon.)
Bianka (knieend). Verzeiht, o Vater!
Baptista. Was hast du gethan? Wo ist Lucentio?
Lucentio. Hier; ich bin Lucentio,

Rechtmäß'ger Sohn des wirklichen Vincentio.
Durch heil'ges Recht ward deine Tochter mein,
Indes dein Auge täuscht' ein falscher Schein.
Gremio. Ausbünd'ge, abgefeimte Schelmerei!
Vincentio. Wo blieb denn Tranio, der verdammte Wicht,
Der prahlt' und Trotz mir bot ins Angesicht?
Baptista. Ei sagt mir, ist nicht dies mein Cambio?
Bianka. Hier; umgewandelt in Lucentio.
Lucentio. Dies Wunder that die Liebe. Biankas Liebe
Ließ meinen Stand mit Tranio mich vertauschen,
Indes er meine Rolle hier gespielt.
Und glücklich bin ich endlich eingelaufen
In den ersehnten Hafen meines Glücks.
Was Tranio that, dazu zwang ich ihn selbst;
Verzeiht ihm, mir zuliebe, teurer Vater.
   Vincentio. Ich will dem Schurken die Ohren abschneiden, der mich ins Gefängnis schicken wollte.
   Baptista (zu Lucentio). Aber hört, Herr: Ihr habt also meine Tochter geheiratet, ohne nach meiner Einwilligung zu fragen?
Vincentio. Seid unbesorgt, wir stellen Euch zufrieden;
Doch ich muß fort und strafen die arge Büberei. (Ab.)
Baptista. Und ich den Grund erforschen all dieser Schelmerei. (Ab.)
Lucentio. Geliebte, Mut, dein Vater wird versöhnt.
   (Lucentio und Bianka ab.)
Gremio. Mein Kuchen ist noch zäh, doch geh' ich mit ins Haus,
Hab' ich schon nichts zu hoffen als meinen Teil am Schmaus. (Ab.)

   Petruchio und Katharina treten vor.

Katharina. Komm, lieber Mann, zu sehn, was daraus wird.
Petruchio. Erst küsse mich, Käthchen, dann wollen wir gehn.
Katharina. Was! hier auf offner Straße?
Petruchio. Was! schämst du dich meiner?
Katharina. Nein, Gott bewahre; aber ich schäme mich,
Dich hier zu küssen.
Petruchio. Nun dann nur fort nach Hause! He, Bursch! gleich
     reiten wir.
Katharina. Da hast du deinen Kuß. Nicht wahr, nun bleibst
     du hier?
Petruchio. Ist das nun so nicht besser? Mein liebstes Käthchen, sieh:
Einmal besser als keinmal, und besser spät als nie. (Ab.)

2. Szene.

Zimmer in Lucentios Haus.

(Ein gedeckter Tisch. Baptista, Vincentio, Gremio, der Pedant, Lucentio, Bianka, Petruchio, Katharina, Hortensio und die Witwe treten auf; Tranio, Biondello, Grumio und andere warten auf.

Lucentio. Zwar spät, doch endlich stimmt, was Mißklang schien,
Und Zeit ist's, wenn der wilde Krieg vorüber,
Der Angst zu lächeln, der bestandnen Not.
Begrüß, geliebte Bianka, meinen Vater,
Mit gleicher Zärtlichkeit begrüß' ich deinen.
Bruder Petruchio, Schwester Katharine,
Und du, Hortensio, mit der lieben Witwe,
Langt wacker zu. Willkommen meinem Hause!
Es diene dies Bankett nun zum Beschluß
Nach unserm großen Gastmahl. Bitte, setzt euch;
Und nicht zu schwatzen minder als zu essen.
(Sie setzen sich.)

Petruchio. Und nichts als sitzen, sitzen, essen, essen.
Baptista. Die Freundlichkeit ist heimisch hier in Padua.
Petruchio. Was nur in Padua heimisch, sind' ich freundlich.
Hortensio. Uns beiden wünsch' ich, dieses Wort sei wahr.
Petruchio. Nun, auf mein Wort! Hortensio scheut die Witwe.
Witwe. Nein, glaubt mir nur, ich scheue mich vor niemand.
Petruchio. Wie sinnreich sonst, doch fehlt Ihr meinen Sinn.
  Ich meint', Hortensio scheue sich vor Euch.
Witwe. Wer schwindlig ist, der denkt, die Welt geht rund.
Petruchio. Ei! rund erwidert.
Katharina.   Sagt, wie meint Ihr das?
Witwe. Ich zahl' ihm nur in gleicher Münze wieder,
  Was ich von ihm empfing.
Petruchio.   Von mir empfing sie?
  Hortensio, wie gefällt dir das? laß hören!
Hortensio. Wie sie die Red' empfangen, meint die Witwe.
Petruchio. Gut eingelenkt! Küßt ihn dafür, Frau Witwe.
Katharina. Wer schwindlig ist, der denkt, die Welt geht rund:
  Ich bitt' Euch, sagt mir, was Ihr damit meintet?
Witwe. En'r Mann, der sich 'ne Widerspenst'ge nahm,
  Mißt meines Mannes Kreuz nach seinem Gram.
  Das war's, was ich gemeint.
Katharina. So war's gemein gemeint.
Witwe.   Ja, denn Euch meint' ich.

Katharina. Ich wär' gemein, gäb' ich noch acht auf Euch.
Petruchio. Drauf los, Käthchen!
Hortensio. Auf sie los, Witwe!
Petruchio. Einhundert Mark, mein Käthchen kriegt sie unter!
Hortensio. Das wär' mein Amt.
Petruchio. Gesprochen wie ein Amtmann! Auf dein Wohl!
(Trinkt dem Hortensio zu.)
Baptista. Was sagt Freund Gremio zu dem schnellen Witz?
Gremio. Sie stoßen mit den Köpfen gut zusammen.
Bianka. Wie, Stoß und Kopf? Ein Witzkopf möchte sagen,
Eu'r Kopf und Stoß sei nur wie Kopf und Horn.
Vincentio. So, Fräulein Braut? hat Euch das aufgeweckt?
Bianka. O ja, doch nicht erschreckt; drum schlaf' ich fort.
Petruchio. Das sollt Ihr nicht; weil Ihr einmal begonnen,
Müßt Ihr noch zwei, drei spitze Worte dulden.
Bianka. Bin ich Eu'r Wild? so wechsl' ich das Revier;
Verfolgt mich denn, wenn Ihr ein Schütze seid;
Willkommen seid ihr alle.
(Bianka ab mit Katharina und der Witwe.)
Petruchio. Sie hat nicht standgehalten. Signor Tranio,
Den Vogel nahmt Ihr auch aufs Korn, doch traft nicht;
Gesundheit jedem, der da schießt und fehlt!
Tranio. O Herr, Lucentio hetzte mich als Windhund;
Der läuft für sich, und fängt für seinen Herrn.
Petruchio. Ein gutes schnelles Bild, nur etwas hündisch.
Tranio. Doch daß Ihr für Euch selbst gejagt, war gut;
Denn Euer Wild, meint man, weist Euch die Zähne.
Baptista. Oho! Petruchio, Tranio traf Euch jetzt.
Lucentio. Ich danke dir den Hieb, mein guter Tranio!
Hortensio. Bekennt, bekennt; hat er Euch nicht getroffen?
Petruchio. Ich muß gestehn, er streifte mich ein wenig.
Und da der Witz an mir vorbeigeflogen,
Zehn gegen eins, so traf er Euch ins Herz.
Baptista. Nun, allen Ernstes, Sohn Petruchio,
Du hast die Widerspenstigste von allen.
Petruchio. Ich aber sage nein. Dies zu beweisen,
Laßt jeden Botschaft senden seiner Frau;
Und wessen Frau vor allen folgsam ist,
Und kommt zuerst, wenn er sie rufen läßt,
Gewinnt die Wette, die wir hier bestimmen.
Hortensio. Genehmigt. Wieviel setzt Ihr?
Lucentio. Zwanzig Kronen.
Petruchio. Zwanzig Kronen!

So viel setz' ich auf meinen Hund und Falken,
Doch zwanzigmal so viel auf meine Frau.
Lucentio. Einhundert denn!
Hortensio. Genehmigt!
Petruchio. Topp! Es sei!
Hortensio. Wer macht den Anfang?
Lucentio. Das will ich. Biondello!
Sag meiner Frau, sie solle zu mir kommen.
Biondello. Ich geh'. (Ab.)
Baptista. Halbpart, Herr Sohn, daß Bianka kommt.
Lucentio. Nichts halb; ich will das Ganze mir gewinnen.

Biondello kommt zurück.

Wie nun! Was gibt's?
Biondello. Herr, unsre Frau läßt sagen,
Daß sie zu thun hat und nicht kommen kann.
Petruchio. Aha! Sie hat zu thun und kann nicht kommen!
Heißt das antworten?
Gremio. Ja, und noch recht höflich;
Wenn Eure nur nichts Schlimmres läßt erwidern.
Petruchio. Ich hoffe Bessres.
Hortensio. Geh, Bursch, zu meiner Frau; ersuche sie
Sogleich zu kommen. (Biondello ab.)
Petruchio. Oho! ersuche sie!
Dann muß sie freilich kommen!
Hortensio. So? ich fürchte,
Bei Eurer wird Euch kein Ersuchen helfen.

Biondello kommt zurück.

Nun, wo ist meine Frau?
Biondello. Sie sagt, Ihr habt wohl einen Scherz im Sinn;
Sie komme nicht; Ihr sollt nur zu ihr kommen.
Petruchio. Schlimmer und schlimmer! Will sie nicht? O schmählich,
Nicht auszuhalten, völlig unerträglich!
Du, Grumio, geh sogleich zu meiner Frau;
Sag, ich befehl' ihr, sie soll zu mir kommen. (Grumio ab.)
Hortensio. Ich weiß die Antwort!
Petruchio. Nun?
Hortensio. Sie wolle nicht.
Petruchio. So schlimmer steht's um mich, und damit gut.

Katharina kommt.

Baptista. Gott sei mir gnädig! seht, da kommt Kathrine!
Katharina. Was wollt Ihr, Herr, daß Ihr nach mir gesandt?

Petruchio. Wo ist Hortensios Frau und deine Schwester?
Katharina. Da drinn' am Feuer sitzen sie und schwatzen.
Petruchio. Geh, hol sie her; und wollen sie nicht kommen,
Führ sie gegeißelt ihren Männern her!
Geh, sag' ich, bringe sie uns augenblicks.

(Katharina ab.)

Lucentio. Hier ist ein Wunder, wollt Ihr Wunder sehn.
Hortensio. Ja wohl! mich wundert, was nur das bedeute?
Petruchio. Ei, Friede deutet's, Lieb' und ruhig Leben,
Ehrwürdig Regiment, rechtmäß'ge Herrschaft;
Kurz, was nur irgend süß und glücklich ist.
Baptista. Nun, dir sei alles Heil, guter Petruchio;
Die Wett' ist dein; ich aber füge noch
Zu dem Gewinste zwanzigtausend Kronen;
Der andern Tochter eine andre Mitgift;
Denn anders ist sie, man erkennt sie nicht.
Petruchio. Ich will die Wette besser noch gewinnen;
Sie soll mehr Zeichen des Gehorsams geben,
Der neu erworbnen Sitte des Gehorsams.

Katharina kommt zurück mit Bianka und der Witwe.

Nun seht, sie kommt und bringt die troh'gen Weiber,
Gefangne weiblicher Beredsamkeit.
Die Haube, Katharine, steht dir nicht;
Fort mit dem Plunder! tritt sie gleich mit Füßen!

(Katharina thut es.)

Witwe. Gott, laß mich Ursach nie zum Kummer haben,
Bis ich so albern mich betragen werde!
Bianka. Pfui! das ist ja ein läppischer Gehorsam!
Lucentio. Ei, wäre dein Gehorsam nur so läppisch!
Deines Gehorsams Weisheit, schöne Bianka,
Bringt mich um hundert Kronen seit der Mahlzeit.
Bianka. So kind'scher du, darauf etwas zu wetten!
Petruchio. Kathrine, dir befehl' ich:
Erklären sollst du den starrköpf'gen Weibern,
Was sie für Pflicht dem Herrn und Ehmann schuldig.
Witwe. Ei was, Ihr scherzt; wir wollen keine Predigt.
Petruchio. Thu's, sag' ich dir, und mach mit der den Anfang!
Witwe. Nein doch.
Petruchio.   Ja, sag' ich; mach mit der den Anfang!
Katharina. Pfui, pfui! entrunzle diese droh'nde Stirn,
Und schieß nicht zorn'ge Pfeil' aus diesen Augen,
Verwundend deinen König, Herrn und Herrscher.

Das tötet Schönheit, wie der Frost die Flur,
Zerstört den Ruf, wie Wirbelwind die Blüten,
Und niemals ist es recht noch liebenswert.
Ein zornig Weib ist gleich getrübter Quelle,
Sumpfig und widrig, stockig, ohne Schönheit.
Und ist sie so, wird keiner, noch so durstig,
Sie würd'gen, einen Tropfen draus zu schlürfen.
Dein Ehmann ist dein Herr, ist dein Erhalter,
Dein Licht, dein Haupt, dein Fürst; er sorgt für dich
Und deinen Unterhalt; gibt seinen Leib
Mühsel'ger Arbeit preis zu Land und Meer,
Wacht Nächte durch in Sturm und Tag' in Kälte,
Wenn du im Hause warm und sicher ruhst;
Und fordert keinen andern Zoll von dir,
Als Liebe, holde Blicke und Gehorsam;
Zu kleine Zahlung für so große Schuld.
Die Pflicht, die der Vasall dem Fürsten schuldet,
Die ist die Frau auch schuldig ihrem Gatten.
Und ist sie trotzend, launisch, trüb und bitter,
Und nicht gehorsam billigem Gebot,
Was ist sie als ein tückischer Rebell,
Sünd'ger Verräter an dem lieben Herrn?
Wie schäm' ich mich, daß Fraun so albern sind!
Sie künden Krieg und sollten knien um Frieden!
O daß sie herrschen, lenken, trotzen wollen,
Wo sie nur schweigen, lieben, dienen sollen!
Weshalb ist unser Leib zart, sanft und weich,
Kraftlos für Müh' und Ungemach der Welt,
Als daß ein weiches Herz, ein sanft Gemüte
Als zarter Gast die zarte Wohnung hüte?
O kommt, ihr eigensinn'gen, schwachen Würmer!
Mein Sinn war hart wie einer nur der euern,
Mein Stolz so groß, mein Witz vielleicht gewandter,
Um Wort mit Wort, um Zorn mit Zorn zu schlagen.
Jetzt seh' ich's, unsre Lanzen sind nur Stroh;
Gleich schwach wir selbst, schwach wie ein hilflos Kind,
Scheinen wir nur, was wir am mind'sten sind.
Drum dämpft den Trotz, beugt euch dem Mann entgegen,
Ihm unter seinen Fuß die Hand zu legen.
Wenn er's befiehlt zum Zeichen meiner Pflicht,
Verweigert meine Hand den Dienst ihm nicht.

Petruchio. Das nenn' ich eine Frau! Küß mich, mein Mädchen!
Lucentio. Glück zu, Herr Bruder, du bezwangst dein Käthchen!
Vincentio. Das klingt recht fein, wenn Kinder fromm und
        schmiegsam!

Lucentio. Doch schlimm, wenn Frau'n verstockt sind und un=
 fügsam.
Petruchio. Nun, Käthchen, komm zu Bette.
 Drei sind vermählt, doch zwei nur schlecht, ich wette.
 Gut' Nacht, ihr Herrn, und traft ihr schon das Weiße;
 Ich bin's, der heut mit Recht der Sieger heiße.
(Petruchio und Katharina ab.)
Hortensio. Die Widerspenst'ge hast du gut gebändigt.
Lucentio. Ein Wunder bleibt's, daß dies so glücklich endigt.
(Ab.)

Die Komödie der Irrungen.

Uebersetzt von

Ludwig Tieck.
[Baudissin.]

Personen.

Solinus, Herzog von Ephesus.
Aegeon, ein Kaufmann aus Syrakus.
Antipholus von Ephesus \
Antipholus von Syrakus / Zwillingsbrüder und Söhne des Aegeon.
Dromio von Ephesus \
Dromio von Syrakus / Zwillingsbrüder und Diener der beiden Antipholus.
Balthasar, ein Kaufmann.
Angelo, ein Goldschmied.
Ein Kaufmann, Freund des Antipholus von Syrakus.
Ein anderer Kaufmann.
Doktor Zwick, ein Schulmeister und Beschwörer.
Aemilia, Frau des Aegeon, Aebtissin zu Ephesus.
Adriana, Frau des Antipholus von Ephesus.
Luciana, Schwester der Adriana.
Lucie, Adrianens Kammermädchen.
Eine Courtisane.
Kerkermeister, Gerichtsdiener und Gefolge.

(Die Szene ist in Ephesus.)

Erster Aufzug.

1. Szene.

Saal im Palast des Herzogs.

Es treten auf der Herzog, Aegeon, der Kerkermeister und Gefolge.

Aegeon. Fahr fort, Solin! Sei Förderer meines Falles;
Dein Urteil ende Schmerz und Gram und alles.
Herzog. Kaufmann aus Syrakus, hör auf zu rechten;

Ich kann parteiisch nicht das Gesetz verletzen.
Die Fehd' und Zwietracht, die uns jüngst erwuchs
Durch eures Herzogs tückische Mißhandlung
Ephramer Kaufherrn, meiner Unterthanen —
Die, Geld entbehrend, um sich loszukaufen,
Sein hart Gesetz mit ihrem Blut besiegelt —
Bannt alle Gnad' aus unserm droh'nden Blick.
Denn seit durch eure Unverträglichkeit
Tödlicher Zwist die Städte untergräbt,
Erging ein feierlicher Volksbeschluß,
So bei den Syrakusern wie bei uns,
Daß kein Verkehr sei zwischen beiden Häfen.
Noch mehr:
Läßt ein geborner Ephefer sich sehn
Auf Jahrmarkt oder Meff' in Syrakus;
Und kommt ein Mann, aus Syrakus entstammt,
Zum Hafenplatz von Ephesus, — der stirbt;
Sein ganz Vermögen fällt dem Herzog zu;
Es sei denn, daß er tausend Mark aufbringt,
Der Strafe zu entgehn, als Lösegeld.
Nun, deine Habe, noch so hoch geschätzt,
Beläuft sich, denk' ich, kaum auf hundert Mark.
Deshalb bist du dem Tod mit Recht verfallen.
Aegeon. Das ist mein Trost: erging erst dein Gebot,
Stirbt mit der Abendsonn' auch meine Not.
Herzog. Wohl, Syrakuser, sag uns kurz den Grund,
Warum du zogst aus deiner Vaterstadt,
Und was dich hergeführt nach Ephesus?
Aegeon. O schwerste Pflicht, die du mir auferlegt,
Dir auszusprechen unaussprechlich Leid!
Doch, daß die Welt bezeuge, Vatersehnsucht,
Nicht niedrer Frevel wirkte meinen Tod,
Erzähl' ich dir, soviel mein Gram erlaubt.
 Ich stamm' aus Syrakus, und wählte mir
Ein Weib zur Gattin; ich durch sie beglückt,
Und sie durch mich, wenn uns kein Unstern traf.
Mit ihr lebt' ich vergnügt; mein Reichtum wuchs
Durch Reisen, die ich oft mit Glück versucht
Nach Epidamnus, bis mein Faktor starb.
Die große Sorg' um preisgegebne Güter
Riß mich aus meiner Gattin treuem Arm.
Noch nicht sechs Monde waren wir getrennt,
Als jene schon — obgleich erliegend fast
Der süßen Strafe, die des Weibes Erbteil —
Anstalt getroffen, um mir nachzureisen,

Und schnell und wohlbehalten zu mir kam.
Nicht lange war sie dort, da wurde sie
Beglückte Mutter von zwei wackern Söhnen,
Die, seltsam, jeder so dem andern ähnlich,
Daß man sie nur durch Namen unterschied.
Zur selben Stund' und in demselben Wirtshaus
Kam eine arme Frau ins Wochenbett
Mit Zwillingssöhnen, die sich völlig glichen.
Und beide, weil die Eltern ganz verarmt,
Kauft' ich, und zog sie groß zum Dienst der meinen.
Mein Weib, nicht wenig stolz auf ihre Knaben,
Betrieb die bald'ge Heimkehr Tag für Tag.
Ungern gewährt' ich's ihr, ach nur zu schnell!
Wir schifften ab;
'ne Meile waren wir schon unterwegs,
Eh' die dem Wind stets unterthän'ge Tiefe
Uns trübe Vorbedeutung wies des Unglücks.
Doch länger blieb uns wenig Hoffnung mehr;
Denn, was von trübem Licht der Himmel gönnte,
Bot unsern furchterfüllten Seelen nur
Allzu gewisse Bürgschaft nahen Todes.
Ich selber hätt' ihn freudig wohl umarmt;
Allein das stete Jammern meines Weibes,
Die, was sie kommen sah, vorausbeweinte,
Und meiner lieben Knaben ängstlich Schrein,
Die, wenn sie unsre Furcht auch nicht verstanden,
Doch mit uns jammerten nach Kinderart,
Zwang mich, nach Aufschub noch für uns zu spähn.
So fing ich's an; kein ander Mittel gab's:
Das Schiffsvolk sucht' im Boote sich zu bergen;
Uns ließen sie das Schiff, zum Sinken reif.
Mein Weib, besorgter für den Jüngstgebornen,
Hatt' ihn befestigt an 'nem kleinen Notmast,
Wie ihn der Seemann mitnimmt für den Sturm;
Zu dem band sie den einen Sklavenzwilling,
Und ich war gleich bemüht für beide andre.
Die Kinder so verteilt, mein Weib und ich,
Die Blicke treu auf unsre Sorge heftend,
Banden uns an des Mastbaums Enden fest;
Und auf den Wogen treibend mit dem Strom
Gelangten wir, so schien es, gen Korinth.
Nun endlich brach die Sonne mild hervor,
Die Nebel wichen, die uns widerstrebt,
Und durch die Wohlthat des ersehnten Lichts
Ward still die Flut, und unser Aug' entdeckte

Zwei Schiffe, die mit Eile sich uns nahten,
Dies von Korinth, von Epidaurus jenes.
Doch eben jetzt — weh mir, was mußt' ich sehn!
Errat aus dem Erzählten, was geschehn!
Herzog. Nein, weiter, alter Mann, brich so nicht ab;
Denn Mitleid darf ich, wenn nicht Gnade, schenken.
Aegeon. O thaten das die Götter, braucht' ich nicht
Sie jetzt mit Recht der Grausamkeit zu zeihn!
Denn, eh' die Schiff' uns nah auf zwanzig Knoten,
Gerieten wir an ein gewaltig Riff,
Und heftig angetrieben an den Fels
Brach unser hilfreich Fahrzeug mitten durch;
So daß in dieser ungerechten Scheidung
Fortuna jedem, gleichverteilend, ließ,
Was seines Lebens Freud' und Sorge sei.
Ihr Teil, der Armen! der befrachtet schien
Mit mindrer Last obschon nicht minderm Gram,
Ward schneller fortgetrieben vor dem Wind,
Und aufgefangen sah' ich alle drei
Durch Fischer aus Korinth, wie mir's erschien.
Zuletzt nahm uns ein andres Schiff an Bord.
Und hörend, wen das Glück durch sie erlöst,
Gab uns die Mannschaft freundlichen Willkommen,
Und raubt' auch wohl den Fischern ihre Beute,
Wenn nicht die Jacht ein schlechter Segler war;
Und deshalb lenkte sie den Lauf zur Heimat.
Jetzt wißt Ihr, wie ich all mein Heil verlor;
Und Mißgeschick mein Leben nur erhielt,
Um meines Unglücks Trauermär zu melden.
Herzog. Um derer willen, die du so beklagst,
Thu mir die Freundschaft und berichte noch,
Wie's jenen denn und dir seitdem erging.
Aegeon. Den jüngsten Sohn,[1] und doch mein ält'stes Leid,
Befiel nach achtzehn Jahren heiße Sehnsucht
Nach seinem Bruder; so bestürmt' er mich,
Daß ihn sein Diener — der im gleichen Fall,
Beraubt des Bruders, dessen Namen führte —
Begleiten dürf', um jenen zu erspähn.
Und weil ich krank aus Liebe zum Verlornen,
Wagt' ich es, den Geliebten zu verlieren.
Fünf Jahr' durchsucht' ich alles griech'sche Land,
Durchstreifte Asien nach allen Seiten
Und kam, heimfahrend, jetzt nach Ephesus.
Zwar hoffnungslos, wollt' ich doch diesen Ort
Wie jeden, wo nur Menschen sind, durchforschen.

Hier aber muß mein Lebenslauf jetzt enden;
Und glücklich pries' ich meinen frühen Tod,
Gäb' all mein Reisen mir Gewähr, sie lebten.
Herzog. Unseliger Aegeon! Vorbestimmt,
Den höchsten Grad der Trübsal zu erdulden!
O, glaub mir, wär's nicht wider das Gesetz
Und wider Krone, Würd' und fürstlich Wort,
Das, wollt' er's auch, kein Herrscher darf umgeh'n,
Mein Herz verföcht' als Anwalt deine Sache.
Doch, ob du gleich verfallen bist dem Tod,
Und Widerruf einmal gefällten Spruchs
Zu großem Eintrag unsrer Ehre führte,
Doch will ich dich begünst'gen, wie ich kann.
Drum, Kaufmann, frist' ich dir noch diesen Tag,
Daß du dir Hilf' in Freundeshilfe suchst.
Versuch dein Heil bei allen Freunden hier;
Bitt oder borge, bis die Summe voll,
Und lebe; kannst du's nicht, so stirbst du dann.
Schließer, du stehst für ihn.
Schließer. Wohl, gnäd'ger Fürst.
Aegeon. Hoffnungslos, trostlos will's Aegeon wagen,
Bis morgen nur sein Leben zu vertagen. (Alle gehen ab.)

2. Szene.

Markt.

Es treten auf **Antipholus von Syrakus**, *ein* **Kaufmann** *und*
Dromio von Syrakus.

Kaufmann. Deshalb sagt aus, Ihr seid von Epidamnus,
Sonst wird auf Euer Gut Beschlag gelegt.
Noch heut erst ward ein Syrakuser Kaufmann
Verhaftet, der allhier gelandet ist;
Und weil er nicht sein Leben lösen kann,
Trifft ihn der Tod nach unserm Stadtgesetz,
Eh' noch die müde Sonn' im Westen sinkt.
Hier ist Eu'r Geld, das Ihr mir anvertraut.
Antipholus v. S. Geh, trag's in den Centauren, unsern Gasthof,
Und bleib dort, Dromio, bis ich wiederkomme.
In einer Stund' ist Mittagessens Zeit;
Bis dahin will ich mir die Stadt betrachten,
Den Käufern zusehn, die Paläste anschaun
Und dann in meinem Gasthof schlafen gehn,

Weil lahm und müd' ich bin vom weiten Reisen.
Nun mach' dich fort.
Dromio v. S. Wohl mancher möcht' Euch jetzt beim Worte nehmen,
Und wandern mit so hübschem Reisegeld. (Ab.)
Antipholus v. S. Ein treuer Bursch, mein Herr; der mir schon oft,
Wenn ich verstimmt durch Schwermut oder Kummer,
Den Sinn erleichtert hat mit munterem Scherz.
Wollt Ihr mich nicht begleiten durch die Stadt
Und dann ins Wirtshaus gehn und mit mir speisen?
Kaufmann. Ich ward bestellt, mein Herr, von ein'gen Wechslern,
Wo mich ein vorteilhaft Geschäft erwartet;
Deshalb verzeiht; doch nach der fünften Stunde,
Wenn's Euch gefällt, treff' ich Euch auf dem Markt,
Und bleibe dann bei Euch, bis Schlafenszeit;
Jetzt ruft mich jener Handel von Euch ab.
Antipholus v. S. Lebt wohl so lang; ich schlendre dann allein
Und wandre auf und ab, die Stadt zu sehn.
Kaufmann. Seid Eurem besten Wohlsein dann empfohlen. (Geht ab.)
Antipholus v. S. Wer meinem besten Wohlsein mich empfiehlt,
Der wünscht mir, was ich nie erreichen kann.
Ich bin in dieser Welt ein Tropfen Wasser,
Der in dem Meer 'nen andern Tropfen sucht;
Er stürzt hinein, zu finden den Gefährten,
Und ungesehn verschwimmt er selbst im Forschen.
So ich, indem ich Mutter such' und Bruder,
Verschwind' ich Armer selbst auf ihrer Spur.

Dromio von Ephesus kommt.

Hier kommt mein wahrer Lebensalmanach. 2
Wie nun! Was kehrst du denn so bald zurück?
Dromio v. E. So bald zurück? Fragt doch, warum so spät?
Die Gans verbrennt, das Ferkel fällt vom Spieß,
Die Glock' im Turm schlug zwölf, und meine Frau
Macht', daß es eins auch schlug auf meiner Backe.
Sie ist so heiß, weil Eure Mahlzeit kalt ward;
Die Mahlzeit wurde kalt, weil Ihr nicht heimkommt;
Ihr kommt nicht heim, weil Ihr nicht Hunger habt;
Euch hungert nicht, weil Ihr die Fasten bracht;
Doch wir, die Fasten halten und Gebet,
Wir büßen, was Ihr sündigt, früh und spät.
Antipholus v. S. Still doch! spar deine Lunge! Sag mir jetzt,
Wo ließest du das Geld, das ich dir gab?
Dromio v. E. O, die sechs Dreier, Herr, vom letzten Mittwoch,
Für den zerrißnen Schwanzriem meiner Frau?
Die hab' ich nicht mehr; die bekam der Sattler.

Antipholus v. S. Ich bin zu Späßen heut nicht aufgelegt;
Sag mir, und scherze nicht: wo ist das Geld?
Da wir hier fremd sind, wie getraust du dich,
So große Summ' aus deiner Acht zu lassen?
Dromio v. E. Ich bitt' Euch, scherzt, wenn Ihr zu Tische sitzt!
Mich sendet unsre Frau zu Euch als Post,
Und kehr' ich heim, traktirt sie mich als Pfosten;
Denn was ihr fehlt, kerbt sie mir auf den Kopf.
Mich dünkt, Eu'r Magen sollt' Euch Glocke sein
Und Euch nach Hause schlagen ohne Boten.
Antipholus v. S. Hör, Dromio, dieser Spaß kommt sehr zur Unzeit;
Spar ihn mir auf für eine beßre Stunde.
Wo ist das Gold, das ich dir anvertraut?
Dromio v. E. Mir, Herr? Ei wahrlich, Herr, Ihr gabt mir nichts.
Antipholus v. S. Hör mich, Herr Schlingel; laß die Albernheit,
Und sag, wie du besorgtest deinen Auftrag.
Dromio v. E. Mein Auftrag war, vom Markt Euch heimzuholen
In Euer Haus, den Phönix, Herr, zum Essen.
Die Frau und ihre Schwester warten schon.
Antipholus v. S. So wahr ich Christ bin, stehe mir jetzt Rede:
An welchen sichern Ort bracht'st du das Gold?
Sonst schlag' ich dir den lust'gen Schädel mürbe,
Der Possen reißt, wenn mir's verdrießlich ist.
Wo sind die tausend Mark, die ich dir gab?
Dromio v. E. Zwar ein'ge Marken trägt mein Kopf von Euch,
Auch ein'ge Marken Eurer Frau mein Rücken;
Doch das beläuft sich nicht auf tausend Mark.
Wollt' ich Eu'r Gnaden die zurückbezahlen,
Ich glaub', Ihr stricht sie nicht geduldig ein.
Antipholus v. S. Von meiner Frau? Sag, Kerl, von welcher Frau?
Dromio v. E. Eu'r Gnaden Liebste, meine Frau im Phönix,
Die jetzt noch fastet, bis Ihr kommt zum Essen,
Und betet, daß Ihr eilig kommt zum Essen.
Antipholus v. S. Was, Schurke, neckst du mich ins Angesicht,
Da ich's verbot? Da hast du eins, Herr Schlingel!
Dromio v. E. Was that ich? haltet ein, um Gotteswillen!
Laßt Ihr die Hand nicht ruhn, brauch' ich die Beine.
(Er läuft davon.)
Antipholus v. S. Bei meiner Treu! durch irgend einen Streich
Ward mir der Tropf um all mein Gold geprellt!
Man sagt, die Stadt sei voll Betrügereien,
Behenden Gauklern, die das Auge blenden,
Nächtlichen Zaubrern, die den Sinn verstören,
Mordsücht'gen Hexen, die den Leib entstellen,
Verlarvten Gaunern, schwatzenden Quacksalbern

Und andern Meistern viel der Schelmenzunft.
Wenn das der Fall ist, reis' ich um so eh'r.
(Gleich such' ich im Centauren meinen Knecht;
Ich fürchte sehr, mit meinem Geld steht's schlecht. (Geht ab.)

Zweiter Aufzug.

1. Szene.

Marktplatz.

Adriana und Luciana treten auf.

Adriana. Mein Mann kommt nicht zurück, auch nicht der Diener,
Den ich so eilig sandt', ihn aufzusuchen;
Gewiß, Luciana, ist es schon zwei Uhr.
Luciana. Vielleicht, daß ihn ein Kaufmann eingeladen,
Und er vom Markt zur Mahlzeit ging wohin;
Laß jetzt uns essen, Schwester, sei nicht mürrisch.
Ein Mann ist über seine Freiheit Herr,
Die Zeit der Männer Herrin; wie sie's fügt,
Gehn sie und kommen; drum sei ruhig, Schwester.
Adriana. Ward Männern größre Freiheit zugeteilt?
Luciana. Ja, weil ihr Streben nicht im Hause weilt.
Adriana. Wollt' ich ihm so begegnen, trüg' er's kaum!
Luciana. Du weißt, der Mann ist deines Willens Zaum.
Adriana. Nur Esel zäumt so bequem und leicht!
Luciana. Nun, trotz'ge Freiheit wird durch Zucht gebeugt.
Kein Wesen gibt's, das nicht gebunden wär',
Sei's auf der Erde, sei's in Luft und Meer.
Tier, Fisch und Vogel folgt als seinem König
Dem Männchen stets und ist ihm unterthänig.
Drum soll das Weib ihn, der das Weltenall
Beherrschet, Erd' und Meereswogenschwall,
Dem Seel', Gottähnlichkeit und Geisteskraft
Den Vorrang über Fisch und Vogel schafft,
Den Mann als Meister ehren und als Herrn;
Drum dien' dein Wille seinen Wünschen gern.
Adriana. Um nicht zu dienen, bleibst du ledig stets.
Luciana. Die Nöte fürchte ich des Ehebetts.
Adriana. Doch wärst du Frau, wolltest du Herrschaft üben.
Luciana. Gehorchen lernt' ich, eh' ich lernt' zu lieben.
Adriana. Wie, wenn dein Mann fortbliebe, hieltst du's aus?

Luciana. Ich harrte ruhig, bis er käm' nach Haus!
Adriana. Geduld, nie aufgereizt, wird leicht geübt;
Sanftmütig bleibt der wohl, den nichts betrübt.
Den Armen, den das Unglück ganz verstört,
Spricht man zur Ruh, wenn man ihn weinen hört.
Doch trügst du gleiche Schmerzen, gleiche Plagen,
Du würdest selbst noch bittrer dich beklagen.
Dich hat kein rauher Gatte je beleidigt,
Sonst hätt'st du wohl Geduld nicht zahm verteidigt:
Wird erst ein Mann so viel an dir verschulden,
Dann jagst du aus dem Dienst blödsinnig Dulden.
Luciana. Nun wohl, wer weiß! Zur Probe möcht' ich's frein.
Da kommt dein Knecht; weit kann dein Mann nicht sein.

Dromio von Ephesus kommt.

Adriana. Sprich, ist dein säum'ger Herr jetzt bei der Hand?
Dromio v. E. Nein, mit mir war er bei zwei Händen, und das können meine zwei Ohren bezeugen.
Adriana. Sag, sprachst du ihn? Vernahmst du sein Begehr?
Dromio v. E. Ja, sein Begehren schrieb er mir aufs Ohr;
Ich faßt' ihn nicht, wie schlagend auch die Gründe.
Luciana. War seine Ausdrucksweise so unklar, daß du ihren Sinn nicht treffen konntest?
Dromio v. E. Nein, er drückte sich so schlagfertig aus, daß kein Treffer für mich verloren ging, und ward doch so wenig mit dem Schlagen fertig, daß mein Rücken sich kaum mehr zu helfen wußte.
Adriana. Doch sag, ich bitt' dich, kommt er bald nach Haus? Mir scheint, er denkt recht treu an seine Frau!
Dromio v. E. Hört, Frau, der Herr ist, glaub' ich, hörnertoll.
Adriana. Wie, Schurke! Hörnertoll?
Dromio v. E. Nicht hahnreitoll, doch sicher rasend toll;
Als ich ihn bat, zum Essen heimzukommen,
So fragt' er mich nach tausend Mark in Gold.
„'s ist Essenszeit," sagt' ich; „mein Gold," sagt' er.
„Das Fleisch brennt an," sagt' ich; „mein Gold," sagt' er:
„Kommt Ihr nicht bald?" sagt' ich; „mein Gold!" sagt' er:
„Wo sind die tausend Mark, die ich dir gab?"
„Die Gans verbrennt," sagt' ich; „mein Gold!" sagt' er.
„Die Frau," sprach ich; „zum Henker mit der Frau!
Ich weiß von keiner Frau, hol' sie der Kuckuck!"
Luciana. Sprach wer?
Dromio v. E. Sprach unser Herr;
„Ich weiß," sprach er, „von Haus nicht, noch von Hausfrau;"
Und meinen Auftrag, der der Zunge zukam,

Trägt meine Schulter heim, das dank' ich ihm;
Denn, kurz und gut, er gab mir Schläge drauf.
Adriana. Geh wieder hin, du Schurk', und hol ihn her.
Dromio v. E. Noch einmal gehn und neue Prügel holen?
Um Gotteswill'n, schickt einen andern Boten.
Adriana. Lauf, Schurk', sonst schlag' ich kreuzweis dir den Kopf!
Dromio v. E. Dann segnet er das Kreuz mit neuen Schlägen,
Und so bekomm' ich ein geweihtes Haupt.
Adriana. Fort, trolle dich, hol deinen Herrn zurück!
Dromio v. E. Fortrollen soll ich? Bin ich denn ein Ball,
Den man mit Füßen tritt und vorwärts stößt?
Hin und zurück nach Lust schlägt mich ein jeder;
Soll das noch lange währen, so näht mich erst in Leder. (Geht ab.)
Luciana. Pfui, wie entstellen dich die zorn'gen Falten!
Adriana. Er wird gewiß sein Liebchen unterhalten,
Indes ich hier mit seinem Lächeln geize.
Nahm schon das Alter aller Anmut Reize
Von meiner Wange? Sein dann ist die Schuld!
Ist stumpf mein Witz? die Rede ohne Huld?
Verlernt' ich die gewandte, flücht'ge Rede,
Durch seine Kält' und Rauheit ward sie spröde.
Wenn ihm der andern muntrer Putz gefällt,
Ist's mein Vergehn, was er mir vorenthält?
Was für Ruinen magst du an mir finden,
Die nicht sein Werk? Wenn meine Reize schwinden,
Er will es so; von ihm ein Sonnenblick
Brächt' alle vor'ge Anmut mir zurück.
Doch er, der wilde Hirsch, rennt aus den Pfählen —
Mein ist er satt — sich auswärts Kost zu stehlen.
Luciana. Selbstqual der Eifersucht! hör auf zu klagen!
Adriana. Ein fühllos Herz mag solche Schmach ertragen!
Es huldigt fremden Reizen, ach, sein Blick,
Sonst kehrte längst er schon zu mir zurück.
Du weißt es, er versprach mir eine Kette;
Ach, wär's nur das, was er vergessen hätte;
Wenn unsrem Bett er nur die Treu' nicht bricht.
Ach, jedes Kleinod, schimmert's noch so licht,
Erblinden muß es. Zwar bleibt ihm sein Wert,
Wie man es auch betastet; doch versehrt
Sein Goldglanz wird. Noch kam kein Mann zur Welt,
Den nicht der Falschheit Makel hätt' entstellt.
Und kann ich nicht durch Schönheit um ihn werben,
Will ich, den Rest verweinend, trostlos sterben.
Luciana. O Thorheit, so durch Eifersucht verderben!

(Sie gehen ab.)

2. Szene.

Ebendaselbst.

Antipholus von Syrakus tritt auf.

Antipholus v. S. Das Gold, das ich dem Dromio gab, liegt sicher
Mir im Centauren, und mein treuer Diener
Ist ausgegangen, um mich aufzusuchen.
Nach Zeit und Stund' und meines Wirts Bericht
Konnt' ich mit Dromio nicht gesprochen haben,
Seit ich vom Markt ihn schickte. — Sieh, da kommt er!

Dromio von Syrakus kommt.

Nun, Freund? Ist dir der Uebermut vergangen?
Nun spaße wieder, wenn du Schläge liebst.
Du kennst den Gasthof nicht? Bekamst kein Gold?
Dich schickt die Frau, zum Essen mich zu rufen?
Ich wohn' im Phönix? Sag mir, warst du toll,
Daß du mir solche tolle Antwort gabst?
Dromio v. S. Welch eine Antwort, Herr? Wann sagt' ich das?
Antipholus v. S. Jetzt eben, hier; kaum vor 'ner halben Stunde.
Dromio v. S. Ich sah Euch nicht, seit Ihr das Gold mir gabt
Und mich damit heimsandtet zum Centauren.
Antipholus v. S. Schlingel, du leugnetest des Golds Empfang
Und sprachst von einer Frau mir und von Mahlzeit;
Doch hoff' ich, fühlst du noch, wie mir's gefiel.
Dromio v. S. Es freut mich, Euch so aufgeräumt zu sehn,
Was meint Ihr mit dem Scherz? Erzählt mir's, Herr!
Antipholus v. S. Ha! höhnst und neckst du mich ins Angesicht?
Denkst du, ich scherze? da! nimm hier noch eins! (Schlägt ihn.)
Dromio v. S. Halt, Herr, ich bitt' Euch! Euer Spaß wird Ernst;
Um welchen Handel ernt' ich solches Handgeld?
Antipholus v. S. Weil ich wohl manchmal in Vertraulichkeit
Als meinen Narr'n dich brauch' und mit dir schwatze,
Treibst frechen Mißbrauch du mit meiner Güte
Und scheust nicht meines Ernstes Heiligtum.
Die muntre Mücke tanz' im Strahl der Sonne,
Doch kriech' in Ritzen, wenn der Glanz sich birgt;
Eh' du mich neckst, betrachte meinen Blick
Und model' deinen Witz nach meiner Miene;
Sonst schlag' ich die Manier in deine Schanze.
Dromio v. S. Schanze nennt Ihr's? Wenn Ihr nur mit
Sturmlaufen aufhören wolltet, möcht' es lieber Kopf bleiben;
und fahrt Ihr noch lange so mit Schlägen fort, so muß ich mir

eine Schanze für meinen Kopf anschaffen und ihn einschanzen, oder ich werde meinen Witz in meinen Schultern suchen. Aber mit Vergunst, Herr, warum werd' ich geschlagen?

Antipholus v. S. Das weißt du nicht?

Dromio v. S. Nichts, Herr, als daß ich geschlagen werde.

Antipholus v. S. Soll ich dir sagen, warum?

Dromio v. S. Ja, Herr, und wofür; denn wie man sagt, hat jedes Warum sein Wofür.

Antipholus v. S. Zuerst, warum: fürs Necken; dann, wofür: Weil du's zum zweitenmal mit mir versuchst.

Dromio v. S. So komm' ich ohne Fug und Recht zu solchem
barschen Gruß;
Denn Eu'r Warum und Eu'r Wofür hat weder Hand noch Fuß.
Nun gut, ich dank' Euch.

Antipholus v. S. Dankst mir, Freund? Wofür?

Dromio v. S. Meiner Treu, Herr, für das Etwas, das ich für nichts bekam.

Antipholus v. S. Ich will's nächstens wieder gutmachen, und dir nichts für etwas geben. Aber sag mir, Freund, ist es Essenszeit?

Dromio v. S. Nein, Herr; denn unser Fleisch hat noch nicht, was ich habe.

Antipholus v. S. Und was wäre das?

Dromio v. S. Sein Fett.

Antipholus v. S. Dann wird's also noch hart und trocken sein?

Dromio v. S. Ja, und wenn das ist, so bitte ich Euch, eßt nicht davon.

Antipholus v. S. Dein Grund?

Dromio v. S. Es möchte Euch cholerisch machen, und dann gäb's noch einmal Prügelsuppe.

Antipholus v. S. Siehst du? Lerne zur rechten Zeit spaßen; jedes Ding hat seine Zeit.

Dromio v. S. Den Satz hätte ich wohl geleugnet, ehe Ihr so cholerisch wurdet.

Antipholus v. S. Nach welcher Regel?

Dromio v. S. Nun, nach einer Regel, an der so wenig ein Haar zu finden ist, wie an der kahlen Platte des uralten Gottes der Zeit.

Antipholus v. S. Laß hören.

Dromio v. S. Wenn einer von Natur kahl wird, so gibt's keine Zeit für ihn, sein Haar wieder zu bekommen.

Antipholus v. S. Auch nicht durch Prozeß und Restitution?

Dromio v. S. O ja, durch den Prozeß eines Perückenkaufs oder durch die Restitution, die man durch das abgeschnittene Haar eines andern erlangt.

Antipholus v. S. Warum ist doch die Zeit ein solcher Knicker mit dem Haar, das sonst ein so reichlicher Auswuchs ist?

Dromio v. S. Weil's ein Segen ist, mit dem sie das Vieh begabt; was sie dem Menschen an Haar entzieht, das ersetzt sie ihm an Witz.

Antipholus v. S. Und doch hat mancher Mensch mehr Haar als Witz.

Dromio v. S. Kein einziger, der nicht so viel Witz hätte, sein Haar zu verlieren.

Antipholus v. S. Du machtest aber den Schluß, starkbehaarte Menschen seien täppische Gesellen ohne Witz.

Dromio v. S. Je täppischer der Gesell gewesen, je schneller verliert er's; aber mit dem allen verliert sich's mit einer Art von Lustigkeit.

Antipholus v. S. Aus welchem Grund?

Dromio v. S. Aus zwei Gründen, und gesunden dazu.

Antipholus v. S. Gesunden wohl eigentlich nicht.

Dromio v. S. Oder sichern.

Antipholus v. S. Auch nicht sichern, in einer so mißlichen Sache.

Dromio v. S. Gewissen denn also.

Antipholus v. S. Und die sind?

Dromio v. S. Der erste, weil er das Geld fürs Haarkräuseln sparen kann; und der zweite, weil ihm beim Essen das Haar nicht in die Suppe fallen wird.

Antipholus v. S. Du wolltest alle die Zeit her beweisen, nicht jedes Ding habe seine Zeit.

Dromio v. S. Nun allerdings, und das that ich auch; namentlich, daß es keine Zeit gebe, Haar wieder zu bekommen, das von Natur verloren ist.

Antipholus v. S. Aber dein Grund hielt nicht Stich, warum es keine Zeit gebe, es wieder zu bekommen.

Dromio v. S. Ich verbessere ihn so: die Zeit selbst ist kahl, und deshalb wird sie bis ans Ende der Welt Kahlköpfe in ihrem Gefolge haben.

Antipholus v. S. Ich wußte schon, es würde einen kahlen Schluß geben. Aber still! Was winkt uns dort?

Adriana und Luciana kommen.

Adriana. Ja, ja, Antipholus! Sieh fremd und finster.
Für eine andre hast du süße Blicke!
Ich bin nicht Adriana, nicht dein Weib!
Es gab 'ne Zeit, da schwurst du ungefragt,
Kein Wort sei wie Musik in deinem Ohr,
Kein Gegenstand erfreulich deinem Blick,

Kein Fühlen je willkommen deiner Hand,
Kein Mahl von Wohlgeschmack für deinen Gaum,
Wenn ich nicht Blick, Wort, Hand und Becher tauschte!
Wie kommt's denn jetzt, mein Gatte, o wie kommt's,
Daß du so ganz dir selbst entfremdet bist?
Dir selber sag' ich; denn mir wirst du fremd,
Mir, die ich unzertrennlich dir vereint,
Nichts bin, als deines Herzens bester Teil.
Ach, reiße nicht dein Innres von mir los!
Denn wisse, mein Geliebter, leichter träufst du
'nen Tropfen Wasser in die stürm'sche See,
Und nimmst den Tropfen unvermischt zurück,
Ohn' allen Zusatz oder Minderung,
Als daß du dich mir nimmst, und nicht auch mich.
Wie müßt' es dich verwunden bis ins Mark,
Vernähmst du nur, ich sei nicht treu und rein,
Und dieser Leib, der dir allein geweiht,
Befleckt durch Ueppigkeit und schnöde Lust?
Du würd'st mich anspein, mich mit Füßen treten,
Den Namen Gatten ins Gesicht mir schleudern,
Die sünd'ge Haut mir reißen von der Stirn,
Den Trauring abhaun von der falschen Hand
Und ihn zerbrechen mit der Trennung Fluch.
Ich weiß, du darfst's, und darum thu es auch!
Des Ehbruchs Makel trag' ich schon an mir,
Mein Blut ist angesteckt von sünd'ger Lust;
Denn sind wir zwei wie eins, und du bist falsch,
So geht dein Gift in meine Adern über,
Und angesteckt werd' ich zur Buhlerin.
Dem echten Bett bleib treu drum; halte den Bund,
Sonst wird meine Schmach und deine Schande kund.

Antipholus v. S. Gilt mir das, schöne Frau? Ich kenn' Euch nicht;
Ich bin zwei Stunden erst in Ephesus
Und Eurer Stadt so fremd, wie Eurer Rede;
Denn wie mein Witz die Worte prüf' und wende,
Mir fehlt's an Witz, der nur ein Wort verstände.

Luciana. Pfui, Bruder! Kann die Welt sich so verändern?
Wann spracht Ihr je mit meiner Schwester so?
Sie ließ durch Dromio Euch zum Essen rufen.

Antipholus v. S. Durch Dromio?

Dromio v. S. Durch mich?

Adriana. Durch dich; und diese Antwort brachtst du mir:
Er habe dich gezaust, und unter Schlägen
Mein Haus als sein's, mich als sein Weib verleugnet.

Zweiter Aufzug. 2. Szene.

Antipholus v. S. Sprachst du vorhin mit dieser Dame schon?
Was wollt ihr? Wohin zielt eure Verschwörung?
Dromio v. S. Ich, Herr? Ich sah sie nie, bis eben jetzt.
Antipholus v. S. Schurke, du lügst; denn eben diese Worte
Hast du mir richtig auf dem Markt bestellt.
Dromio v. S. Ich sprach in meinem Leben nicht mit ihr!
Antipholus v. S. Wie könnte sie uns dann bei Namen nennen,
Wenn es durch Offenbarung nicht geschah?
Adriana. Wie schlecht mit deiner Würde sich's verträgt,
Mit deinem Knecht so plump den Gaukler spielen,
Ihn anzustiften, mir zum Aergernis!
Von dir getrennt erduld' ich schon so viel,
Treib nicht mit meinem Gram ein grausam Spiel!
O, laß mich, fest am Aermel häng' ich dir!
Ihr Männer seid der Stamm, die Rebe wir,
Die unsre Schwäch' an eure Stärke ranken
Und euch geteilte Kraft und Hilfe danken.
Ach! wuchernd Unkraut wuchs schon übergroß!
Habsücht'ger Epheu, Dorn, unnützes Moos;
Das, weil man's nicht vertilgt, mit gift'ger Gärung
Den Saft ihm raubt und droht dem Baum Zerstörung!
Antipholus v. S. Sie spricht mit mir! Mir gilt ihr Vorwurf, mir!
Ward ich vielleicht im Traum vermählt mit ihr?
Schlafe ich jetzt? Und glaub' all dies zu hören?
Welch Wahn mag Ohr und Auge mir bethören?
Bis ich das sichre Rätsel klar erkannt,
Biet' ich dem dargebotnen Trug die Hand.
Luciana. Geh, Dromio, decken heiß' den Tisch geschwinde.
Dromio v. S. Nun, beim Sankt Veit, verzeih' uns Gott die Sünde,
Hier walten Feen; der Himmel sei mir gnädig,
Mit Kobold, Kauz und Elfengeistern red' ich!
Und thun wir ihren Willen nicht genau,
Man saugt uns tot, man kneipt uns braun und blau.
Luciana. Was red'st du mit dir selbst, und rührst dich nicht?
Dromio, du Drohne! Schnecke, müß'ger Wicht!
Dromio v. S. Herr, sagt, bin ich vertauscht? bin ich noch ich?
Antipholus v. S. Ein andrer Geist kam über dich und mich.
Dromio v. S. Der Geist nur? Auch der Leib ward umgeschaffen.
Antipholus v. S. Du bist der Alte.
Dromio v. S.   Nein, ich gleich' 'nem Affen.
Luciana. Du bist zum Esel worden, glaub nur das.
Dromio v. S. 'S ist wahr, sie reitet mich; schon wittr' ich Gras;
Es kann nicht anders sein; 'nen Esel nennt mich,
Sonst müßt' ich sie ja kennen, denn sie kennt mich.
Adriana. Genug, ich will nicht länger wie ein Kind

Die Hand aus Auge thun und thöricht weinen,
Indes Gemahl und Diener mich verhöhnen.
Kommt, Herr, zum Essen, Dromio hüt' das Thor.
Wir woll'n heut oben speisen, lieber Mann,
Und tausend Sünden sollst du mir gestehn.
Bursch, wenn dich jemand fragt nach deinem Herrn,
Sag, er sei auswärts; laß mir niemand ein.
Komm, Schwester! Dromio, du behüt die Schwelle!
Antipholus v. S. Ist dies die Erd'? Ist's Himmel oder Hölle?
Schlaf' oder wach' ich? Bin ich bei Verstand?
Mir selbst ein Rätsel, bin ich hier bekannt.
Ich mach's wie sie, und dabei will ich bleiben,
Und kecken Muts durch diesen Nebel treiben.
Dromio v. S. Herr, soll ich wirklich Wache stehn am Thor?
Adriana. Laß niemand ein, sonst schlag' ich dich aufs Ohr.
Luciana. Kommt denn; das Essen geht jetzt allem vor. (Sie gehen ab.)

Dritter Aufzug.

1. Szene.

Ebendaselbst.

Es treten auf Antipholus von Ephesus, Dromio von Ephesus, Angelo und Balthasar.

Antipholus v. E. Werter Herr Angelo, Ihr müßt uns entschuld'gen;
Wenn ich die Zeit versäume, zankt mein Weib.
Sagt, daß ich in der Werkstatt zögerte,
Zu sehn, wie ihr Geschmeide ward gefertigt,
Und daß Ihr's morgen früh uns bringen wollt.
Denkt nur! der Schelm da schwört mir ins Gesicht,
Ich hätt' ihn auf dem Markt vorhin geprügelt
Und tausend Mark in Gold von ihm verlangt
Und daß ich Frau und Haus vor ihm verleugnet.
Du Trunkenbold, was dacht'st du dir dabei?
Dromio v. E. Sagt, Herr, was Euch gefällt, ich weiß doch, was
 ich weiß;
Von Eurer Marktbegrüßung trag' ich noch den Beweis;
Wär' Pergament mein Rücken, und Tinte jeder Schlag,
So hätt' ich Eure Handschrift, so gut man's wünschen mag.
Antipholus v. E. Hör, Kerl, du bist ein Esel.

Dromio v. E.   Ich sage nichts dagegen;
Vollauf hatt' ich zu tragen, an Schimpf sowie an Schlägen.
Hätt' ich nur mit den Hufen Euch tüchtig eins versetzt,
So hätt' Euch wohl der Esel mehr in Respekt gesetzt.
Antipholus v. E. Seid nicht so ernst, Herr Balthasar! Ich wünsche
                          nur, das Essen
Möge mit meinem Willkomm und Freundesgruß sich messen.
Balthasar. O, über Eure Freundlichkeit kann ich das Mahl
                   vergessen!
Antipholus v. E. O nein, die Freundschaft reicht nicht aus, die
                          schafft nicht Fleisch noch Fisch;
Ein ganzes Haus voll Willkomm füllt nicht den kleinsten Tisch.
Balthasar. Gut Essen ist gemein, Herr, das kauft man allerorten!
Antipholus v. E. Und Willkomm viel gemeiner; denn der besteht
                          aus Worten.
Balthasar. Hauskost und rechter Willkomm, so dünkt mich, ist's
                    das Beste.
Antipholus v. E. Ja, wenn die Wirte Knicker sind, und filz'ger
                          noch die Gäste.
Doch ist mein Tisch auch schlecht bestellt, Ihr werdet's schon verschmerzen;
Wohl mancher gibt's Euch reichlicher, doch keiner mehr vom Herzen.
Doch halt! Das Thor verriegelt? Geh, rufe, wir sind da.
Dromio v. E. Brigitte, Lucie, Rosine, Cäcilie, Barbara!
Dromio v. S. (drinnen). Tropf, Esel, Rindvieh, Karr'ngaul, was soll
                       das tolle Rufen?
Entweder pack dich von der Thür, oder setz dich auf die Stufen.
Was für 'nen Schwarm von Dirnen rufst du zusammen hier,
Da eine schon zuviel ist? Fort, pack dich von der Thür!
Dromio v. E. Welcher Lümmel ist hier Pförtner? Gleich wird
                       der Herr dich schelten!
Dromio v. S. (drinnen). Geh er hin, wo er herkam, sonst möcht' er sich
                       erkälten!
Antipholus v. E. Wer spricht denn so da drinnen? Heda! Mach
                          auf die Thür!
Dromio v. S. (drinnen). Recht, Herr! Ich sag' Euch wann, wenn
                       Ihr mir sagt, wofür!
Antipholus v. E. Wofür? Nun, um zu essen; ich will in den
                          Speisesaal!
Dromio v. S. (drinnen). Der bleibt Euch heut verschlossen; versucht's
                       ein andermal!
Antipholus v. E. Wer bist du, frecher Schlingel, der mir mein
                          Haus verbietet?
Dromio v. S. (drinnen). Euch aufzuwarten: Dromio, der heut die
                       Pforte hütet.

Dromio v. E. Du frecher Wicht, Amt hast du und Namen mir
                   entwandt;
Das eine bracht' mir wenig Ehr', der andre große Schand'.
Ach, hättst du doch die Maske heut morgen schon geborgt,
Du hättst dich mit 'nem Namen und 'nem Eselskopf versorgt.
Lucie (drinnen). Was für ein Lärmen, Dromio? Sag, wer da draußen
                   steht?
Dromio v. E. Lucie, laß ein den Herren!
Lucie (drinnen). Ei was, er kommt zu spät,
Das sag du deinem Herrn nur.
Dromio v. E. Was muß uns hier begegnen!
Es heißt ja doch im Sprichwort: „Woll' unsern Eingang segnen!"
Lucie (drinnen). Kennst du wohl auch das andre: „Zu Pfingsten auf
                   dem Eise?"
Dromio v. S. (beiseite). Heißest du Lucie? Lucie, so war die Ant-
                   wort weise.
Antipholus v. E. Du freches Kammerkätzchen, läßt du uns jetzt
                   bald ein?
Lucie (drinnen). Ich wollt' Euch eben fragen!
Dromio v. S. Und Eu'r Bescheid war „nein".
Dromio v. E. Zur Hilfe, zur Hilfe! Hier geht's schlagaus, schlagein!
Antipholus v. E. Du Weibsstück, laß mich hinein doch!
Lucie. Ja, wenn ich wüßte, warum?
Dromio v. E. Klopft tüchtig an die Pforte!
Lucie (drinnen). Ei, klopft sie schief und krumm.
Antipholus v. E. Schlag' ich die Thür erst ein, so sollst du
                   heulen, Drache!
Lucie (drinnen). Viel kürzer, daß Ihr krumm liegt heut abend auf
                   der Wache.
Adriana (drinnen). Wer lärmt denn so da draußen? Ich denke, die
                   Welt geht unter!
Dromio v. S. (drinnen). Die Straßenbuben, Ihr Gnaden, sind heut
                   besonders munter.
Antipholus v. E. Wie, Weib, bist du da drinnen? Was kamst du
                   nicht zuvor?
Adriana (drinnen). Dein Weib, verwünschter Schurke? Marsch,
                   pack dich von dem Thor.
Dromio v. E. Wenn man den Schurken ohrfeigt, Herr, so jücket
                   Euch das Ohr.
Angelo. Hier gibt's nicht Mahl noch Willkomm; eins möchten wir
                   doch erlangen!
Balthasar. Wir stritten, was das Beste sei; nun ist uns beides
                   entgangen!
Dromio v. E. Sie stehen an der Thür, Herr; Ihr müßt sie doch
                   empfangen.

Antipholus v. E. Hier weht der Wind zu scharf, wir müssen wo
 anders essen.
Tromio v. E. So sprächt Ihr, Herr, mit Recht, hättet Ihr den
 Mantel vergessen.
Wir stehen hier draußen und frieren, und drinnen dampft der
 Braten;
Das nenn' ich seinen eignen Herrn verkaufen und verraten!
Antipholus v. E. Geh einer und hol ein Werkzeug zum Brechen
 jedenfalls!
Tromio v. S. (drinnen). Brecht Ihr 'nen Bruchteil von der Thür, so
 brech' ich Euch den Hals!
Tromio v. E. Das brecht Ihr wohl vom Zaun! Mag's biegen
 oder brechen,
Ich brech' 'ne Lanze mit Euch, das will ich Euch versprechen.
Tromio v. S. (drinnen). Ihr liebt das Brechen, merk' ich! Bleibt
 nur da draus, ihr Frechen!
Antipholus v. E. Ich käme lieber hinein, das Draußen hab' ich satt.
Tromio v. S. (drinnen). Wenn erst der Bock keinen Bart, der Baum
 keine Blätter hat!
Antipholus v. E. Wir müssen die Thüre sprengen; ist hier kein
 Baum zur Hand?
Tromio v. E. Oho! Nun sollst du dich wundern! Der Baum ohne
 Blatt sich fand;
Der wird uns tapfer beistehn, trotz allen deinen Possen;
Und was den Bock betrifft, den hast du selbst geschossen.
Antipholus v. E. Geh, mach dich auf, schaff mir 'nen Hebebaum!
Balthasar. O nicht doch, Herr! Gebt der Geduld noch Raum!
Ihr strittet gegen Euern guten Ruf,
Und zöget selbst in des Verdachts Bereich
Die unbescholtne Ehre Eurer Frau.
Bedenkt nur: ihre langerprobte Klugheit,
Gesetzte Tugend, reife Sittsamkeit
Verbürgt, hier sei ein Grund, den Ihr nicht kennt.
Und zweifelt nicht, rechtfert'gen wird sie sich,
Warum die Thür Euch heut verschlossen blieb.
Folgt meinem Rate: räumen wir das Feld,
Und laßt im Tiger uns zu Mittag essen;
Und gegen Abend geht allein nach Haus,
Den Grund so seltner Weigrung zu erfahren.
Wenn Ihr Euch anschickt, jetzt Gewalt zu brauchen
Am hellen Tag, wo alles kommt und geht,
So wird der Handel gleich zum Stadtgespräch;
Und Eurem unbescholt'nen Ruf zum Trotz
Gibt der gemeine Pöbel ihm die Deutung,
Die allzu leicht sich schnöden Eingang schafft,

Und über'n Tod Euch noch ins Grab verfolgt.
Denn die Verleumdung, wie ein Erbvermächtnis,
Bleibt stets dem Haus und schändet sein Gedächtnis.
Antipholus v. E. Ich geb' Euch nach; ich will mich ruhig halten
Und — geht's auch nicht von Herzen — lustig sein.
Ich kenn' ein Mädchen, witzig im Gespräch,
Hübsch und gescheit, wild und gefällig doch;
Dort woll'n wir speisen. Dieses Mädchens halb
Hat meine Frau — doch wahrlich ohne Grund —
Schon manchmal eifersüchtig mich geschmält.
Bei dieser laßt uns speisen. (Zu Angelo.) Geht nach Haus
Und holt die Kette; fertig wird sie sein.
Die bringt mir dann ins Stachelschwein, ich bitt' Euch;
So heißt das Haus. Die goldne Kette schenk' ich,
Und wär's auch nur, um meine Frau zu ärgern,
An unsre Wirtin. Eilt Euch, lieber Herr;
Da mir die eigne Pforte widersteht,
So klopf' ich an, wo man uns nicht verschmäht.
Angelo. Ein Stündchen noch vergönnt, und ich bin Euer.
Antipholus v. E. Habt Dank. Doch kommt der Spaß mir etwas teuer!
(Sie gehen ab.)

2. Szene.

Ebendaselbst.

Es treten auf Luciana und Antipholus von Syrakus.

Luciana. Vergaßest du in wenig Augenblicken
  Des Gatten Pflicht? Und soll durch Mißverstand
Der Liebe Blüt' im Liebeslenz ersticken?
  Der Bau zerfallen, der so schön erstand?
Hast du die Schwester um ihr Gold gefreit,
  So heuchle ihr, dem Gold zuliebe, Feuer,
Und glühst du sonstwo, thu's in Heimlichkeit;
  Dein falsches Lieben hüll in dunkle Schleier.
Die Schwester lese nicht in deinen Blicken,
  Noch laß den Mund die eigne Schmach verkünden
Daß Huld und Anmut deine Untreu' schmücken.
Kleid' als der Tugend Boten schnöde Sünden;
Verstellung berg' ihr deines Lasters Flecken,
  Und leihe dir der Heiligen Betragen;
Sei heimlich falsch; was mußt du's ihr entdecken?
  Wird thöricht wohl ein Dieb sich selbst verklagen?

Dritter Aufzug. 2. Szene.

Willst du sie zwiefach kränken, Unbeständ'ger,
 An ihrem Tisch gestehn des Betts Verrat?
Schmach hat noch Scheinruhm, übt sie ein Verständ'ger;
 Doch böses Wort verdoppelt böse That.
Wir armen Fraun! Gönnt uns doch nur den Glauben —
 Wir sind ja ganz Vertraun — daß ihr uns huldigt;
Den Handschuh laßt, wollt ihr die Hand uns rauben;
 Ihr wißt, wie gern ein liebend Herz entschuldigt.
Drum, lieber Bruder, geht zu ihr hinein,
 Liebkost der Schwester, sprecht ihr freundlich zu;
's ist frommer Trug, ein wenig falsch zu sein,
 Bringt süßes Schmeichelwort den Streit zur Ruh'.
Antipholus v. S. Holdselig Kind, dein Nam' ist unbekannt mir,
 Noch ahn' ich, wer dir meinen je genannt;
Du scheinst des Himmels Heiligen verwandt mir
 An Gnad' und Reiz, an Schönheit und Verstand.
Lehr mich, Geliebte, prüfen, denken, sprechen;
 Entfalte meinen irdisch groben Sinnen,
Wie mag ich wahnumstrickt, bethört von Schwächen,
 Den Inhalt deines dunkeln Worts gewinnen?
Was strebst du, meine Seele zu entraffen,
 Und lockst sie in ein unbekannt Gefild?
Bist du ein Gott? Willst du mich neu erschaffen?
 Verwandle mich, dir folg' ich, schönes Bild!
Doch bin ich noch ich selbst, so zweifle nicht;
 Nie war die thränenvolle Schwester mein;
Nie weiht' ich ihrem Bette Schwur und Pflicht;
 Viel mehr, viel mehr ist meine Seele dein.
Laß ab, Sirene, mich mit süßen Liedern
 In deiner Schwester Zährenflut zu locken;
Singst du für dich, wird trunkne Lieb' erwidern!
 Breit' auf die Silberflut die goldnen Locken,
So holdem Lager geb' ich gern mich hin;
 Und in der sel'gen Täuschung soll's mich dünken:
Wer also stirbt, dem bringt der Tod Gewinn.
 Leicht ist die Lieb'; sie sterbe, muß sie sinken.
Luciana. Wie sprecht Ihr fremd und allem Sinn entrückt!
Antipholus v. S. Fremd nur für jene, doch von dir entzückt!
Luciana. Die Sünd' entspringt in Eurem Aug' allein.
Antipholus v. S. Blind schaute sich's an deiner Sonne Schein.
Luciana. Schaut, wo Ihr sollt; das macht die Augen klar!
Antipholus v. S. Nacht sehn und blind sein, Lieb, ist gleich für=
           wahr!
Luciana. Ich Euer Lieb? Das muß die Schwester sein!
Antipholus v. S. Der Schwester Schwester!

Luciana. Meine Schwester!
Antipholus v. S. Nein,
Du bist es selbst, des Herzens bester Teil,
Aug' meines Augs, der Seele Seelenheil,
Des Lebens Inhalt, Hoffnung, Glück und Wonne,
Mein irdisch Heil und meines Himmels Sonne!
Luciana. Das sollt' Euch alles meine Schwester sein.
Antipholus v. S. Dich nenne Schwester, denn ich bin nur dein;
Dir weih' ich Lieb' und Leben, nimm mich an,
Ich habe noch kein Weib, du keinen Mann;
Gib mir die Hand!
Luciana. Ich bitt' Euch, seid nur still;
Ich muß erst sehn, ob auch die Schwester will. (Ab.)

Dromio von Syrakus kommt.

Antipholus v. S. Heda, was gibt's, Dromio? Wohin rennst du so eilig?

Dromio v. S. Kennt Ihr mich, Herr? bin ich Dromio? bin ich Euer Diener? bin ich ich?

Antipholus v. S. Du bist Dromio, du bist mein Diener, du bist du.

Dromio v. S. Ich bin ein Esel, ich bin eines Weibes Diener, ich bin außer mir.

Antipholus v. S. Welches Weibes Diener? und warum außer dir?

Dromio v. S. Außer mir, mein Seel! ich gehöre einem Weibe an, einer, die mich in Anspruch nimmt, die mir nachläuft; die mich haben will!

Antipholus v. S. Wie nimmt sie dich in Anspruch?

Dromio v. S. Nun, mein Seel, wie Ihr Euer Pferd in Anspruch nehmt, wie eine Bestie will sie mich haben; ich meine nicht, als ob ich eine Bestie wäre, und sie mich haben wollte; sondern daß sie, als eine recht bestialische Kreatur, mich in Anspruch nimmt.

Antipholus v. S. Wer ist sie?

Dromio v. S. Ein sehr respektables Korpus; so eine, von der man nicht reden kann, ohne hinzuzusetzen: „mit Respekt zu melden." Ich mache nur ein magres Glück bei der Partie, und doch ist's eine erstaunlich fette Heirat.

Antipholus v. S. Wie meinst du das, eine fette Heirat!

Dromio v. S. Mein Seel, Herr, sie ist das Küchenmensch und lauter Schmalz; ich wüßte nicht, wozu sie zu brauchen wäre, als eine Lampe aus ihr zu machen, und bei ihrem eignen Licht vor ihr davonzulaufen. Ich wette, ihre Lumpen und der Talg darin brennen einen polnischen Winter durch; wenn sie

Dritter Aufzug. 2. Szene.

bis zum jüngsten Tage lebt, so brennt sie eine Woche länger als die ganze Welt.

Antipholus v. S. Von welcher Farbe ist sie?

Dromio v. S. Schwarz wie meine Schuhe; aber ihr Gesicht ist lange nicht so rein; denn, warum? sie schwitzt, daß man bis über die Schuh in den Schlamm zu waten käme.

Antipholus v. S. Das ist ein Fehler, dem Wasser abhelfen wird.

Dromio v. S. Nein, Herr, es ist zu echt; Noahs Flut würde nicht hinreichen.

Antipholus v. S. Wie ist ihr Name?

Dromio v. S. Nelle, Herr; aber ihr Name und Dreiviertel, das heißt 'ne Elle und Dreiviertel reichen nicht aus, sie von Hüfte zu Hüfte zu messen.

Antipholus v. S. Sie ist also ziemlich breit?

Dromio v. S. Nicht länger von Kopf zu Fuß, als von Hüfte zu Hüfte. Sie ist kugelförmig wie ein Globus; ich wollte Länder auf ihr entdecken.

Antipholus v. S. Auf welchem Teil ihres Körpers liegt Schottland?

Dromio v. S. Das fand ich aus an seiner Unfruchtbarkeit; recht auf der Fläche der Hand.

Antipholus v. S. Wo Frankreich?[3]

Dromio v. S. Auf ihrer Stirn, bewaffnet und rebellisch und im Krieg gegen das Haupt.

Antipholus v. S. Wo England?

Dromio v. S. Ich suchte nach den Kalkfelsen, aber ich konnte nichts Weißes an ihr entdecken; doch denk' ich, es liegt auf ihrem Kinn, wegen der salzigen Feuchtigkeit, die zwischen ihm und Frankreich fließt.

Antipholus v. S. Wo Spanien?

Dromio v. S. Wahrhaftig, das sah ich nicht, aber ich spürte es heiß in ihrem Atem.

Antipholus v. S. Wo Amerika? die beiden Indien?

Dromio v. S. O Herr, auf ihrer Nase, die über und über mit Rubinen, Saphiren und Karfunkeln staffiert ist und ihren reichen Glanz nach dem heißen Atem Spaniens wendet, welches ganze Armadas von Galeeren ausschickte, die von der Nase aus befrachtet werden sollen.

Antipholus v. S. Wo liegen Belgien und die Niederlande?

Dromio v. S. O, Herr, so tief habe ich nicht nachgesucht. Kurz, dieser Scheuerteufel, dieser Satan legte Beschlag auf mich, nannte mich Dromio, schwur, ich habe mich ihr verlobt, erzählte mir, was für geheime Zeichen ich an mir trage, als den Fleck auf meiner Schulter, das Mal an meinem Halse, die große

Warze an meinem linken Arm; so daß ich vor Schrecken davon-
lief wie vor einer Hexe.
War meine Brust nicht glaubensstark, das Herz wie Stahl
nicht spröd,
Zum Stutzschwanz machte sie mich gar, der den Bratenspieß
ihr dreht.
Antipholus v. S. Nun mach dich auf, und lauf zur Reede schnell;
Und bläst von Ufer irgend nur der Wind,
Weil' ich in dieser Stadt nicht über Nacht.
Geht heut ein Schiff noch ab, so komm zum Markt,
Da will ich mich ergehen, bis du heimkehrst.
Wo jedermann uns kennt, und wir nicht einen,
Wär's Zeit wohl einzupacken, sollt' ich meinen.
Dromio v. S. Und wie der Wandrer vor dem Bären rennt,
Lauf' ich vor der, die meine Frau sich nennt. (Ab.)
Antipholus v. S. Von lauter Hexen wird der Ort bewohnt,
Drum ist es hohe Zeit, davonzugehn.
Die hier Gemahl mich nannte, schafft mir Graun
Als Frau zu denken; doch die schöne Schwester,
Begabt mit so viel holdem, mächt'gem Reiz,
So süßem Zauber in Gespräch und Umgang,
Macht fast mich zum Verräter an mir selbst.
Drum will, um nicht mein eigen Selbst zu kränken,
Gehör ich der Sirene Lied nicht schenken.

Angelo tritt auf.

Angelo. Mein Herr Antipholus . . .
Antipholus v. S.   Das ist mein Name!
Angelo. Nun ja, das weiß ich, Herr. Hier ist die Kette;
Ich dacht' Euch noch im Stachelschwein zu treffen;
Doch hielt die Kette mich so lange auf.
Antipholus v. S. Was wollt Ihr, daß ich mit der Kette thun soll?
Angelo. Was Euch gefällt! Ich machte sie für Euch.
Antipholus v. S. Für mich, mein Herr? Ich hab' sie nicht bestellt.
Angelo. Nicht einmal oder zwei, wohl zwanzigmal!
Geht heim, erfreuet Eure Frau damit.
Und nach dem Abendessen sprech' ich vor
Und hole mir das Geld für meine Kette.
Antipholus v. S. Ich bitt' Euch, Herr, empfangt das Geld
sogleich;
Sonst möcht' Euch Kett' und Geld verloren gehn.
Angelo. Ihr seid recht aufgeräumt; gehabt Euch wohl. (Geht.)
Antipholus v. S. Ich weiß nicht, was ich davon denken soll;
Doch denk' ich dies: es wird sich niemand grämen,
So reiches Kleinod zum Geschenk zu nehmen;

Auch seh' ich, leicht muß hier sich's leben lassen,
Wo man das Gold verschenkt auf allen Gassen.
Nun auf den Markt! auf Dromio wart' ich dort;
Und segelt heut ein Schiff, dann hurtig fort! (Geht ab.)

Vierter Aufzug.

1. Szene.

Ebendaselbst.

Ein Kaufmann, Angelo und ein Gerichtsdiener treten auf.

Kaufmann. Ihr wißt, daß Ihr's zu Pfingsten zugesagt,
Und seit der Zeit hab' ich nicht nachgefragt;
Und that's auch jetzt nicht, müßt' ich nicht durchaus
Nach Persien reisen und bedürfte Geld.
Drum leistet gegenwärt'ge Zahlung mir,
Sonst nehm' ich Euch in Haft durch diesen Häscher.
Angelo. Genau die Summe, die ich Euch verschrieb,
Soll ich erhalten von Antipholus;
Und eben jetzt, da Ihr mich traft, erhielt er
Von mir 'ne goldne Kette, deren Preis
Ich nachmittags um fünf erheben soll.
Gefiel's Euch, mitzugehn bis an sein Haus,
Zahlt' ich die Schuld und meinen Dank dazu.

Antipholus von Ephesus und Dromio von Ephesus kommen
aus dem Hause der Courtisane.

Gerichtsdiener. Die Mühe könnt Ihr sparen; seht, dort kommt er.
Antipholus v. E. Derweil ich geh' zum Goldschmied, geh du hin,
Und kauf mir einen Strick, zum Angebinde
Für meine Frau und ihre Helfershelfer,
Die mich am hellen Tage ausgesperrt.
Doch halt! da ist der Goldschmied. Mach dich fort;
Kauf mir den Strick und bring ihn mir nach Haus.
Dromio v. E. Ich kauf 'ne Rente mir von tausend Pfund!
Ich kauf' 'nen Strick! (Geht ab.)
Antipholus v. E. Der hat sich gut gebettet, der Euch traut!
Auf Euch und Eure Kette macht' ich Rechnung;
Doch Kette nicht noch Goldschmied sind gekommen.
Gelt, unsre Freundschaft schien Euch allzu fest,
Wenn wir sie ketteten? Drum kamt Ihr nicht!

Angelo. Den Spaß in Ehren, doch hier ist die Note,
Wieviel sie wiegt, aufs äußerste Karat;
Des Goldes Feinheit, und der Arbeit Kunst,
Das Ganze ist mindstens drei Dukaten mehr,
Als ich zu zahlen hab' an diesen Herrn.
Ich bitt' Euch, daß Ihr ihn sogleich befriedigt;
Er muß zur See und wartet nur darauf.
Antipholus v. E. Ich habe so viel bares Geld nicht bei mir
Und bin auch sonst noch in der Stadt beschäftigt.
Hört, Lieber, führt den Fremden in mein Haus,
Tragt meiner Frau die Kette hin und sagt ihr,
Daß sie dagegen Euch die Summe zahle;
Vielleicht auch bin ich dort so früh wie Ihr.
Angelo. Ihr wollt ihr also selbst die Kette bringen?
Antipholus v. E. Nein, nehmt sie mit; ich könnte mich verspäten.
Angelo. Ganz wohl, mein Herr; habt Ihr die Kette bei Euch?
Antipholus v. E. Hab' ich sie nicht, so werdet Ihr sie haben;
Sonst mögt Ihr ohne Geld nach Hause gehn.
Angelo. Nein, jetzt in allem Ernst, Herr, gebt die Kette;
Denn Wind und Wetter dienen diesem Herrn;
Und leider hielt ich schon zu lang' ihn auf.
Antipholus v. E. Der Scherz, mein Gönner, meint Ihr, soll
              entschuld'gen,
Daß Ihr im Stachelschwein nicht Wort gehalten?
Ich sollte schelten, daß Ihr uns verfehlt;
Doch wie ein zänkisch Weib schmollt Ihr zuerst.
Kaufmann. Die Zeit verstreicht; ich bitt' Euch, macht ein Ende.
Angelo. Ihr hört, wie er mir lästig wird; die Kette ...
Antipholus v. E. Ei, gebt sie meiner Frau und holt Eu'r Geld.
Angelo. Ihr wißt, daß ich sie eben jetzt Euch gab!
Drum schickt die Kette oder sonst ein Zeichen.
Antipholus v. E. Pfui doch! das heißt den Spaß zu Tode jagen!
Wo ist die Kett'? Ich bitt' Euch, zeigt sie her.
Kaufmann. Ich hab' nicht Zeit für Eure Tändelei.
Sagt, Herr, wollt Ihr mir zahlen oder nicht?
Wo nicht, so überliefr' ich ihn dem Häscher.
Antipholus v. E. Euch zahlen? Ich? Was hätt' ich Euch zu zahlen?
Angelo. Das Geld, das Ihr mir schuldet für die Kette.
Antipholus v. E. Ich schuld' Euch keins, bis ich empfing die Kette.
Angelo. Ich gab sie Euch vor einer halben Stunde!
Antipholus v. E. Ihr gabt mir nichts! Ihr kränkt mich, dies
              zu sagen!
Angelo. Mich kränkt viel mehr noch, Herr, daß Ihr mir's leugnet;
Bedenkt, wie mein Kredit darauf beruht!
Kaufmann. Nun, Häscher, nimm ihn fest auf meine Klage.

Gerichtsdiener. Das thu' ich; folgt mir in des Herzogs Namen.
Angelo. Dies geht an meine Ehr' und guten Ruf;
Entweder willigt ein und zahlt die Summe,
Sonst setz' ich Euch in Haft durch diesen Häscher!
Antipholus v. E. Für etwas zahlen, das ich nie empfing?
Laß mich verhaften, Tropf, wenn du es wagst!
Angelo. Hier sind die Sporteln; Häscher, nehmt ihn fest.
Nicht meines Bruders schont' ich in dem Fall,
Trieb' er so handgreiflichen Spott mit mir.
Gerichtsdiener. Ich nehm' Euch fest, mein Herr, Ihr hört die
Klage!
Antipholus v. E. Ich folge, bis ich Bürgschaft dir gestellt;
Doch Ihr, mein Freund, büßt mir den Spaß so teuer,
Daß all Euer Gold im Laden nicht genügt.
Angelo. O, Herr, ich finde Recht in Ephesus,
Zu Euerm höchsten Schimpf, das zweifelt nicht!

Dromio von Syrakus kommt vom Hafen.

Dromio v. S. Herr, 's ist ein Schiff aus Epidamnus da,
Das nur noch wartet, bis der Reeder kommt,
Und dann die Anker lichtet. Unsre Fracht
Hab' ich an Bord gebracht und eingekauft
Das Oel, den Balsam und den Aquavit.
Das Schiff ist segelfertig, lust'ger Wind
Bläst frisch vom Ufer, und sie warten nur
Auf ihren Reeder und auf Euch noch, Herr.
Antipholus v. E. Was? Bist du toll geworden? dummes Schaf,
Welch Schiff von Epidamnus wartet mein?
Dromio v. S. Das Schiff, das Ihr zur Ueberfahrt bestellt!
Antipholus v. E. Du Trunkenbold! Ich hab 'nen Strick bestellt;
Ich sagte dir's, zu welchem Zweck und Ende!
Dromio v. S. Ihr hättet um ein Ende Strick geschickt?
Ihr schicktet mich zum Hafen um ein Schiff!
Antipholus v. E. Darüber sprechen wir zu beßrer Zeit
Und lehren deine Ohren besser hören.
Zu Adriana, Schlingel, lauf in Eil';
Bring ihr den Schlüssel; sag ihr, in dem Pult,
Der mit dem türk'schen Teppich zugedeckt,
Sei eine Börse Gold; die laß dir geben,
Sag ihr, ich sei verhaftet auf der Straße,
Und dies mein Lösegeld; nun eil dich, Bursch.
Jetzt ins Gefängnis, Häscher, bis er kommt.
(Alles geht ab außer Dromio.)
Dromio v. S. Zu Adriana? Das ist, wo wir speisten,
Wo Dousabel zum Manne mich verlangt?

Sie ist zu dick für mein Umarmen, hoff' ich!
Doch muß ich hin, obschon sehr wider Willen.
Der Diener muß des Herrn Gebot erfüllen. (Geht ab.)

2. Szene.

Ebendaselbst.

Adriana und Luciana treten auf.

Adriana. So stürmisch, Schwester, drang er auf dich ein?
War dir sein Aug' ein feierlicher Deuter?
Warb er in vollem Ernst? Ja oder nein?
Rot oder blaß? trübsinnig oder heiter?
Sind dir im Kampf der Leidenschaft erschienen
Des Herzens Meteor' auf seinen Mienen?
Luciana. Er sprach zuerst, dir sind' ihn keine Pflicht.
Adriana. Weil er sie nie erfüllt, o Bösewicht!
Luciana. Er schwur, hier sei er Fremdling ganz und gar.
Adriana. Da schwur er recht, obgleich es Meineid war.
Luciana. Für dich dann sprach ich.
Adriana. Und was sagt' er dir?
Luciana. Was ich ihn bat für dich, fleht' er von mir.
Adriana. Mit was für Künsten wollt' er dich verführen?
Luciana. War's treu gemeint, so konnt' er fast mich rühren.
Die Schönheit rühmt' er, dann der Rede Huld.
Adriana. Sprachst du so huldreich?
Luciana. Bitte dich, Geduld!
Adriana. Die hab' ich nicht! Ich will den Zorn nicht stillen;
Der Zunge mind'stens lass' ich ihren Willen.
Er ist unförmlich, welk und krumm und alt,
Wüst von Gesicht, von Körper mißgestalt;
Ruchlos und unwirsch, derb und thöricht, weist
In ekler Hülle er den eklern Geist.
Luciana. Kann Eifersucht um solchen Mann uns plagen?
Wer wird, erlöst von einem Uebel, klagen?
Adriana. Ach, Liebste! dennoch dünkt er mich der Beste;
Sähn ihn die andern nur mit scheelem Blick!
Der Kiebitz* schreit nur, wenn er fern vom Neste;
Schmäht gleich mein Mund, mein Herz erfleht ihm Glück.

Dromio von Syrakus kommt gelaufen.

Dromio v. S. Heda! das Pult! den Beutel! Sucht geschwinde!
Luciana. So atemlos?
Dromio v. S. Ich lief ja gleich dem Winde.

Adriana. Wo ist dein Herr? Sprich, er ist doch gesund?
Dromio v. S. O nein! er steckt im tiefsten Höllenschlund.
Ihn packt' ein Gnom, des Wams nicht zu verwüsten,
Des hartes Herz in Eisen eingeknöpft;
Ein Elf, ein Kobold, ohne Trost und Rührung;
Ein Wolf, ein Kerl in lederner Montierung;
Ein Hintersaß, ein Schulterklopfer, der stets an den Mauern,
In Gäßchen, Winkeln, Schluchten und Buchten pflegt zu lauern;
Ein Spürhund, der gar leise schleicht, trotz seiner vielen Schellen,
Und vor dem jüngsten Tage noch die Seelen führt zur Höllen.
Adriana. Nun, Mensch, was ist los?
Dromio v. S. Was los ist, weiß ich nicht; genug, man setzt'
 ihn fest.
Adriana. Warum? Wer hat ihm das nur angethan?
Dromio v. S. Ich weiß nicht, wer's ihm angethan, daß er jetzt
 sitzt im Block;
Doch weiß ich, er war angethan mit einem Büffelrock.
Wollt Ihr als Lösung senden den Beutel dort im Pult?
Adriana. Geh, hol ihn, Schwester. (Luciana geht.) Seltsam in
 der That,
Daß er vor mir verborgne Schulden hat!
Sprich, war's vielleicht wohl einer Bürgschaft Band?
Dromio v. S. Es war kein Band, es hielt ihn wohl noch stärker;
'ne goldne Kette bracht' ihn in den Kerker.
Hört Ihr sie klingen?
Adriana. Was! die goldne Kette?
Dromio v. S. Nicht doch! Die Glocke mein' ich! Wie könnt
 Ihr nur mich plagen?
Zwei war es, da ich ging, nun hat's schon eins geschlagen.
Adriana. Gehn jetzt die Stunden rückwärts? Ei, hört mir doch
 den Gecken!
Dromio v. S. Ja, wenn die Stunde Häscher sieht, so kehrt sie
 um vor Schrecken.
Adriana. Als ob die Zeit verschuldet wär'! Wie das nun ganz
 verkehrt ist!
Dromio v. S. Zeit ist bankrott und schuldet mehr dem Augen=
 blick, als sie wert ist.
Dann ist die Zeit ein Dieb auch; habt auf den Spruch nur acht:
Die Zeit stiehlt sich von dannen, bei Tage wie bei Nacht.
Wenn sie nun stiehlt und Schulden hat, und ein Häscher läßt
 sich sehn,
Hat sie nicht recht, eine Stunde jeden Tag zurückzugehn?

 Luciana kommt zurück.

Adriana. Hier, Dromio, ist das Geld; gleich trag es hin;

Und kehrt zurück, sobald ihr könnt, ihr beiden.
Tausend Gedanken kreuzen mir den Sinn,
Gedanken, bald zum Trost mir, bald zum Leiden. (Sie gehen ab.)

3. Szene.

Ebendaselbst.

Antipholus von Syrakus tritt auf.

Antipholus v. S. Kein Mensch begegnet mir, der mich nicht grüßt,
Als sei ich ihm ein längst bekannter Freund,
Und jedermann nennt mich bei meinem Namen.
Der bietet Gold mir an, der lädt mich ein,
Der dankt mir für erzeigte Höflichkeit,
Der schlägt mir vor, ihm Waren abzukaufen.
Erst eben rief ein Schneider mich ins Haus
Und zeigte Stoffe, die er mir gekauft,
Und nahm zugleich das Maß mir ohne weiteres.
Gewiß, Trugbilder sind's der Phantasie,
Und Lapplands Hexenmeister hausen hier.

Dromio von Syrakus kommt.

Dromio v. S. Herr, hier ist das Gold, das ich Euch holen sollte. Nun, wo habt Ihr denn das Bild des alten Adam im neuen Rocke⁵ gelassen?

Antipholus v. S. Von welchem Gold sprichst du? Von welchem Adam?

Dromio v. S. Nicht von dem Adam, der das Paradies hütete, sondern von dem Adam, der das Gefängnis hütet; von dem, der mit dem Fell des Kalbes angethan war, das für den verlornen Sohn geschlachtet ward; von dem, der hinter Euch herkam, Herr, wie ein böser Engel, und Euch Eurer Freiheit entsagen hieß.

Antipholus v. S. Ich verstehe dich nicht.

Dromio v. S. Nicht? Die Sache ist doch klar! Ich meine den, der wie eine Baßgeige in seinem ledernen Futteral geht; den Kerl, Herr, der, wenn einer müde wird, ihn auf die Schulter klopft und ihn zum Sitzen nötigt; der sich über die Wildfänge erbarmt und sie zu gesetzten Leuten macht; den ein Gläubiger aussendet, um die Verleugner einzufangen.

Antipholus v. S. Was? du meinst einen Häscher?

Dromio v. S. Ja, Herr, den Schriftgelehrtesten aller Häscher; denn er weiß immer genau, ob sich einer verschrieben hat, und seine Hauptgeschicklichkeit besteht im bündigen Schließen.

Vierter Aufzug. 3. Szene.

Antipholus v. S. Nun Freund, komm auch mit deinen Possen zum Schluß. Geht heut abend noch ein Schiff ab? Kommen wir fort?

Dromio v. S. Ei, Herr, ich brachte Euch schon vor einer Stunde den Bescheid, daß die Jacht „Geschwindigkeit" heut abend in See stäche; da hielt der Häscher Euch auf, und Ihr mußtet erst das Boot Aufschub abwarten. Hier sind die Engel, nach denen Ihr schicktet, die Euch befreien sollen.

Antipholus v. S. Der Bursch ist ganz verwirrt, das bin ich auch; Wir wandern unter Trug und Blendwerk hier; Ein guter Geist entführ' uns bald von hinnen!

Eine Courtisane tritt auf.

Courtisane. Willkomm', willkommen, Herr Antipholus! Ich seh', Ihr habt den Goldschmied jetzt gefunden; Ist das die Kette, die Ihr mir versprascht?

Antipholus v. S. Satan, zurück! Führ mich nicht in Versuchung!

Dromio v. S. Herr, ist dies Madam Satan?

Antipholus v. S. Es ist der Teufel.

Dromio v. S. Nein, sie ist noch was Schlimmres, sie ist des Teufels werte Amme; und hier kommt sie und scheint ins Feld wie eine leichte Schöne, oder eine schöne Leuchte. Wenn deshalb die leichten Dirnen sagen „Gott verdamme mich," so heißt das eigentlich so viel, als „Gott laß mich eine leichte Schöne werden;" es steht geschrieben, sie erscheinen den Menschen wie leuchtende Engel; alle Leuchten aber sind feurig, und Feuer brennt; ergo, wenn sie zu den Leichten gehören, verbrennt man sich an ihnen; darum kommt ihr nicht zu nah.

Courtisane. Eu'r Bursch und Ihr seid heut sehr aufgeräumt; Kommt, holen wir unser Mittagessen nach.

Dromio v. S. Herr, wenn's Suppe gibt, so seht Euch nach einem langen Löffel um!

Antipholus v. S. Warum, Dromio?

Dromio v. S. Nun, mein Seel, der braucht einen langen Löffel, der mit dem Teufel ißt.

Antipholus v. S. Fort, böser Geist! Was sagst du mir von Essen? Du bist 'ne Hexe, wie ihr alle seid; Ins Himmels Namen: Laß von mir und geh!

Courtisane. Gebt mir den Ring, den Ihr bei Tisch mir nahmt, Oder vertauscht die Kette für den Demant; Dann geh' ich fort und fall' Euch nicht zur Last.

Dromio v. S. Sonst fordern Teufel wohl ein Stückchen Nagel, Ein Haar, 'nen Strohhalm, Tropfen Blut, 'ne Nadel, 'ne Nuß, 'nen Kirschkern; aber die ist gier'ger, Die will 'ne Kette.

Nehmt Euch in acht; wenn Ihr die Kette gebt,
So kirrt der Teufel und erschreckt uns, Herr.
Courtisane. Ich bitt' Euch, gebt den Ring, wo nicht die Kette;
Ihr werdet mich doch nicht im Ernst drum prellen?
Antipholus v. S. Hebe dich weg, du Kobold! Fort, Dromio,
fort, mein Sohn!
Dromio v. S. Laß ab vom Stolz, so schreit der Pfau; nicht
wahr, das wißt Ihr schon?
(Antipholus und Dromio gehen ab.)
Courtisane. Nun, ganz gewiß, Antipholus ist toll,
Sonst würd' er so verrückt sich nicht gebärden;
Er nahm 'nen Ring, vierzig Dukaten wert,
Versprach dafür mir eine goldne Kette;
Und beides will er jetzo mir verleugnen.
Woraus ich schon den Wahnsinn erst erriet,
— Auch ohne seine jetz'ge Raserei —
War tolles Zeug, das er bei Tisch erzählte,
Wie man die eigne Thüre ihm verschloß.
Ich denk', sein Weib kennt seine tollen Anfäll'
Und schloß mit Fleiß das Thor ihm, als er kam.
Mir bleibt nichts übrig, als ins Haus zu gehn
Und seiner Frau zu sagen, wie im Fieber
Er zu mir eindrang und mir mit Gewalt
Den Ring entwandt; das wird das Klügste sein;
Vierzig Dukaten büßt man ungern ein. *(Ab.)*

4. Szene.

Andere Straße.

Antipholus von Ephesus und der Häscher treten auf.

Antipholus v. E. Sei unbesorgt, mein Freund; ich flüchte nicht;
Ich schaff' dir, eh' ich geh', die ganze Summe
Zum Pfand, für die du mich verhaftet hast.
Mein Weib ist heut in wunderlicher Laune
Und glaubt gewiß dem Boten nicht so leicht,
Daß ich verhaftet sei in Ephesus.
Ich weiß, sie wird dem eignen Ohr nicht trau'n.

Dromio von Ephesus kommt mit einem Strick.

Hier kommt mein Bursch; ich denk', er hat das Geld.
Nun, Freund, bringst du mir mit, wonach ich schickte?
Dromio v. E. Hier hab' ich bare Zahlung für sie alle.
Antipholus v. E. Allein, wo ist das Geld?

Vierter Aufzug. 4. Szene.   105

Dromio v. E. Ei, Herr, das Geld bezahlt' ich für den Strick.
Antipholus v. E. Fünfhundert Stück Dukaten für 'nen Strick?
Dromio v. E. Für den Preis schaffe ich Euch noch fünfhundert.
Antipholus v. E. Zu welchem Ende schickt' ich dich nach Haus?
   Dromio v. E. Zu des Stricks Ende, Herr, und zu dem Ende bin ich wieder da.
Antipholus v. E. Und zu dem Ende, Kerl, nimm diesen Willkomm. (Er schlägt Dromio.)
Häscher. Lieber Herr, seid geduldig!
   Dromio v. E. Nein, an mir ist's, geduldig zu sein; ich bin in Trübsal.
Häscher. Halt dein Maul, sei gescheit.
Dromio v. E. Nein, redet ihm lieber zu, daß er seine Hände halte.
Antipholus v. E. Du nichtsnutziger, fühlloser Schlingel!
Dromio v. E. Ich wollt', ich wäre fühllos, Herr, so thäten mir Eure Schläge nichts.
Antipholus v. E. Du hast nur Gefühl für Schläge, wie ein Esel!
Dromio v. E. Ja wohl, ein Esel; so lang werdet Ihr mir die Ohren noch ziehen. — Ich habe ihm von der Stunde meiner Geburt an bis auf diesen Augenblick gedient und habe nie was davon gehabt als Schläge. Wenn mich friert, so heizt er mir ein mit Schlägen; wenn ich heiß bin, so kühlt er mich ab mit Schlägen; ich werde damit geweckt, wenn ich schlafe, auf die Beine gebracht, wenn ich sitze, aus der Thür gejagt, wenn ich ausgehe, bewillkommt, wenn ich nach Haus komme; ja wahrhaftig, ich trage sie auf der Schulter, wie die Bettlerin ihren Balg, und ich denke, wenn er mich erst lahm geprügelt hat, werde ich von Thür zu Thür damit betteln gehn.

Adriana, Luciana, die Courtisane und Zwick kommen.

Antipholus v. E. So folgt mir nur, denn dort kommt meine Frau.
   Dromio v. E. Frau, respice finem,⁶ gedenkt ans Ende; oder vielmehr, wie der Prophet spricht und der Papagei sagt: hütet Euch vor des Stricks Ende.
Antipholus v. E. Wann wirst du schweigen, Kerl? (Schlägt ihn.)
Courtisane. Was sagt Ihr nun? Nicht wahr, Eu'r Mann ist toll?
Adriana. Nach seinem rauhen Wesen glaub' ich's fast.
   Herr Doktor Zwick, Ihr seid ja ein Beschwörer:
   Ich bitt' Euch, bringt ihn wieder zu Verstand;
   Ich will Euch zahlen, was Ihr nur begehrt.
Luciana. O Himmel! wie er wild und grimmig blickt!
Courtisane. Seht, wie er zittert, recht wie ein Besessner!
Zwick. Gebt mir die Hand, laßt mich den Puls Euch fühlen!

Antipholus v. E. Da ist die Hand, laßt Euer Ohr mich fühlen!
Zwick. Du Satan, der in diesem Manne wohnt,
Gib dich gefangen meinem frommen Spruch
Und kehr zurück ins Reich der Finsternis!
Bei allen Heiligen beschwör' ich dich!
Antipholus v. E. Blödsinn'ger Fasler, schweig! ich bin nicht toll.
Adriana. Ach, wärst du's nicht, du arme kranke Seele!
Antipholus v. E. Sag, Schätzchen, sag! sind das die werten Freunde?
Die safrangelbe Fratze, schmauste sie
Und zecht' an meinem Tische heut bei dir,
Indes sich mir die sünd'ge Pforte schloß
Und mir das eigne Haus verweigert ward?
Adriana. Gott weiß, zu Haus ja speistest du, mein Teurer;
Und wärst du doch bis jetzt bei mir geblieben,
Frei von dem Schimpf und von dem Stadtgerede!
Antipholus v. E. Zu Haus gespeist? Du Schurke, rede du!
Dromio v. E. Herr, grad heraus, Ihr speistet nicht zu Haus.
Antipholus v. E. War nicht die Thüre zu? ich ausgesperrt?
Dromio v. E. Mein Seel, die Thür war zu, Ihr ausgesperrt.
Antipholus v. E. Und hat sie selbst nicht schimpflich mir begegnet?
Dromio v. E. Wahrhaftig, schimpflich hat sie Euch begegnet.
Antipholus v. E. Schalt, höhnt' und zankte nicht die Küchenmagd?
Dromio v. E. Weiß Gott, das Küchenfräulein zankt' Euch aus.
Antipholus v. E. Und ging ich nicht in größter Wut von dannen?
Dromio v. E. Ja, das ist wahr, mein Rücken kann's bezeugen;
Er trägt die Spuren Eurer kräft'gen Wut.
Adriana. Ist's gut, ihm in dem Unsinn recht zu geben?
Zwick. Der Bursche geht auf seine Launen ein,
Sagt ja, und weiß dem Tollen wohl zu nehmen.
Antipholus v. E. Dem Goldschmied gabst du's an, mich zu ver-
haften!
Adriana. O Gott, ich schickte Geld, dich zu befrein,
Durch Dromio hier, der eilig deshalb kam.
Dromio v. E. Was? Geld durch mich? Vielleicht wohl in Gedanken;
Doch Geld, mein Seel! empfing ich keinen Heller.
Antipholus v. E. Gingst du nicht hin, die Börse Gold zu holen?
Adriana. Er kam zu mir, ich gab sie ihm sogleich.
Luciana. Und ich bin Zeuge, daß er sie bekam.
Dromio v. E. Gott und der Seiler können mir's bezeugen;
Ich ward nur ausgeschickt nach einem Strick!
Zwick. Frau! Herr und Diener, beide sind besessen.
Ich seh's an ihrem bleichen, stieren Blick.
Man bind' und führ' sie in ein dunkles Loch.
Antipholus v. E. Sprich! warum hast du heut mich ausgesperrt?
(zu Dromio.) Und weshalb leugnest du den Beutel Gold?

Adriana. Mein teurer Mann, ich sperrte dich nicht aus!
Dromio v. E. Und ich, mein teurer Herr, empfing kein Gold.
Doch das bekenn' ich, Herr, man sperrt' uns aus.
Adriana. Du heuchlerischer Schuft, das lügst du beides!
Antipholus v. E. Du heuchlerische Metze, du lügst alles
Und bist verschworen mit verruchtem Volk,
Ehrlosen Spott und Schimpf mir anzuthun!
Ausreißen will ich dir die falschen Augen,
Die sich an meiner Schande weiden wollen.

Mehrere Diener kommen und wollen Hand an ihn legen; er sträubt sich.

Adriana. O bind't ihn, bind't ihn! Laßt ihn nicht heran!
Zwick. Mehr Leute her! der Feind ist stark in ihm!
Luciana. Ach, armer Mann! Wie krank und bleich er aussieht!
Antipholus v. E. Wollt ihr mich morden? Häscher, dir gehör' ich
Als dein Gefangner; leid'st du, daß sie mich
Von hier entführen?
Häscher.   Leute, laßt ihn gehn;
's ist ein Gefangner, ihr bekommt ihn nicht.
Zwick. Bindet mir den; denn der ist auch verrückt.
Adriana. Was willst du thun, du unverständ'ger Häscher?
Freut's dich zu sehn, wie sich ein armer Kranker,
Gegen sich selber wütend, Schaden thut?
Häscher. 's ist mein Gefangner; ließ' ich jetzt ihn los,
So müßt' ich Bürge sein für seine Schuld.
Adriana. Die will ich tilgen, eh' ich von dir geh'.
Bring mich von hier zu seinem Gläubiger,
Und weiß ich, wie die Schuld entstand, so zahl' ich.

(*Antipholus und Dromio werden gebunden.*)

Mein werter Doktor, schafft in Sicherheit
Ihn in mein Haus; o unglücksel'ger Tag!
Antipholus v. E. O unglücksel'ge Metze!
Dromio v. E. Herr, Euerthalb bin ich in Banden hier.
Antipholus v. E. Zum Teufel, Kerl! Willst du mich rasend
machen?
Dromio v. E. Wollt Ihr für nichts gebunden sein? So rast doch
Und flucht bei Höll' und Teufel, lieber Herr!
Luciana. Gott helf' euch Armen! Was für Zeug sie faseln!
Adriana. Geht, bringt sie fort; du, Schwester, komm mit mir.

(*Zwick, Antipholus, Dromio und Bediente ab.*)

Nun sprich! Auf wessen Klag' ist er verhaftet?
Häscher. Des Goldschmieds Angelo; kennt Ihr ihn nicht?
Adriana. Ich kenn' ihn. Welche Summ' ist er ihm schuldig?
Häscher. Zweihundert Stück Dukaten.

Adriana. Und wofür?
Häscher. Für eine Kette, die Eu'r Mann empfing.
Adriana. Die hatt' er mir bestellt, doch nicht erhalten.
Courtisane. Nun seht; als Euer Mann ganz wütig heut
Zu mir ins Haus lief und den Ring mir nahm
(Ich sah den Ring noch jetzt an seiner Hand),
Traf ich ihn gleich darauf mit dieser Kette.
Adriana. Das kann wohl sein, allein ich sah sie nicht.
Kommt, Häscher, zeigt mir, wo der Goldschmied wohnt;
Genau erführ' ich gern, wie sich's verhält.

Antipholus von Syrakus kommt mit gezogenem Degen; ihm folgt Dromio von Syrakus.

Luciana. Gott sei uns gnädig, sie sind wieder los!
Adriana. Und gar mit bloßen Degen! Hilfe! Hilfe!
Bindet sie wieder!
Häscher. Lauft, sonst ist's Eu'r Tod. (Sie entfliehen eilig.)
Antipholus v. S. Ich seh', die Hexen fürchten blanke Degen!
Dromio v. S. Die Eure Frau will sein, lief nun vor Euch!
Antipholus v. S. Komm zum Centauren, schaff die Sachen weg!
Und wären wir doch sicher erst an Bord!
Dromio v. S. Wahrhaftig, Ihr solltet die Nacht noch hier
bleiben; sie werden uns nichts anthun. Ihr saht, sie geben uns gute
Worte und bringen uns Gold. Mich dünkt, es ist eine so liebe
Nation, daß, wäre nicht jener Berg von tollem Fleisch, der mich
zur Ehe verlangt, ich könnte es übers Herz bringen, immer hier
zu bleiben und unter die Hexen zu gehen.
Antipholus v. S. Nicht um die ganze Stadt bleib' ich die Nacht;
Drum fort, und schaff die Sachen schnell an Bord. (Sie gehen ab.)

Fünfter Aufzug.

1. Szene.

Ebendaselbst. Vor einem Kloster.

Der Kaufmann und Angelo treten auf.

Angelo. Es thut mir leid, daß ich Euch aufgehalten;
Doch auf mein Ehrenwort, die Kett' empfing er,
Obgleich er mir's recht schändlich abgeleugnet.
Kaufmann. Was hat der Mann für Ruf an diesem Ort?

Angelo. Den besten, Herr, von unbescholtnem Leumund;
Unendlich sein Kredit; er selbst beliebt,
Zählt zu den ersten Bürgern dieser Stadt;
Ein Wort von ihm mehr wert als all mein Gut.
Kaufmann. Sprecht leise; denn mich dünkt, ich seh' ihn kommen.
Antipholus von Syrakus und Dromio von Syrakus kommen.
Angelo. Er ist's, und trägt dieselbe Kett' am Hals,
Die er vorhin so unerhört verschwur.
Kommt näher, lieber Herr! ich red' ihn an!
Signor Antipholus, mich wundert sehr,
Daß Ihr den Schimpf mir und die Unruh' macht
Und (nicht ohn' ein'gen Makel für Euch selbst)
Umständlich und auf Euren Eid verleugnet
Die Kette, die Ihr jetzt so offen tragt.
Denn, abgesehn von Klage, Schimpf und Haft,
Bringt Ihr in Schaden meinen würd'gen Freund,
Der, hätt' ihn unser Streit nicht aufgehalten,
Auf seinem Schiff jetzt unter Segel wär'.
Von mir habt Ihr die Kette; könnt Ihr's leugnen?
Antipholus v. S. Mich dünkt von Euch; noch hab' ich's nie
geleugnet.
Kaufmann. O ja, Ihr thatet's, Herr, und schwurt sogar!
Antipholus v. S. Wer hörte mich das leugnen und verschwören?
Kaufmann. Mit diesen Ohren, weißt du, hört' ich's selbst.
Schäm' dich, Elender, daß du lebst und wandelst,
Wo Männer dir von Ehre je begegnen!
Antipholus v. S. Du bist ein Schurke, klagst du so mich an;
Ich will dir meine Ehr' und Redlichkeit
Sogleich beweisen, wagst du's mir zu stehn.
Kaufmann. Ich wag's und fordre dich als einen Schurken.
(*Sie ziehen.*)
Adriana, Luciana, die Courtisane und Diener kommen.
Adriana. Halt! thut ihm nichts! Um Gott, er ist verrückt;
Macht euch an ihn; nehmt ihm den Degen weg;
Auch Dromio bindet; bringt sie in mein Haus!
Dromio v. S. Lauft, Herr, um Gotteswill'n! Flieht in ein Haus;
Hier ist ein Kloster; fort, sonst fängt man uns.
(*Antipholus und Dromio flüchten sich in die Abtei.*)
Die Aebtissin tritt auf.
Aebtissin. Seid ruhig, Leute; welch Gedräng' ist hier?
Adriana. Ich will zu meinem armen, tollen Mann.
Laßt uns hinein, damit wir fest ihn binden
Und führen ihn nach Haus, daß er genese.

Angelo. Ich dacht' es gleich, er sei nicht recht bei Sinnen!
Kaufmann. Nun thut mir's leid, daß ich den Degen zog.
Aebtissin. Seit wann befiel der Wahnsinn diesen Mann?
Adriana. Die letzte Woche war er trüb und still
Und finster, ganz ein andrer Mann als sonst;
Doch erst heut nachmittag ist seine Krankheit
Zu diesem höchsten Grad von Wut gestiegen.
Aebtissin. Verlor er große Güter auf der See?
Begrub er einen Freund? Hat wohl sein Auge
Sein Herz bethört zu unerlaubter Liebe?
Der Sünde sind viel junge Männer schuldig,
Die ihrem Blick zu große Freiheit lassen.
An welchem dieser Leiden ist er krank?
Adriana. An keinem, wenn es nicht das letzte ist;
Ein Liebchen wohl hatt' ihm sein Haus verleidet.
Aebtissin. Das hättet Ihr ihm dann verweisen sollen.
Adriana. Das that ich auch.
Aebtissin. Doch wohl nicht scharf genug.
Adriana. So scharf, wie es der Anstand mir erlaubte.
Aebtissin. Vielleicht geheim nur.
Adriana. In Gesellschaft auch.
Aebtissin. Ja, doch nicht oft genug.
Adriana. Es war der Inhalt jeglichen Gesprächs.
Im Bette schlief er nicht vor meinem Mahnen;
Am Tische aß er nicht vor meinem Mahnen;
Allein wählt' ich's zum Text für meine Rede,
Und in Gesellschaft spielt' ich oft drauf an;
Stets sagt' ich ihm, es sei gemein und schändlich.
Aebtissin. Und deshalb fiel der Mann in Wahnsinn endlich;
Das gift'ge Schrei'n der eifersücht'gen Frau
Wirkt tödlicher als tollen Hundes Zahn.
Es scheint, dein Zanken hindert' ihn am Schlaf:
Daher der Schwindel, der den Kopf ihm einnahm.
Du sagst, sein Mahl ward ihm durch Schmähn verwürzt;
Unruhig Essen gibt ein schlecht Verdaun:
Daher entstand des Fiebers heiße Glut;
Und was ist Fieber, als ein Wahnsinnschauer?
Dein Keifen störte seinen Zeitvertreib,
Wo süß Erholen mangelt, was kann folgen,
Als trübe Schwermut und Melancholie,
Der grimmigen Verzweiflung nah verwandt?
Und hintendrein zahllos ein siecher Schwarm
Von bleichen Uebeln und des Lebens Mördern?
Das Mahl, den Zeitvertreib, den Schlummer wehren
Verwirrt den Geist und muß den Sinn verstören;

Fünfter Aufzug. 1. Szene.

Und hieraus folgt, durch deine Eifersucht
Ward dein Gemahl von Tollheit heimgesucht.
Luciana. Wenn sie ihn schalt, so war es mild und freundlich;
Doch er erwies sich heftig, rauh und feindlich.
Hörst du den Tadel ruhig an und schweigst?
Adriana. Sie weckt mir des Gewissens eigne Stimme.
Jetzt, Freunde, geht hinein, legt Hand an ihn!
Aebtissin. Nein, keine Seele darf mein Haus betreten.
Adriana. So schickt durch Diener meinen Mann heraus.
Aebtissin. Er suchte Schutz in diesem Heiligtum,
Und schirmen soll es ihn vor euren Händen,
Bis ich ihn wieder zur Vernunft gebracht;
Wenn nicht vergeblich alle Mühe bleibt.
Adriana. Ich pflege meinen Mann und steh' ihm bei
Als Krankenwärterin, das ist mein Amt;
Ich will mein eigner Stellvertreter sein,
Und deshalb soll er mir nach Hause folgen.
Aebtissin. Gib dich zur Ruh', denn ich entlaß' ihn nicht,
Bis ich versucht die oft erprobten Mittel,
Heilkräft'gen Balsam, Tränke, fromm Gebet,
Zur Manneswürd' ihn wieder herzustellen.
Es ist ein Thun, das mein Gelübde heischt,
Ein Liebeswerk, das meines Ordens Pflicht.
Drum geh nur heim und laß ihn hier zurück.
Adriana. Ich will nicht fort und meinen Mann Euch lassen;
Und wenig ziemt sich's Eurer Heiligkeit,
Den Gatten so von seiner Frau zu trennen.
Aebtissin. Sei still und geh von hier; ich geb' ihn nicht.

(Aebtissin geht ab.)

Luciana. Dem Herzog klage, wie man hier dich kränkt!
Adriana. Komm mit, ich will mich ihm zu Füßen werfen
Und nicht aufstehn, bis ich mit Flehn und Thränen
Den Herzog rührte, daß er selber komme
Und der Aebtissin meinen Mann entreiß'.
Kaufmann. Der Zeiger, denk' ich, weist jetzt grad auf fünf;
Und sicher kommt der Fürst alsbald hierher,
Den Weg zu jenem melanchol'schen Thal,
Dem Platz des Tods und ernsten Hochgerichts,
Der hinter dieses Klosters Gräben liegt.
Angelo. Und weshalb kommt er?
Kaufmann. Um einen würd'gen Syrakuser Kaufmann,
Der wider dieser Stadt Gesetz und Recht
Zu seinem Unglück in den Hafen lief,
Vor allem Volk enthaupten hier zu sehn.

Angelo. O still, sie kommen; schaun wir seinen Tod.
Luciana. Knie vor dem Herzog, eh' er weiter geht!

Der Herzog tritt auf; ihm folgen Aegeon mit bloßem Haupte, der Scharfrichter und Gerichtsdiener.

Herzog. Noch einmal macht es öffentlich bekannt:
Erlegt ein Freund für ihn das Geld, so stirbt
Er nicht; so hoch steht er in meiner Gunst.
Adriana. Gerechtigkeit,
Erhabner Herzog, gegen die Aebtissin!
Herzog. Sie ist 'ne würd'ge, tugendhafte Dame;
Unmöglich hat sie je dein Recht gekränkt.
Adriana. Antipholus, mein Gatte, den zum Herrn
Ich über mich und meine Güter machte,
Weil Ihr's so dringend heischtet, ward heut krank —
O Tag des Wehs! — an höchst unbänd'gem Wahnsinn,
So daß er rasend durch die Straßen lief —
Mit ihm sein Diener, wie er selbst verrückt —
Und viele Bürger dieser Stadt verletzte,
In ihre Häuser dringend, Gold und Ringe
Und was nur seiner Wut gefiel, sich raubend.
Schon einmal sandt' ich ihn gebunden heim
Und ging umher, den Schaden zu vergüten,
Den hier und dort sein Wahnsinn angerichtet.
Drauf — Gott mag wissen, wer ihm half zur Flucht —
Entsprang er denen, die ihn hüteten.
Die beiden nun, er und sein toller Knecht,
Im stärksten Anfall und mit bloßem Schwert
Begegnen uns aufs neu'; wir müssen weichen
Vor ihrer Tobsucht, bis wir Hilfe finden,
Sie abermals zu fesseln; hierauf fliehn sie
In dieses Kloster, und wir folgen nach;
Und nun schließt die Aebtissin uns die Pforte
Und will uns nicht gestatten, ihn zu holen,
Noch selbst ihn senden, um ihn heimzuschaffen.
Deshalb, o edler Herzog, gib Befehl,
Ihn auszuliefern, daß ihm Hilfe werde.
Herzog. Schon lange diente mir dein Mann im Krieg,
Und ich versprach dir auf mein fürstlich Wort,
Als du zu deines Bettes Herrn ihn wähltest,
Ihm alle Huld und Liebe zu erweisen.
Geh wer von euch, klopf an das Klosterthor
Und ruf die Frau Aebtissin zu mir her;
Ich will die Sach' entscheiden, eh' ich gehe.

Fünfter Aufzug. 1. Szene.

(Ein **Diener** kommt.

Diener. Ach, gnäd'ge Frau, eilt fort und rettet Euch!
Denn Herr und Knecht sind wieder losgebrochen;
Die Mägde all der Reihe nach geprügelt,
Der Doktor festgebunden und sein Bart
Mit Feuerbränden schmählich abgesengt:
So oft er flammte, gossen sie aus Eimern
Schlammwasser drüber hin, das Haar zu löschen.
Jetzt predigt ihm mein Herr Geduld, indes
Der Bursch wie einem Narrn den Kopf ihm schert;
Und wahrlich, schickt Ihr Hilfe nicht sogleich,
Die beiden bringen Euch den Zaubrer um.
Adriana. Schweig, Narr, dein Herr sowie sein Bursch sind hier,
Und alles ist erlogen, was du sprichst.
Diener. Bei meinem Leben, Frau, ich rede wahr;
Ich habe kaum geatmet, seit ich's sah!
Er ruft nach Euch und schwört, wenn er Euch griff,
Er seng' Euch das Gesicht und zeichn' es schlimm.
(Lärm hinter der Szene.)
Horcht! horcht! ich hör' ihn, Frau! Entflieht nur schnell!
Herzog. Kommt her, seid furchtlos! Stellt euch, Hellebarden!
Adriana. O Gott! Es ist mein Mann! Ihr alle zeugt,
Er ist unsichtbar durch die Luft geführt!
Noch eben hielt das Kloster ihn verwahrt.
Nun ist er hier, und kein Verstand begreift's.

Antipholus von Ephesus und Dromio von Ephesus treten auf.

Antipholus v. E. Gerechtigkeit!
Mein gnäd'ger Herzog, o Gerechtigkeit!
Um jenen Dienst, den ich dir vormals that,
Als in der Schlacht ich über dich mich stellte
Und tiefe Wunden deinethalb empfing.
Des Blutes halb, das ich für dich vergoß,
Gewähre jetzo mir Gerechtigkeit!
Aegeon. Wenn Todesfurcht mich nicht bethört, sind dies
Mein Sohn Antipholus und Dromio!
Antipholus v. E. Gerechtigkeit,
Mein teurer Fürst, hier gegen dieses Weib,
Die du mir selbst gegeben hast zur Frau;
Sie hat mir Schmach erzeigt und Spott und Haß
Bis zu der Kränkung höchstem Uebermaß!
Ja, allen Glauben übersteigt der Schimpf,
Den sie mir heut so schamlos angethan.
Herzog. Entdeck' ihn mir, du sollst gerecht mich finden.

Antipholus v. E. Heut, großer Fürst, schloß sie das Haus mir zu,
Indes sie mit Gesindel drinnen schmauste.
Herzog. Ein schwer Vergehn! Frau, hast du das gethan?
Adriana. Nein, edler Herr! Ich, er und meine Schwester,
Wir aßen heut zusammen; ich will sterben,
Wenn das nicht falsch ist, wes er mich beschuldigt.
Luciana. Nie will ich sehn den Tag, noch ruhn die Nacht,
Sagt sie Euch schlichte Wahrheit nicht, mein Fürst.
Angelo. O falsche Weiber! Beide schwören Meineid;
Denn hierin klagt der Tolle ganz mit Recht.
Antipholus v. E. Mein Fürst, ich weiß genau, was ich Euch sage;
Nicht bin ich durch des Weines Glut verstört,
Noch wild im Kopf durch heft'gen Zorn gereizt;
Obgleich so großer Schimpf auch Weisre thörte.
Dies Weib da schloß mich aus vom Mittagsmahl;
Der Goldschmied, stünd' er nicht mit ihr im Bund,
Könnt' es bezeugen; denn er war dabei
Und ging dann, eine Kette mir zu holen,
Die er versprach, ins Stachelschwein zu bringen,
Wo Balthasar und ich zusammen aßen.
Als wir gespeist und er nicht wiederkam,
Sucht' ich ihn auf; ich traf ihn auf der Straße
Und in Gesellschaft jenes andern Herrn.
Hier schwur der tück'sche Goldschmied hoch und teuer,
Daß ich indes die Kette schon empfangen,
Die ich, Gott weiß! noch nie gesehn; deshalb
Ließ er durch einen Häscher mich verhaften.
Ich schwieg und sandte meinen Burschen heim
Nach barem Geld, allein er brachte nichts;
Drauf redet' ich dem Häscher freundlich zu,
Mich selber zu begleiten in mein Haus.
Da traf ich unterwegs
Mein Weib, die Schwester und ein ganzes Pack
Von mitverschwornem Volk! Mit diesen war
Ein Meister Zwick, ein blasser Hungerleider,
Ein wahres Beingeripp', ein Charlatan,
Ein Taschenspieler, schäb'ger Glücksprophet,
Ein Wicht, hohläugiger Schmalhans, so ein Schlucker,
Ein wandelndes Skelett. Und dieser Unhold,
Ei denkt doch! spielte den Beschwörer nun,
Sah mir ins Auge, fühlte mir den Puls,
Rief geisterbleich, ich sei von Geistern selbst
Und bösem Spuk besessen; — darauf fiel
Der Schwarm mich an, band mich und riß mich fort,
Und in ein finstres dumpfes Loch des Hauses

Warf man uns beide, mich und ihn, gebunden;
Bis mit den Zähnen ich das Band zernagend
In Freiheit kam und augenblicks hierher
Zu Eurer Hoheit lief. Nun fleh' ich Euch,
Mir völlige Vergeltung zu gewähren
Für diese Kränkung und unwürd'ge Schmach.
Angelo. Mein Fürst, fürwahr, so weit bezeug' ich's ihm:
Er speiste nicht zu Haus, man sperrt' ihn aus.
Herzog. Doch, gabst du ihm die Kette oder nicht?
Angelo. Ich gab sie ihm; und als er hier hineinlief,
Sahn alle noch die Kett' an seinem Hals.
Kaufmann. Und ich kann schwören: Meine eignen Ohren
Hörten Euch eingestehn der Kett' Empfang,
Nachdem Ihr's auf dem Markt erst abgeleugnet.
Und deshalb zog ich gegen Euch den Degen.
Darauf verbargt Ihr Euch in der Abtei,
Aus der Ihr, scheint mir's, durch ein Wunder kamt.
Antipholus v. E. Niemals betrat ich diesen Klosterhof,
Noch zogst du je den Degen gegen mich!
Die Kette sah ich nie. So helf' mir Gott,
Wie alles falsch ist, des Ihr mich beschuldigt!
Herzog. Ei, was ist dies für ein verwirrter Handel!
Ich glaub', ihr alle trankt aus Kirkes Becher.
Verschloßt ihr ihn im Kloster, wär' er drin;
Wär' er verrückt, er spräche nicht so ruhig.
Ihr sagt, er aß daheim; der Goldschmied hier
Spricht dem entgegen. — Bursche, was sagst du?
Dromio v. E. Mein Fürst, er aß mit der im Stachelschwein.
Courtisane. Er that's und riß vom Finger mir den Ring.
Antipholus v. E. 's ist wahr, mein Fürst, ich hab' den Ring
von ihr.
Herzog. Sahst du's mit an, wie er ins Kloster ging?
Courtisane. Ja, Herr, so wahr ich hier Eu'r Hoheit sehe.
Herzog. Nun, das ist seltsam! Ruft mir die Aebtissin;
Ihr alle seid verwirrt, wo nicht verrückt!

(Einer von des Herzogs Gefolge geht in die Abtei.)

Aegeon. Erhabner Herzog, gönnt mir jetzt ein Wort.
Ich fand zum Glück den Freund, der mich erlöst
Und zahlt die Summe, die mir Freiheit schafft.
Herzog. Sprich offen, Syrakuser, was du willst.
Aegeon. Herr, ist Eu'r Name nicht Antipholus?
Heißt dieser Sklav', an Euren Dienst gebunden,
Nicht Dromio?
Dromio v. E. Ja gewiß, ich war gebunden;

Allein, gottlob, er biß das Band entzwei;
Nun bin ich Dromio, sein entbundner Diener.
Aegeon. Ich weiß, ihr beid' erinnert euch noch mein!
Dromio v. S. An uns sind wir durch Euch erinnert, Herr;
Denn jüngst noch waren wir gleich Euch gebunden.
Hat Zwick Euch in der Kur? Ich will nicht hoffen!
Aegeon. Was thut Ihr denn so fremd? Ihr kennt mich wohl!
Antipholus v. S. Ich sah Euch nie im Leben, Herr, bis jetzt.
Aegeon. O! Gram hat mich gewelkt, seit Ihr mich saht,
Und Sorg' und die entstell'nde Hand der Zeit
Schrieb fremde Furchen in mein Angesicht.
Doch sag mir, kennst du meine Stimme nicht?
Antipholus v. S. Auch diese nicht.
Aegeon. Du auch nicht, Dromio?
Dromio v. S. Nein, in der That nicht, Herr.
Aegeon. Ich weiß, du kennst sie!
Dromio v. S. Ich, Herr? Ich weiß gewiß, ich kenn' Euch nicht;
und was ein Mensch auch immer leugnen mag, Ihr seid verbunden, ihm jetzt zu glauben.
Aegeon. Auch nicht die Stimm'? O grausam harte Zeit!
Lähmst und entnervst du so die arme Zunge
In sieben kurzen Jahren, daß mein Sohn
Nicht meines Grams verstimmten Laut mehr kennt?
Ward gleich mein runzlig Angesicht umhüllt
Von flock'gem Schnee des saftverzehrenden Winters,
Erstarrten gleich die Adern meines Bluts:
Doch blieb Erinnrung noch der Nacht des Lebens,
Ein matter Schein den fast erloschnen Leuchten,
Und schwacher Laut dem halbertaubten Ohre.
Und all die alten Zeugen trügen nicht
Und nennen dich mein Kind Antipholus!
Antipholus v. S. Nie sah ich meinen Vater, seit ich lebe!
Aegeon. Du weißt doch, Sohn, es sind jetzt sieben Jahr,
Seit du wegzogst von Syrakus; vielleicht
Schämst du dich, mich im Elend zu erkennen?
Antipholus v. S. Der Herzog und wer in der Stadt mich kennt,
Kann mir bestät'gen, daß es nicht so ist;
Nie sah ich Syrakus in meinem Leben.
Herzog. Ich sag' dir, Syrakuser, zwanzig Jahr
Lebt unter meinem Schutz Antipholus
Und war seitdem noch nie in Syrakus;
Dich macht Gefahr und Alter, scheint mir, kindisch.

Fünfter Aufzug. 1. Szene.

Die Aebtissin kommt mit Antipholus von Syrakus und Dromio von Syrakus.

Aebtissin. Mein Fürst, viel Unrecht that man diesem Mann.
(Alle drängen sich, sie zu sehen.)
Adriana. Zwei Gatten seh' ich, täuscht mich nicht mein Auge!
Herzog. Der eine ist des andern Genius;
Und so bei diesen. Wer ist echter Mensch?
Und wer Erscheinung? Wer entziffert sie?
Dromio v. S. Ich, Herr, bin Dromio; heißt mir diesen gehn.
Dromio v. E. Ich, Herr, bin Dromio; bitt' Euch, laßt mich stehn.
Antipholus v. S. Seh' ich Aegeon oder seinen Geist?
Dromio v. S. Mein alter Herr! Wer hat Euch hier gebunden?
Aebtissin. Wer ihn auch band, die Bande lös' ich jetzt,
Und seine Freiheit schafft mir einen Gatten.
Sprich, Greis Aegeon, wenn du's selber bist,
Der einst Aemilia seine Gattin nannte,
Die dir ein schönes Zwillingspaar geschenkt.
O, wenn du der Aegeon bist, so sprich,
Und sprich zu ihr, der nämlichen Aemilia!
Aegeon. Wenn alles dies kein Traum, bist du Aemilia;
Und wenn du's bist, so sprich, wo ist der Sohn,
Der mit dir schwamm auf jenem leid'gen Floß?
Aebtissin. Von Epidamnern wurden er und ich
Mitsamt dem Zwilling Dromio aufgefangen;
Dann kamen rohe Fischer aus Korinth,
Die meinen Sohn und Dromio mir entführt
Und mich den Epidamner Schiffern ließen.
Was drauf aus ihnen wurde, weiß ich nicht;
Mir fiel das Los, in dem Ihr jetzt mich seht.
Herzog. Das paßt ja zu der Mär von heute morgen!
Die zwei Antipholus, so täuschend gleich,
Und die zwei Dromio, eins dem Ansehn nach,
Dazu der Schiffbruch, dessen sie gedenkt!
Dies sind die Eltern dieser beiden Söhne,
Die sich durch Zufall endlich wiederfinden.
Antipholus, du kamst ja von Korinth?
Antipholus v. S. Nein, Herr, ich nicht; ich kam von Syrakus.
Herzog. Tritt auf die Seit'; ich unterscheid' euch nicht.
Antipholus v. E. Ich war's, der von Korinth kam, gnäd'ger Herr.
Dromio v. E. Und ich mit ihm.
Antipholus v. E. Hierher geführt vom Herzog Menaphon,
Dem tapfern Helden, Eurem würd'gen Ohm.
Adriana. Wer von euch beiden speiste heut bei mir?
Antipholus v. S. Ich, werte Frau.
Adriana. Und seid Ihr nicht mein Mann?

Antipholus v. E. Nicht doch! Da thu' ich Einspruch.
Antipholus v. S. Das thu' ich auch, obgleich Ihr mich so nanntet,
Und dieses schöne Fräulein, Eure Schwester,
Mich Bruder hieß. Was ich Euch da gesagt,
Das hoff' ich alles bald noch einzulösen,
Wenn nur kein Traum ist, was ich jetzt erlebt.
Angelo. Das ist die Kette, Herr, die ich Euch gab.
Antipholus v. S. Ich will's Euch glauben, Herr; ich leugn' es nicht.
Antipholus v. E. Und Ihr, Herr, nahmt mich fest um diese Kette.
Angelo. Ich glaub', ich that es, Herr; ich leugn' es nicht.
Adriana. Ich hatt' Euch Gold geschickt, Euch loszukaufen,
Durch Dromio; doch ich glaub', er bracht' es nicht.
Dromio v. E. Nein, nichts durch mich.
Antipholus v. S. Die Börse mit Dukaten kam an mich,
Und Dromio, mein Diener, gab sie mir;
Ich seh', wir trafen stets des andern Diener,
Und mich hielt man für ihn, wie ihn für mich.
Daraus entstanden diese Irrungen.
Antipholus v. E. Mit diesem Gold erlös' ich meinen Vater.
Herzog. Es thut nicht not; dein Vater bleibt am Leben.
Courtisane. Herr, meinen Diamant gebt mir zurück!
Antipholus v. E. Nehmt ihn, und vielen Dank für Eure Mahlzeit.
Aebtissin. Erhabner Fürst, geruht Euch zu bemühn,
Mit uns in die Abtei hineinzugehn
Und unser ganzes Schicksal zu vernehmen.
Und alle, die ihr hier versammelt seid,
Ihr Leidgenossen all an dieser Irrung
Des Einen Tags, Gesellschaft leistet uns,
Und wir versprechen euch genug zu thun!
Ja, dreiunddreißig Jahr lag ich in Wehn
Mit euch, ihr Söhn', und erst in dieser Stunde
Genas ich froh von meiner schweren Bürde.
Der Fürst, mein Gatte, meine beiden Kinder,
Ihr, die Kalender ihrem Wiegenfeste,
Kommt mit hinein, wir feiern's heut aufs beste.
So eilt nach langem Gram zum Wiegenfeste!
Herzog. Gern wieg' ich mich mit euch in Festeslust.
(Alle gehen ab; es bleiben die beiden Antipholus und die beiden Dromio.)
Dromio v. S. Herr, hol' ich Eure Waren aus dem Schiff?
Antipholus v. E. Ei, Dromio, was für Waren hab' ich dort?
Dromio v. S. Das Gut, das im Centauren war gelagert!
Antipholus v. S. Er spricht zu mir; ich, Dromio, bin dein Herr.
Komm, geh mit uns; das wird hernach besorgt;
Umarmt den Bruder jetzt und freu dich sein.
(Die beiden Antipholus gehen ab.)

Dromio v. S. Die dicke Schönheit dort bei deinem Herrn,
Die heut zum Küchentisch mich kommandiert,
Wird meine Schwester nun, nicht meine Frau?
Dromio v. E. Mich dünkt, du bist mein Spiegel, nicht mein Bruder.
Ich seh' an dir, ich bin ein hübscher Bursch.
Sag, kommst du mit hinein zum Patenschmaus?
Dromio v. S. Ich nicht; du bist der älteste.
Dromio v. E. Das fragt sich noch; wie führst du den Beweis?
Dromio v. S. Wir wollen Halme ziehn ums Seniorat;
Bis dahin geh voran.
Dromio v. E. Nein, sei's denn so:
Als Bruder und Bruder sah man uns ein in das Leben wandern;
Drum laß uns Hand in Hand auch gehn, nicht einer vor dem
andern.

(Sie gehen ab.)

Die beiden Veroneser.

Uebersetzt von

Ludwig Tieck.

[Dorothea Tieck.]

Personen.

Der Herzog von Mailand, Silvias Vater.
Valentin, } zwei junge Veroneser.
Proteus,
Antonio, Vater des Proteus.
Thurio, Nebenbuhler des Valentin.
Eglamour.
Flink, Diener des Valentin.
Lanz, Diener des Proteus.
Panthino, Diener des Antonio.
Ein Wirt.
Räuber.
Julia, eine edle Veroneserin.
Silvia, des Herzogs Tochter.
Lucetta, Kammermädchen der Julia.
Diener. Musikanten.

Das Stück spielt zum Teil in Verona, zum Teil in Mailand, zum Teil an der Grenze von Mantua.

Erster Aufzug.

1. Szene.

Platz in Verona.

Valentin und Proteus treten auf.

Valentin. Hör, teurer Proteus, auf, mir zuzureden;
Wer stets zu Haus bleibt, hat nur Witz fürs Haus.
Wenn Neigung nicht dein junges Herz gefesselt
Den süßen Augenwinken deiner Schönen,
Bät' ich dich eh'r, du möchtest mich begleiten,
Die Wunder fremder Länder zu beschaun,
Anstatt daheim im dumpfen Traum die Jugend
In thatenloser Muße zu vernutzen.

Doch da du liebst, so lieb', und mit Gedeihn,
Und lieb' ich einst, sei gleicher Segen mein.
Proteus. Du gehst? Mein liebster Valentin, fahr wohl!
Denk deines Proteus, wenn du Ding' erblickst,
Die schön und merkenswert, auf deinen Reisen;
Wünsch mich zu dir, dein Glück mit dir zu teilen,
Wenn Gutes dir begegnet; in Gefahr,
Wenn jemals dich Gefahr umringt, empfiehl
Dein Drangsal meinem heiligen Gebet.
Denn Fürsprech, Valentin, will ich dir sein.
Valentin. Und bet'st aus einem Liebesbuch für mich.
Proteus. Ja wohl, aus einem Buche, das ich liebe.
Valentin. Das ist von tiefer Lieb' ein seichtes Märchen,
Wie durch den Hellespont Leander schwamm.
Proteus. Das ist ein tiefes Märchen tiefrer Liebe;
Die Liebe ging ihm ja bis an den Hals.
Valentin. Ueber die Ohren bist du drin versenkt,
Und hast doch nie den Hellespont durchschwommen.
Proteus. Verschone mich mit diesem Ohrenschmaus.
Valentin. Lieh'st du dein Ohr mir, gäbst du's auf.
Proteus. Was denn?
Valentin. Zu lieben, wo du Spott für Seufzer erntest,
Spröde Blicke für herzbeklemmtes Sehnen
Und einen flücht'gen Augenblick der Lust
Für zwanzig müd durchwachter Nächte Qual.
Gewonnen, ist's vielleicht ein schlimmes Gut;
Verloren, ist doch schwere Müh' gewonnen.
Und immer ist's durch Witz errungne Thorheit:
Wo nicht, ist's Witz, durch Thorheit überwältigt.
Proteus. Geht es nach dir, so nennst du mich 'nen Thoren.
Valentin. Und geht's nach dir, fürcht' ich, du wirst es sein.
Proteus. Du höhnst die Lieb'; ich bin nicht Liebe, nein.
Valentin. Lieb' ist dein Meister; denn sie meistert dich.
Und der, den eine Närrin spannt ins Joch,
Den kann man nicht ins Buch der Weisen schreiben.
Proteus. Doch liest man, so wie in der zartsten Knospe
Die Raupe nagend wohnt, so nagend wohne
Die Liebe in dem allerfeinsten Sinn.
Valentin. Auch sagt das Buch, so wie die frühste Knospe
Vom Wurm zernagt wird, eh' sie aufgeblüht,
So wandl' auch jungen, zarten Sinn die Liebe
In Thorheit, daß vergiftet wird die Knospe,
Daß in der Blüte schon das Grün verwelkt
Und jeder künft'gen Hoffnung schöner Schein.
Doch was verschwend' ich Zeit, um dir zu raten,

Dem Priester schwärmerischen Liebeswahns?
Nochmals, leb' wohl! Es wartet auf der Reede
Mein Vater, um mich eingeschifft zu sehn.
Proteus. Ich will dich hinbegleiten, Valentin.
Valentin. Mein Proteus, nein. Jetzt laß uns Abschied nehmen.
Nach Mailand laß durch Briefe mich erfahren
Von deiner Liebe Glück, und was sonst Neues
Sich hier ereignet, während fern dein Freund;
So werd' auch ich dich schriftlich oft besuchen.
Proteus. Begegne dir zu Mailand alles Glück!
Valentin. Nicht minder dir daheim! und so, leb' wohl!
(Valentin geht ab.)
Proteus. Er jagt der Ehre nach, und ich der Liebe,
Läßt Freund', um ihrer würdiger zu werden;
Mich, Freund' und alles lass' ich für die Liebe.
Du, süße Julia, du hast mich verwandelt;
Verhaßt ist Wissenschaft, die Zeit verlier' ich,
Trotz biet' ich gutem Rat, die Welt nichts achtend;
Krank ist mein trüber Sinn, in Leid verschmachtend.

Flink tritt auf.

Flink. Gegrüßt, Herr Proteus, saht Ihr meinen Herrn?
Proteus. Soeben schifft er sich nach Mailand ein.
Flink. So mußten sie so bald ins Schiff ihn schaffen?
Dann bin ich eins von den verlornen Schafen.
Proteus. Ja; leicht verirrt ein armes Schäfchen sich,
Sobald der Schäfer von der Herde wich.
Flink. Ihr schließt, daß mein Herr ein Schäfer ist, und ich eins
von den Schafen?
Proteus. Das thu' ich.
Flink. So sind meine Hörner die seinen, mag ich wachen oder
schlafen.
Proteus. Eine einfält'ge Antwort, so ziemt sie den Schafen.
Flink. Dies macht mich alles zu einem Schaf.
Proteus. Sicherlich; und deinen Herrn zum Schäfer.
Flink. Nein, das kann ich durch einen Beweis widerlegen.
Proteus. Es müßte mit seltsamen Dingen zugehen, wenn ich nicht das Gegenteil beweise.
Flink. Der Schäfer sucht das Schaf, und nicht das Schaf den Schäfer; aber ich suche meinen Herrn, und mein Herr nicht mich; deswegen bin ich kein Schaf.
Proteus. Das Schaf folgt des Futters halb dem Schäfer, der Schäfer nicht der Speise halb dem Schaf. Du folgst des Lohnes halb deinem Herrn, dein Herr nicht des Lohnes wegen dir; deshalb bist du ein Schaf.

Erster Aufzug. 1. Szene.

Flink. Nur noch einen solchen Beweis, und ich muß schreien: Bä!
Proteus. Doch höre, Freund, gabst du den Brief an Julia?
Flink. Ja, Herr! Ich, ein verdutztes Lamm, gab ihr, dem geputzten Lamm, Euren Brief; und sie, das geputzte Lamm, gab mir, dem verdutzten Lamm, nichts für meine Mühe.
Proteus. Welch eine Menge Lämmer! Sage mir, was die alle von mir wollen.
Flink. Ist's Euch um Wolle zu thun, so müßt Ihr sie scheren.
Proteus. Ja, dich will ich scheren.
Flink. Nein, mir solltet Ihr lieber etwas bescheren für mein Brieftragen.
Proteus. Du irrst; ich meinte, ich wollte dich scheren.
Flink. Ach! scheren statt bescheren. (Geht, laßt mich ungeschoren. Ich trag' Euch keinen Brief mehr, ist so die Müh' verloren.
Proteus. Nun, was sagte sie? Merktest du, ob meine Worte sie zu gewinnen taugen?
Flink. Nichts.
Proteus. Taugen, nichts? Ei, das ist Taugenichts.
Flink. Ihr versteht falsch, Herr; ich sage nur, ich merkte nichts, ob Eure Worte für sie taugen.
Proteus. Nun, zusammengesetzt ist das: Taugenichts.
Flink. Ihr habt Euch die Mühe gegeben, es zusammenzusetzen, so nehmt es denn für Eure Mühe.
Proteus. Nein, du sollst es dafür haben, daß du meinen Brief hingetragen hast.
Flink. Gut, ich sehe wohl, daß ich geduldig sein muß, um Euch zu ertragen.
Proteus. Nun, was hast du denn von mir zu ertragen?
Flink. Wahrhaftig, Herr, ich trug den Brief sehr ordentlich, und habe doch nichts als das Wort Taugenichts für meine Mühe davongetragen.
Proteus. Ei, du hast einen behenden Witz.
Flink. Und doch kann er Eure langsame Börse nicht einholen.
Proteus. Nun, mach fort. Was sagte sie? Heraus mit deiner Botschaft.
Flink. Heraus mit Eurer Börse, damit Lohn und Botschaft zugleich überliefert werden.
Proteus. Gut, hier ist für deine Mühe. (Gibt ihm Geld.) Was sagte sie?
Flink. Mein Seel, Herr, ich glaube, Ihr werdet sie schwerlich gewinnen.
Proteus. Warum? Konntest du so viel aus ihr herausbringen?
Flink. Herr, ich konnte durchaus nichts aus ihr herausbringen, nicht einmal einen Dukaten für die Ueberlieferung Eures Briefes. Und da sie so hart war gegen mich, der ich als

Dolmetsch Eurer Gefühle kam, so fürchte ich, daß sie eben so hart gegen Euch sein wird, wenn Ihr Eure Gefühle selbst aussprecht. Gebt ihr kein Liebespfand als Steine, denn sie ist so hart wie Stahl.

Proteus. Wie? Sagte sie nichts?

Flink. Nein, nicht einmal: Nimm das für deine Mühe. Ihr werdet mir nie gleichgültig sein, denn Ihr habt mich gleich um einige Gulden reicher gemacht; zum Dank dafür tragt künftig Eure Briefe selbst. Und so will ich Euch meinem Herrn empfehlen. (Geht ab.)

Proteus. Geh, geh, vor Schiffbruch euer Schiff zu hüten;
Es kann nicht scheitern, hat es dich an Bord.
Du bist bestimmt zu trocknem Tod am Lande.
Ich muß schon einen bessern Boten senden;
Nicht achtet, fürcht' ich, Julia meiner Zeilen,
Wenn sie aus beßrer Hand sie nicht empfängt. (Geht ab.)

2. Szene.

Ebendaselbst. Juliens Garten.

Julia und Lucetta treten auf.

Julia. Doch sprich, Lucetta, denn wir sind allein,
Du rätst, ich soll mein Herz der Lieb' eröffnen?

Lucetta. Ja, Fräulein; schließt Ihr's der Vernunft nicht zu.

Julia. Von all den edlen Herrn, die mich besuchen,
Die im gesell'gen Kreis ich täglich sehe,
Wer scheint am meisten dir der Liebe wert?

Lucetta. Ich bitt' Euch, nennt sie mir, so sag' ich Euch
Nach schwacher, schlichter Einsicht meine Meinung.

Julia. Wie denkst du von dem schönen Eglamour?

Lucetta. Er ist ein Ritter, wohlberedt und fein;
Doch wär' ich Ihr, er würde nimmer mein.

Julia. Wie denkst du von dem reichen Herrn Mercatio?

Lucetta. Von seinem Reichtum gut, von ihm so so.

Julia. Nun sprich, wie du vom edlen Proteus denkst.

Lucetta. O Thorheit, wie du uns so ganz befängst!

Julia. Was ficht dich an, wird Proteus nur genannt?

Lucetta. Verzeiht, die Scham ist's, die mich übermannt.
Glaubt Ihr, daß ich Unwürd'ge schätzen kann
Solch anmutvollen, edlen, jungen Mann?

Julia. Warum nicht Proteus, wie die andern Gäste?

Lucetta. Nun denn, von Guten scheint er mir der beste.

Julia. Dein Grund?

Erster Aufzug. 2. Szene.

Lucetta. Kein andrer ist's, als eines Weibes Grund;
Er scheint mir so, nur weil er mir so scheint.
Julia. So rätst du, meine Lieb' auf ihn zu werfen?
Lucetta. Ja, glaubt Ihr nicht die Liebe weggeworfen.
Julia. Er nur allein sprach mir von Liebe nie.
Lucetta. Und doch, glaubt's, liebt er inn'ger Euch als alle.
Julia. Er spricht fast nie, das ist nicht Leidenschaft.
Lucetta. Verdecktes Feuer brennt mit größrer Kraft.
Julia. Nicht liebt, wer seine Liebe stets verschweigt.
Lucetta. Noch wen'ger, wer vor andern stets sie zeigt.
Julia. O! wüßt' ich, wie er denkt!
Lucetta. Lest, Fräulein, dies Papier.
Julia. An Julia. Sprich, von wem?
Lucetta. Der Inhalt sagt es Euch.
Julia. Doch sprich; wer gab es dir?
Lucetta. Der Page Valentins, den Proteus schickte;
Euch wollt' er's geben selbst, doch ich kam ihm entgegen,
Empfing's an Eurer Statt; verzeiht, war ich vermessen.
Julia. Bei meiner Sittsamkeit! Du Kupplerin!
Wagst du es, lose Zeilen aufzunehmen?
Planst heimlichen Verrat an meiner Jugend?
Nun, auf mein Wort, das ist ein ehrbar Amt,
Und du Beamter schicklich für die Würde.
Da nimm das Blatt, laß es ihm wiedergeben;
Sonst kommt du nie vor meine Augen wieder.
Lucetta. Der Liebe Dienst soll Lohn, nicht Haß gewinnen.
Julia. So gehst du nicht?
Lucetta. Nun könnt Ihr Euch besinnen.
(Lucetta geht ab.)

Julia. Und doch — hätt' ich den Brief nur durchgelesen!
Doch Schande wär's, sie wieder herzurufen,
Erbitten, was ich als Verbrechen schalt.
Die Närrin! weiß, daß ich ein Mädchen bin,
Und zwingt mich nicht, daß ich den Brief erbreche.
Nein sagt ein Mädchen, weil's die Sitte will,
Und wünscht, daß es der Frager deut' als ja.
Pfui! wie verkehrt ist diese thörichte Liebe!
Ein wildes Kindchen kratzt sie erst die Amme
Und küßt in Demut gleich darauf die Rute!
Wie ungestüm schalt ich Lucetta fort,
Da ich so gern sie hier behalten hätte!
Wie zornig lehrt' ich meine Stirn sich falten,
Da innre Lust mein Herz zum Lächeln zwang!
Die Strafe sei, daß ich Lucetta rufe

Und meine Thorheit zu verzeihen bitte.
Heda! Lucetta!

Lucetta kommt zurück.

Lucetta. Was befiehlt Euer Gnaden?
Julia. Ist noch nicht Essenszeit?
Lucetta. Ich wollt', es wäre;
Dann kühltet Ihr den Zorn an Eurer Mahlzeit,
Statt an der Dienerin.
Julia. Was nimmst du auf
So sorgsam?
Lucetta. Nichts.
Julia. Weshalb denn bückst du dich?
Lucetta. Ich nahm ein Blatt auf, das ich fallen ließ.
Julia. Und ist das Blatt denn nichts?
Lucetta. Nichts, das mich angeht.
Julia. Dann laß für die es liegen, die es angeht.
Lucetta. Es wird für die nicht lügen, die es angeht,
Wenn es nicht irgend einer falsch erklärt.
Julia. Es schrieb dir ein Verehrer wohl in Versen?
Lucetta. Um es nach einer Melodie zu singen.
Setzt Ihr es doch; Ihr kennt die edle Kunst.
Julia. Nicht, an unedlen Tand sie zu verschwenden;
Drum sing' es zu dem Ton leichtsinn'ge Liebe.
Lucetta. Es ist zu schwer für solchen leichten Ton.
Julia. Zu schwer? So ist es wohl vielstimm'ger Satz?
Lucetta. Es ist melodisch nur, singt Ihr's allein.
Julia. Warum nicht du?
Lucetta. Es ist für mich zu hoch.
Julia. Zeig her dein Lied! — Ha, Recke, was ist das?
Lucetta. Nein, bleibt im Ton, wollt Ihr's zu Ende singen;
Und doch gefällt mir dieser Ton nicht recht.
Julia. Weshalb denn nicht?
Lucetta. Er ist zu schneidend, Fräulein.
Julia. Du bist zu vorlaut.
Lucetta. Nein, nun wird es matt;
Einstimm'ges Lied hat keine Harmonie;
Die Mittelstimme fehlt.
Julia. Die heisre Stimme
Der Mittlerin zerstört die Harmonie.
Lucetta. Proteus bedarf wohl der Vermittlung nicht.
Julia. Nicht länger soll mich dies Geschwätz beläst'gen.
Das nimmt kein Ende mit den Liebesschwüren!

(Sie zerreißt den Brief.)

Geh, mach dich fort! Laß die Papiere liegen;
Du hätt'st sie gern in Händen, mich zu ärgern.
Lucetta. Sie stellt sich spröd, und doch wär's ihr am liebsten,
Wenn sie ein zweiter Brief so ärgerte. (Geht ab.)
Julia. Nein; könnte mich derselbe Brief nur ärgern!
Haßvolle Hände, Liebesschrift zerreißt ihr?
Mordsücht'ge Wespen, saugt des Honigs Süße
Und stecht zu Tod die Biene, die ihn gab?
Zur Sühne küss' ich jedes Stück Papier.
Sieh — güt'ge Julia — hier, ungüt'ge Julia!
Und so, um deinen Undank zu bestrafen,
Werf' ich den Namen auf den harten Stein
Und tret' mit Füßen deinen spröden Trotz.
O, sieh, hier steht — der liebeswunde Proteus —
O, Armer du! Mein Busen, wie ein Bett,
Herberge dich, bis ganz die Wunde genesen,
In die heilkräft'gen Kusses Sond' ich senke.
Doch zwei-, dreimal stand Proteus hier geschrieben!
Still, guter Wind, entführe mir kein Stückchen,
Bis jedes Wort des Briefs ich wieder fand.
Nur meinen Namen nicht; den trag' ein Sturm
Zum Zackenfels, der graus ins Meer hinausragt,
Und schleudr' ihn in die wilde See hinab!
Sieh, zweimal hier sein Nam' in einer Zeile —
Der arme Proteus, Proteus, gramverloren —
Der süßen Julia! — Nein, das reiß' ich ab;
Doch will ich's nicht, da er so allerliebst
Ihn paart mit seinem schwermutvollen Namen.
So will ich einen auf den andern falten;
Nun küßt, umarmt euch, zankt, thut, was ihr wollt.

Lucetta kommt zurück.

Lucetta. Fräulein, zur Mahlzeit, Euer Vater wartet.
Julia. Gut, gehn wir.
Lucetta. Wie, laßt Ihr die Papier' als Schwätzer liegen?
Julia. Hältst du sie wert, so nimm sie auch nur auf.
Lucetta. Schlecht nahmt Ihr's auf, da ich sie niederlegte;
Doch soll'n sie fort, daß sie sich nicht erkälten.
Julia. Ich seh', du hast zu ihnen ein Gelüst.
Lucetta. Ja, sagt nur immer, was Ihr meint zu sehn;
Auch ich seh' klar, denkt Ihr schon, ich sei blind.
Julia. Komm, komm! Beliebt's, hineinzugehn? (Sie gehen ab.)

3. Szene.

Ebendaselbst. Zimmer in Antonios Haus.

Antonio und Panthino treten auf.

Antonio. Panthino, sprich, mit welcher ernsten Rede
Hielt dich mein Bruder in dem Kreuzgang auf?
Panthino. Von Proteus, seinem Neffen, Eurem Sohn.
Antonio. Doch was von ihm?
Panthino. Ihn wundert, daß Eu'r Gnaden
Daheim ihn seine Jugend läßt verbringen,
Da mancher, der geringer ist als Ihr,
Den Sohn auf Reisen schickt, sich auszuzeichnen;
Der in den Krieg, um dort sein Glück zu suchen;
Der zur Entdeckung weitentlegner Inseln;
Der zur gelehrten Universität.
Für dieser Wege jeglichen und alle,
Meint er, sei Proteus, Euer Sohn, geschickt.
Mir trug er auf, es Euch ans Herz zu legen,
Daß Ihr ihn länger nicht daheim behaltet;
Zum Vorwurf würde es dem Greis gereichen,
Hätt' er die Welt als Jüngling nicht gesehn.
Antonio. Nun, dazu darfst du mich nicht eben drängen,
Worauf ich schon seit einem Monat sinne.
Wohl hab' ich selbst den Zeitverlust erwogen,
Und wie er ein vollkommner Mann nicht ist,
Eh' ihn die Welt erzogen und geprüft.
Erfahrung wird durch Fleiß und Müh' erlangt
Und durch den raschen Lauf der Zeit gereift;
Doch sprich, wohin ich ihn am besten sende?
Panthino. Ich denk', Eu'r Gnaden ist nicht unbekannt,
Wie jetzt sein Freund, der junge Valentin,
Am Hof dem Kaiser seine Dienste widmet.
Antonio. Ich weiß es wohl.
Panthino. Ich mein', Eu'r Gnaden sollt' ihn dahin senden.
Dort übt er sich im Stechen und Turnieren,
Hört sein Gespräch, bekannt wird er dem Adel,
Und so wird jede Uebung ihm geläufig,
Die seiner Jugend ziemt und seinem Rang.
Antonio. Dein Rat gefällt mir, wohl hast du's erwogen;
Und, daß du siehst, wie sehr er mir gefällt,
Soll's deutlich dir durch die Vollstreckung werden.
So will ich mit der allerschnellsten Eile
Alsbald ihn schicken an des Kaisers Hof.

Panthino. Vernehmt, daß morgen Don Alfonso reist,
Mit andern angesehnen jungen Herrn,
Dem Kaiser ihre Huldigung zu bringen
Und ihren Dienst dem Herrscher anzubieten.
Antonio. In der Gesellschaft soll auch Proteus reisen;
Und, grade recht — jetzt will ich's ihm verkünden.

Proteus tritt auf.

Proteus. O süße Lieb'! o süße Zeilen! süßes Leben!
Ja, hier ist ihre Hand, des Herzens Bote;
Hier ist ihr Liebesschwur, der Ehre Pfand.
O, daß die Väter unsern Liebesbund
Und unser Glück durch ihren Beifall krönten!
O, Engel! Julia!
Antonio. Was ist das für ein Brief, den du da liest?
Proteus. Mein gnäd'ger Vater, wen'ge Zeilen nur,
In denen Valentin sich mir empfiehlt,
Und die ein Freund mir bringt, der ihn gesprochen.
Antonio. Gib mir den Brief; laß sehn, was er enthält.
Proteus. Durchaus nichts Neues, Herr; er schreibt mir nur,
Wie glücklich er dort lebt, wie sehr geliebt
Und täglich wachsend in des Kaisers Gnade;
Er wünscht mich hin, sein Glück mit ihm zu teilen.
Antonio. Und fühlst du seinem Wunsche dich geneigt?
Proteus. Herr, Eurem Willen bin ich unterthan,
Und nicht darf mir des Freundes Wunsch gebieten.
Antonio. Mein Wille trifft mit seinem Wunsch zusammen;
Sei nicht erstaunt, daß ich so schnell verfahre;
Denn was ich will, das will ich, kurz und gut.
Beschlossen ist es, daß du ein'ge Zeit
Mit Valentin am Hof des Kaisers lebst;
Was ihm zum Unterhalt die Seinen geben,
Die gleiche Summe setz' auch ich dir aus.
Auf morgen halt' dich fertig abzugehn;
Kein Einwand gilt, unwiderruflich bleibt's.
Proteus. Herr, nicht so schnell ist alles vorbereitet;
Nur ein, zwei Tage, überlegt's Euch, bitt' ich.
Antonio. Ei, was du brauchst, das schicken wir dir nach.
Kein längres Zögern, morgen mußt du fort.
Panthino, komm; du sollst mir Hilfe leisten,
Um eiligst seine Reise zu befördern.
(Antonio und Panthino gehen ab.)
Proteus. Das Feuer floh ich so, mich nicht zu brennen,
Und stürzte mich ins Meer, wo ich ertrinke;
Dem Vater wollt' ich Julias Brief nicht zeigen,

Aus Furcht, er könne meine Liebe hindern;
Jetzt muß ihm meine Weigrung dazu dienen,
Das stärkste Hindernis ihr vorzuschieben.
O, daß der Liebe Frühling, immer wechselnd,
Gleich des Apriltags Herrlichkeit uns funkelt;
Er zeigt die Sonn' in ihrer vollen Pracht,
Bis plötzlich eine Wolk' ihr Licht verdunkelt!

Panthino kommt zurück.

Panthino. Herr Proteus, Euer Vater ruft nach Euch;
Er ist sehr eilig, bitte, folgt mir gleich.
Proteus. Mein Herz ergibt sich, denn es muß ja sein;
Doch ruft es tausendmal mit Schmerzen, nein!

(Sie gehen ab.)

Zweiter Aufzug.

1. Szene.

Palast des Herzogs in Mailand.

Valentin und Flink treten auf.

Flink. Eu'r Handschuh, Herr.
Valentin. Bin schon damit versehn.
Flink. Dacht' ich's doch gleich, er entfiel Euch aus Versehn.
Valentin. Ha! laß mich sehn! Ja, gib ihn, er ist mein.
O süßer Schmuck, der Köstliches hüllt ein!
Ach Silvia! Silvia!
Flink. Fräulein Silvia! Fräulein Silvia!
Valentin. Was soll das, Bursch?
Flink. Sie ist nicht zu errufen.
Valentin. Ei, wer heißt sie dich rufen?
Flink. Euer Gnaden, oder ich müßte es falsch verstanden haben.
Valentin. Ja, du bist immer zu voreilig.
Flink. Und doch ward ich neulich gescholten, daß ich zu langsam sei.
Valentin. Wohlan, sage mir, kennst du Fräulein Silvia?
Flink. Sie, die Euer Gnaden liebt?
Valentin. Nun, woher weißt du, daß ich liebe?
Flink. Wahrhaftig, an diesen besondern Kennzeichen: Fürs erste, habt Ihr gelernt, wie Herr Proteus, Eure Arme inein=

anber zu winden, wie ein Mißvergnügter; an einem Liebesliede
Geschmack zu finden, wie ein Rotkehlchen; allein einherzuschreiten,
wie ein Peſtkranker; zu ächzen, wie ein Schulknabe, der ſein ABC
verloren hat; zu weinen, wie eine junge Dirne, die ihre Groß=
mutter begrub; zu faſten, wie einer, der in der Hungerkur liegt;
zu wachen, wie einer, der Einbruch fürchtet; winſelnd zu reden,
wie ein Bettler am Allerheiligentage.[1] Ihr pflegtet ſonſt, wenn
Ihr lachtet, wie ein Hahn zu krähen; wenn Ihr einhergingt,
wie ein Löwe zu wandeln; wenn Ihr faſtetet, war es gleich nach
dem Eſſen; wenn Ihr finſter blicktet, war es, weil Euch Geld
fehlte. Und jetzt ſeid Ihr von Eurer Dame verwandelt, daß,
wenn ich Euch anſehe, ich Euch kaum für meinen Herrn hal=
ten kann.

Valentin. Bemerkt man alles dies in mir?

Flink. Man bemerkt das alles außer Euch.

Valentin. Außer mir? Das iſt nicht möglich.

Flink. Außer Euch? Nein, das iſt gewiß; denn außer
Euch wird kein Menſch ſo einfältig ſein. Aber Ihr ſeid ſo außer
Euch vor Thorheiten, daß dieſe Thorheiten in Euch ſind und
durchſcheinen durch Euch wie Waſſer in einem Uringlaſe, ſo daß
kein Auge Euch ſieht, das nicht gleich zum Arzt wird und Eure
Krankheit begutachtet.

Valentin. Doch, ſage mir, kennſt du Fräulein Silvia?

Flink. Die, welche Ihr ſo anſtarret, wenn ſie bei Tiſche ſitzt?

Valentin. Haſt du das bemerkt? Eben die meine ich.

Flink. Nun, Herr, ich kenne ſie nicht.

Valentin. Kennſt du ſie an meinem Anſtarren, und kennſt
ſie doch nicht?

Flink. Iſt es nicht die, die häßlich gewachſen iſt?

Valentin. Sie iſt ſchön, Burſche, und noch herrlicher ge=
wachſen.

Flink. Das weiß ich recht gut.

Valentin. Was weißt du?

Flink. Daß ſie nicht ſo ſchön iſt, und brauner als Wachs.

Valentin. Ich meine, ihre Schönheit iſt ausbündig, aber
die Herrlichkeit ihres Wuchſes unermeßlich.

Flink. Das macht, weil das eine gemalt, und das andre
nicht in Rechnung zu ſtellen iſt.

Valentin. Wie gemalt, und wie nicht in Rechnung zu ſtellen?

Flink. Nun, ſie iſt ſo gemalt, um ſie ſchön zu machen, daß
kein Menſch ihre Schönheit berechnen kann.

Valentin. Was meinſt du von mir? Ich ſtelle ihre Schön=
heit hoch in Rechnung.

Flink. Ihr ſaht ſie niemals, ſeit ſie häßlich iſt.

Valentin. Seit wann iſt ſie häßlich?

Flink. Seitdem Ihr sie liebt.
Valentin. Ich habe sie immer geliebt, seit ich sie sah, und stets noch sehe ich sie reich an Schönheit.
Flink. Wenn Ihr sie liebt, könnt Ihr sie nicht sehn.
Valentin. Warum?
Flink. Weil Liebe blind ist. O, daß Ihr meine Augen hättet; oder Eure Augen hätten die Klarheit, welche sie hatten, als Ihr den Herrn Proteus schaltet, daß er ohne Kniebänder ging.
Valentin. Was würde ich dann sehn?
Flink. Eure gegenwärtige Thorheit und ihre übergroße Häßlichkeit; denn er, weil er verliebt war, konnte nicht sehen, um sein Knieband zu schnallen; und Ihr, weil Ihr verliebt seid, könnt gar nicht einmal sehen, Eure Strümpfe anzuziehen.
Valentin. So scheint's, Bursche, du bist verliebt; denn gestern morgen konntest du nicht sehen, meine Schuhe zu putzen.
Flink. Wahrhaftig, Herr, ich war in mein Bett verliebt. Ich danke Euch, daß Ihr mich meiner Liebe wegen wamstet; denn das macht mich um so kühner, Euch um die Eure zu schelten.
Valentin. Ich trage sie im Herzen, wo ich geh' und stehe.
Flink. Setzt Euch, so wird Euch die Last leichter sein.
Valentin. Gestern abend trug sie mir auf, einige Verse an jemand zu schreiben, den sie liebt.
Flink. Und thatet Ihr's?
Valentin. Ja.
Flink. Und sind sie nicht sehr lahm geschrieben?
Valentin. Nein, Bursch, so gut, wie ich nur konnte. — Still, hier kommt sie.

Silvia tritt auf.

Flink (beiseite). O herrliches Puppenspiel! O vortreffliche Marionette!
Jetzt wird's bald zu einer Erklärung seinerseits kommen.
Valentin. Fräulein und Gebieterin, tausend guten Morgen.
Flink (beiseite). O! einen guten Abend dazu. Ueber die Million von Komplimenten.
Silvia. Ritter Valentin und Diener, ich gebe Euch zweitausend.
Flink (beiseite). Er sollte ihr Zinsen geben, und sie gibt sie ihm.
Valentin. Wie Ihr befahlt, hab' ich den Brief geschrieben
An den geheimen, namenlosen Freund;
Sehr ungern ließ ich mich dazu gebrauchen,
Geschah's aus Pflicht für Euer Gnaden nicht.
Silvia. Dank, edler Diener, recht geschickt vollführt.

Valentin. Glaubt mir, mein Fräulein, es ging schwer von statten;
Denn, unbekannt, an wen es war gerichtet,
Schrieb ich unsicher nur, aufs Geratewohl.
Silvia. Ihr achtet wohl zu viel so viele Mühe?
Valentin. Nein, Fräulein; nützt es Euch, so will ich schreiben,
Wenn Ihr's befehlt, noch tausendmal so viel.
Und doch —
Silvia. Ein schöner Satz! Ich rate, was soll folgen;
Doch nenn' ich's nicht; — doch kümmert es mich nicht; —
Und doch nehmt dies zurück; — und doch, ich dank' Euch; —
Und will Euch künftig niemals mehr bemühn.
Flink (beiseite). Und doch geschieht's gewiß, und doch, und doch.
Valentin. Was meint Euer Gnaden? Ist es Euch nicht recht?
Silvia. Ja, ja; die Verse sind recht gut geschrieben,
Doch, da Ihr's ungern thatet, nehmt sie wieder;
Hier, nehmt sie hin.
Valentin. Fräulein, sie sind für Euch.
Silvia. Ja, ja; Ihr schriebt sie, Herr, auf mein Ersuchen;
Ich aber will sie nicht; sie sind für Euch.
Ich hätte gern sie rührender gehabt.
Valentin. Wenn Ihr befehlt, schreib' ich ein andres Blatt.
Silvia. Und schriebt Ihr es, so lest es durch statt meiner;
Gefällt es Euch, dann gut; wo nicht, auch gut.
Valentin. Und wenn es mir gefällt, Fräulein, was dann?
Silvia. Gefällt es Euch, so nehmt's für Eure Mühe.
Und so, mein lieber Diener, guten Morgen. (Silvia geht ab.)
Flink. O unsichtbares Späßchen! das zu ergründen nicht geht!
Wie der Wetterhahn auf dem Turm, wie die Nas' im Ge=
sicht steht!
Es dient mein Herr und fleht ihr; doch sie wünscht ihn sich
dreister
Und macht aus ihrem Schüler sich selber den Schulmeister.
Vortrefflich eingefädelt! O Gipfel aller Künste!
Mein Herr schreibt an sich selbst in seiner Herrin Dienste.
Valentin. Was räsonierst du so mit dir selbst?
Flink. Nein, ich meinte nur; die Raison habt Ihr.
Valentin. Um was zu thun?
Flink. Freiwerber für Fräulein Silvia zu sein.
Valentin. Für wen?
Flink. Für Euch selbst, und sie wirbt um Euch figürlich.
Valentin. Wie denn figürlich?
Flink. Durch einen Brief, wollt' ich sagen.
Valentin. Sie hat ja an mich nicht geschrieben.
Flink. Was braucht sie's, da sie Euch an Euch selbst hat schreiben lassen? Nun, merkt Ihr den Spaß?

Valentin. Nichts, glaube mir.
Flink. Ich glaube Euch auch nichts, Herr. Aber merktet Ihr nicht ihren Ernst?
Valentin. Es ward mir keiner, als ein zornig Wort.
Flink. Sie gab Euch ja einen Brief.
Valentin. Das ist der Brief, den ich an ihren Freund geschrieben habe.
Flink. Und den Brief hat sie bestellt, und damit gut.
Valentin. Ich wollte, es wäre nicht schlimmer.
Flink. Ich bürge Euch, es ist grade so gut.
Denn oft geschrieben habt Ihr ihr, und sie aus Sittsamkeit,
Weil Muß' ihr auch vielleicht gefehlt, gab nimmer Euch Bescheid;
Vielleicht auch bang, daß Boten wohl Betrügerei verübten,
Hat sie den Liebsten selbst gelehrt, zu schreiben dem Geliebten.
Das sprech' ich und wie gedruckt, denn ich sah's gedruckt. —
Was steht Ihr in Gedanken? Es ist Essenszeit.
Valentin. Ich habe gegessen.
Flink. Ja, aber hört, Herr, wenn auch das Chamäleon 2 Liebe sich mit Luft sättigen kann, ich bin einer, der sich von Speise nährt, und möchte gern essen. Ach! seid nicht wie Eure Dame; laßt Euch rühren! laßt Euch rühren! (Beide gehen ab.)

2. Szene.

Verona. Juliens Zimmer.

Proteus und Julia treten auf.

Proteus. Geduldig, liebe Julia.
Julia. Ich muß, wo keine Hilfe ist.
Proteus. Sobald ich irgend kann, kehr' ich zurück.
Julia. Verkehrt sich Euer Sinn nicht, kehrt Ihr bald.
Nehmt dies als Eurer Julia Angedenken.
(Sie giebt ihm einen Ring.)
Proteus. So tauschen wir; nimm dies und denke mein.
Julia. Laß heil'gen Kuß des Bundes Siegel sein.
Proteus. Nimm meine Hand als Zeichen ew'ger Treue;
Und wenn im Tag mir eine Stund' entschlüpft,
In der ich nicht um dich, o Julia, seufze,
Mag in der nächsten Stund' ein schweres Unheil
Mich für Vergessenheit der Liebe strafen!
Mein Vater wartet mein; o! sage nichts;
Die Flut ist da — nicht deiner Thränen Flut,
Mich hält die Flut mehr, als ich bleiben sollte.
(Julia geht ab.)

Julia, leb' wohl! — Wie? ohn' ein Wort gegangen?
Ja, treue Lieb' ist so, sie kann nicht sprechen;
Mit Thaten schmückt sich Treu' und nicht mit Worten.

Panthino tritt auf.

Panthino. Man wartet schon.
Proteus. Ich komme; geh nur fort.
Ach! Trennung macht verstummen Liebeswort.

(Beide gehen ab.)

3. Szene.

Ebendaselbst. Straße.

Lanz tritt auf und führt einen Hund am Strick.

Lanz. Nein, in einer ganzen Stunde werde ich nicht mit Weinen fertig; alle Lanze haben nun einmal den Fehler. Ich habe mein Erbteil empfangen, wie der verlorene Sohn, und gehe mit Herrn Proteus an den kaiserlichen Hof. Ich glaube, Krabb, mein Hund, ist der verbissenste Hund auf der ganzen Welt. Meine Mutter weinte, mein Vater jammerte, meine Schwester schrie, unsre Magd heulte, unsre Katze rang die Hände, und unser ganzes Haus war im erbärmlichsten Zustand, da vergoß dieser hartherzige Köter nicht eine Thräne. Er ist ein Stein, ein wahrer Kieselstein, und hat nicht mehr Nächstenliebe als ein Hund. Ein Jude würde geweint haben, wenn er unsern Abschied gesehen hätte; ja, meine Großmutter, die keine Augen mehr hat, seht ihr, die weinte sich blind bei meinem Fortgehn. Ich will euch zeigen, wie es herging: Dieser Schuh ist mein Vater; nein, dieser linke Schuh ist mein Vater — nein, dieser linke Schuh ist meine Mutter; nein, so kann es nicht sein; — ja, es ist so, es ist so; er wurde öfter versohlt. Dieser Schuh mit dem Loch ist meine Mutter, und dieser mein Vater; hol' mich der Henker! so ist's; nun dieser Stock ist meine Schwester; denn seht ihr, sie ist so weiß wie eine Lilie, und so schlank wie eine Gerte; dieser Hut ist Hanne, unsre Magd; ich bin der Hund — nein, der Hund ist er selbst, und ich bin der Hund, — ach! der Hund ist ich, und ich bin ich; ja, so, so. Nun komme ich zu meinem Vater; Vater, Euren Segen! nun kann der Schuh vor Weinen kein Wort sprechen; nun küsse ich meinen Vater; gut, er weint fort; — nun komme ich zu meiner Mutter, (o, daß er nur sprechen könnte, wie ein Weib, das von Sinnen ist!) gut, ich küsse sie; ja, das ist wahr, das ist meiner Mutter Atem ganz und gar; nun komme ich zu meiner Schwester — hört ihr, wie sie jammert? nun vergießt der Hund keine Thräne, und spricht während der ganzen Zeit kein Wort; und ihr seht doch, wie ich den Staub mit meinen Thränen lösche.

Panthino tritt auf.

Panthino. Fort, fort, Lanz, an Bord; dein Herr ist eingeschifft, und du mußt hinterher rudern. Was ist das? Was weinst du, Kerl? Fort, Esel; du wirst dich ohne Not verstricken und das Schiff verlieren, wenn du länger wartest.

Lanz. Das thut nichts; denn es ist die hartherzigste Verstrickung, die jemals ein Mensch am Strick mit sich führte.

Panthino. Welch hartherzige Verstrickung meinst du?

Lanz. Die ich hier am Strick habe; Krabb, mein Hund.

Panthino. Schweig, Kerl, ich meine, du wirst die Flut verlieren; und wenn du die Flut verlierst, deine Reise verlieren; und wenn du deine Reise verlierst, deinen Herrn verlieren, und wenn du deinen Herrn verlierst, deinen Dienst verlieren; und wenn du deinen Dienst verlierst — Warum hältst du mir den Mund zu?

Lanz. Aus Furcht, du möchtest deine Zunge verlieren. — Mag ich Flut, Reise, Herrn, Dienst und die Verstrickung verlieren! Flut! — Ja, Mann, wenn der Strom vertrocknet wäre, wäre ich im stande, ihn mit meinen Thränen zu füllen; wenn der Wind sich gelegt hätte, könnte ich das Boot mit meinen Seufzern treiben.

Panthino. Komm, komm fort, Kerl, ich bin hergeschickt, dich zu holen.

Lanz. Hol' dich der Henker!

Panthino. Wirst du gehn?

Lanz. Ja, ich will gehn. (Beide gehen ab.)

4. Szene.

Palast des Herzogs in Mailand.

Valentin, Silvia, Thurio und Flink treten auf.

Silvia. Diener!
Valentin. Gebieterin?
Flink. Herr, Thurio runzelt gegen Euch die Stirn.
Valentin. Ja, Bursch, aus Liebe.
Flink. Nicht zu Euch!
Valentin. Zu meiner Dame also.
Flink. Es wäre gut, Ihr gäbet ihm eins.
Silvia. Diener, Ihr seid mißlaunig.
Valentin. In Wahrheit, Fräulein, ich scheine so.

Silvia. Scheint Ihr, was Ihr nicht seid?
Valentin. Vielleicht.
Thurio. Das thun Gemälde.
Valentin. Das thut Ihr.
Thurio. Was scheine ich, das ich nicht bin?
Valentin. Weise.
Thurio. Welch ein Beweis vom Gegenteil!
Valentin. Eure Thorheit.
Thurio. Und wo bemerkt Ihr meine Thorheit?
Valentin. In Eurem Wams.
Thurio. Mein Wams ist gedoppelt.
Valentin. Nun, so wird auch Eure Thorheit doppelt sein.
Thurio. Wie?
Silvia. Wie, erzürnt, Ritter Thurio? verändert Ihr die Farbe?
Valentin. Gestattet es ihm, Fräulein; er ist eine Art Chamäleon. 2
Thurio. Das mehr Lust hat, Euer Blut zu trinken, als in Eurer Luft zu leben.
Valentin. Ihr habt gesprochen, Herr.
Thurio. Ja, Herr, und bin fertig für diesmal.
Valentin. Ich weiß es wohl, Herr, daß Ihr immer fertig seid, ehe Ihr anfangt.
Silvia. Eine hübsche Artillerie von Worten, edle Herren, und munter geschossen.
Valentin. So ist es in der That, Fräulein; und wir danken dem Geber.
Silvia. Wer ist das, Diener?
Valentin. Ihr selbst, holdes Fräulein; denn Ihr gebt das Feuer; Herr Thurio borgt seinen Witz von Euer Gnaden Blicken, und verschwendet, was er borgt, mildthätig in Eurer Gesellschaft.
Thurio. Herr, wenn es zwischen uns Wort um Wort gelten soll, so werde ich Euren Witz bankrott machen.
Valentin. Das weiß ich wohl, Herr; Ihr habt einen Schatz von Worten, und keine andre Münze Euren Dienern zu geben; denn es zeigt sich an ihren kahlen Livreen, daß sie von Euren kahlen Worten leben.
Silvia. Nicht weiter, nicht weiter, edle Herren; hier kommt mein Vater.

Der Herzog tritt auf.

Herzog. Nun, Tochter Silvia, du bist hart belagert.
Herr Valentin, Eu'r Vater ist gesund.
Was sagt Ihr wohl zu Briefen aus der Heimat
Mit guter Zeitung?

Valentin. Dankbar, gnäd'ger Herr,
Empfang' ich jeden frohen Abgesandten.
Herzog. Kennt Ihr Antonio, Euren Landsmann, wohl?
Valentin. Ja, gnäd'ger Herr, ich kenne diesen Mann,
Daß er geehrt ist und von hoher Achtung,
Und nach Verdienst im besten Rufe steht.
Herzog. Hat er nicht einen Sohn?
Valentin. Ja, einen Sohn, mein Fürst, der wohl verdient,
Daß solchen Vaters Zärtlichkeit ihn ehrt.
Herzog. Ihr kennt ihn näher?
Valentin. Ich kenn' ihn wie mich selbst; denn seit der Kindheit
Vereint als Freunde, lebten wir zusammen.
Und war ich gleich ein träger Müßiggänger,
Der achtlos, ach, die edle Zeit vergeudet,
Die sonst mein Alter engelgleich geschmückt,
So nutzte Proteus doch, dies ist sein Name,
Zu schonem Vorteil seine Tag' und Stunden;
Er ist an Jahren jung, alt an Erfahrung;
Sein Haupt noch unreif, doch sein Urteil reif;
Mit einem Wort (denn hinter seinem Wert
Bleibt jedes Lob zurück, das ich ihm gebe),
Er ist vollkommen an Gestalt und Geist,
An jeder Zierde reich, die Edle ziert.
Herzog. Wahrhaftig, wenn er Euer Wort bewährt,
So ist er würdig einer Kais'rin Liebe
Und gleich geschickt für eines Kaisers Rat.
Wohl! dieser Edelmann ist angelangt
Und bringt Empfehlung mir von mächt'gen Herren;
Hier denkt er ein'ge Zeit sich aufzuhalten;
Die Nachricht, mein' ich, muß Euch sehr erfreun.
Valentin. Blieb etwas mir zu wünschen, so war er's.
Herzog. Nun, so bewillkommt ihn, wie er's verdient;
Dich, Silvia, fordr' ich auf, und, Thurio, Euch;
Denn Valentin bedarf nicht der Ermahnung;
Ich geh' und will sogleich ihn zu euch senden.
(Der Herzog geht ab.)
Valentin. Dies, Fräulein, ist der Mann, von dem ich sagte,
Er wäre mir gefolgt, wenn die Geliebte
Sein Auge nicht mit Strahlenblick gefesselt.
Silvia. So hat sie ihm die Augen freigegeben
Und andres Pfand für seine Treu' behalten.
Valentin. Gewiß hält sie sie als Gefangne noch.
Silvia. So muß er blind sein; und wie kann ein Blinder
Nur seinen Weg sehn, um Euch aufzusuchen?
Valentin. Ei, Liebe sieht mit mehr als fünfzig Augen.

Zweiter Aufzug. 4. Szene.

Thurio. Man sagt, daß Liebe gar kein Auge hat.
Valentin. Um solche Liebende zu sehn wie Euch;
Den Alltagswesen gönnt sie keinen Blick.
Silvia. Genug, genug; hier kommt der Fremde schon.

Proteus tritt auf.

Valentin. Willkommen, teurer Freund! — Ich bitt' Euch, Herrin,
Bestätigt durch besondre Huld den Willkomm.
Silvia. Sein eigner Wert ist Bürge seines Willkomms.
Ist er's, von dem Ihr oft zu hören wünschtet?
Valentin. Er ist's, Gebiet'rin. Gönnt ihm, holdes Fräulein,
Daß er, gleich mir, sich Eurem Dienste weihe.
Silvia. Zu niedre Herrin für so hohen Diener.
Proteus. Nein, holdes Fräulein, zu geringer Diener,
Daß solche hohe Herrin auf ihn schaut.
Valentin. Laßt jetzt Unwürdigkeit auf sich beruhn.
Nehmt, holdes Fräulein, ihn als Diener auf.
Proteus. Ergebenheit, nichts andres kann ich rühmen.
Silvia. Und immer fand Ergebenheit den Lohn.
Willkommen, Diener, der unwürd'gen Herrin.
Proteus. Wer außer Euch so spräche, müßte sterben.
Silvia. Daß Ihr willkommen?
Proteus. Nein, daß Ihr unwürdig.

Ein Diener tritt auf.

Diener. Eu'r Vater will Euch sprechen, gnäd'ges Fräulein.
Silvia. Ich bin zu seinem Dienst. (*Diener geht ab.*) Kommt, Ritter
Thurio.
Geht mit. — Nochmals willkommen, neuer Diener.
Jetzt mögt Ihr von Familiensachen sprechen;
Ist das geschehn, erwarten wir Euch wieder.
Proteus. Wir werden beid' Euch unsre Dienste widmen.
(*Silvia, Thurio und Flink gehen ab.*)
Valentin. Nun sprich, wie geht es allen in der Heimat?
Proteus. Gesund sind deine Freund' und grüßen herzlich.
Valentin. Wie geht's den Deinen?
Proteus. Alle waren wohl.
Valentin. Wie steht's um deine Dam' und deine Liebe?
Proteus. Liebesgespräche waren dir zur Last;
Ich weiß, du hörst nicht gern von Liebessachen.
Valentin. Ja, Proteus, doch dies Leben ist verwandelt.
Gebüßt hab' ich, weil ich verschmäht die Liebe;
Ihr hohes Herrscherwort hat mich gestraft
Mit strengem Fasten, reuig bittrer Klage,
Mit Thränen nächtlich, tags mit Herzensseufzern;

Weil Lieb' ich höhnte, traf mit ihrem Bann
Das Auge, Schlummer scheuchend, mir die Liebe
Und macht's zu meines Herzensgrames Wächter.
O, Liebster, Amor ist ein mächt'ger Fürst
Und hat mich so gebeugt, daß ich bekenne,
Es gibt kein Weh, das seiner Strafe gleicht,
Doch gibt's nicht größre Lust als ihm zu dienen!
Jetzt kein Gespräch, als nur von Lieb' allein;
Jetzt ist mir Frühstück, Mittag, Abendmahl,
Schlummer und Schlaf das eine Wörtchen Liebe.
Proteus. Genug; denn schon dein Auge spricht dein Glück.
War dies der Abgott, dem du huldigest?
Valentin. Ja; ist sie nicht ein himmlisch Heil'genbild?
Proteus. Nein, doch sie ist ein irdisch Musterbild.
Valentin. Nenn göttlich sie.
Proteus. Nicht schmeicheln will ich ihr.
Valentin. O, schmeichle mir; des Lobs freut sich die Liebe.
Proteus. Mir, als ich krank war, gabst du bittre Pillen;
Dieselbe Arzenei reich' ich dir jetzt.
Valentin. So sprich von ihr die Wahrheit; wenn nicht göttlich,
Laß einen hehren Engel sie doch sein,
Hoch über aller Erdenkreatur.
Proteus. Nur Julia nehm' ich aus.
Valentin. Nimm keine aus;
Du nimmst zu viel dir gegen sie heraus.
Proteus. Hab' ich nicht Grund, die meine vorzuziehn?
Valentin. Und dazu will ich dir behilflich sein.
Sie soll gewürdigt sein der hohen Ehre,
Zu tragen Silvias Schleppe, daß dem Kleid
Die harte Erde keinen Kuß entwende
Und, durch so große Gunst von Stolz gebläht,
Zu tragen weigert sommerschwell'nde Blumen
Und rauhen Winter ewig dauernd halte.
Proteus. Was, lieber Valentin, ist das für Schwulst?
Valentin. Verzeih! Mit ihr verglichen ist das nichts;
Ihr Wert macht jeden andern Wert zum Nichts;
So einzig ist sie.
Proteus. Bleib' sie einzig denn.
Valentin. Nicht um die Welt; ja, Freund, sie ist schon mein;
Und ich so reich in des Juwels Besitz,
Wie zwanzig Meere, all ihr Sand von Perlen,
Nektar die Flut, gediegnes Gold die Felsen.
Verzeih, auch kein Gedanke mehr an dich;
Denn jeder ist Begeistrung für die Liebste.
Mein Nebenbuhl, der Thor, den um sein großes

Vermögen nur der Vater schätzen kann.
Ging mit ihr fort, und eilig muß ich nach;
Denn Liebe, weißt du, ist voll Eifersucht.
Proteus. Doch sie liebt dich?
Valentin. Ja, und wir sind verlobt;
Noch mehr, die Stunde der Vermählung selbst,
Und auch die List, wie wir entfliehen mögen,
Beredet schon; wie ich zum Fenster steige
Auf seilgeknüpfter Leiter; jedes Mittel
Zu meinem Glück erdacht und fest bestimmt.
Geh, guter Proteus, mit mir auf mein Zimmer,
Daß mir dein Rat in dieser Sache helfe.
Proteus. Geh nur voran; ich will dich schon erfragen.
Ich muß zur Reed', um ein'ges auszuschiffen,
Was mir von meinen Sachen nötig ist;
Und dann bin ich zu deinen Diensten gleich.
Valentin. Und kommst du bald?
Proteus. Gewiß, in kurzer Frist.
(Valentin geht ab.

Wie eine Glut die andre Glut vernichtet,
So wie ein Keil der Wucht des andern weicht,
Ganz so ist das Gedächtnis vor'ger Liebe
Vor einem neuen Bild durchaus vergessen.
Ist es mein Aug', ist's meines Freundes Lob,
Ihr echter Wert, mein falscher Unbestand,
Was Unvernunft so zum Vernünfteln treibt?
Schön ist sie; so auch Julia, die ich liebe; —
Nein, liebte, denn mein Lieben ist zerronnen;
Und, wie ein Wachsbild an des Feuers Glut,
Schwand jeder Eindruck dessen, was sie war.
Mich dünkt mein Eifer kalt für Valentin,
Und daß ich ihn nicht liebe, so wie sonst.
Ach, viel zu sehr, zu sehr lieb' ich sein Fräulein;
Das ist der Grund, nur wenig ihn zu lieben.
Wie werd' ich überlegt sie einst vergöttern,
Die so unüberlegt ich jetzt verehre!
Ihr Bildnis nur hab' ich bis jetzt gesehn,
Und das hat meines Denkens Licht geblendet;
Wird sie mir erst im vollen Glanz erscheinen,
So kann's nicht anders sein, ich werde blind.
Kann ich verirrte Liebe heilen, sei's;
Wo nicht, erring' ich sie um jeden Preis. (Geht ab.)

5. Szene.

Ebendaselbst. Straße.

Flink und Lanz treten auf.

Flink. Lanz! bei meiner Seele, du bist in Mailand willkommen.

Lanz. Schwöre nicht falsch, liebes Kind; denn ich bin nicht willkommen. Ich sage immer, ein Mann ist nicht eher verloren, bis er gehenkt, und nicht eher an einem Ort willkommen, bis irgend eine Zeche bezahlt ist, und die Wirtin zu ihm willkommen sagt.

Flink. Komm mit mir, du Narrenkopf, ich will gleich mit dir ins Bierhaus, wo du für fünf Stüber fünftausend Willkommen haben sollst. Aber, sage doch, wie schied dein Herr von Fräulein Julia?

Lanz. Wahrhaftig, nachdem sie im Ernst miteinander geschlossen hatten, schieden sie ganz artig im Spaß.

Flink. Aber wird sie ihn heiraten?

Lanz. Nein.

Flink. Wie denn? Wird er sie heiraten?

Lanz. Nein, auch nicht.

Flink. Wie, sind sie auseinander?

Lanz. Nein, sie sind so ganz wie ein Fisch.

Flink. Nun denn, wie steht die Sache mit ihnen?

Lanz. Ei, so: wenn es mit ihm wohl steht, steht es wohl mit ihr.

Flink. Welch ein Esel bist du! du widerstehst mir immer.

Lanz. Und du bist ein Klotz; denn mein Stock widersteht mir auch.

Flink. In deiner Meinung?

Lanz. Nein, selbst in meinen Handlungen; denn sieh, ich lehne mich so rücklings auf ihn, und so widersteht mir mein Stock.

Flink. So steht er dir entgegen, das ist wahr.

Lanz. Nun, widerstehen und entgegenstehen ist doch wohl dasselbe.

Flink. Aber sage mir die Wahrheit, gibt es eine Heirat?

Lanz. Frage meinen Hund; wenn er ja sagt, gibt's eine; wenn er nein sagt, gibt's eine; wenn er mit dem Schwanz wedelt und nichts sagt, gibt's eine.

Flink. Der Schluß ist also, daß es eine gibt.

Lanz. Du sollst niemals solch ein Geheimnis anders von mir herausbringen, als durch eine Parabel.

Flink. Wenn ich es nur so herausbringe. Aber, Lanz, was sagst du, daß mein Herr so ein tüchtiger Reimsinger geworden ist?
Lanz. Ich habe ihn nie anders gekannt.
Flink. Als wie?
Lanz. Als einen tüchtigen Weinschlinger, wie du ihn eben rühmst.
Flink. Ei, du nichtsnutziger Esel, du verdrehst mir alles im Maul.
Lanz. Ei, Narr, ich meinte ja nicht, daß du das Glas am Maul hast, sondern dein Herr.
Flink. Ich sage dir, mein Herr ist ein eifriger Reimsinger geworden.
Lanz. Nun, ich sage dir, es ist mir gleich, wenn er sich auch die Lunge aus dem Halse singt. Willst du mit mir ins Bierhaus gehen, gut; wo nicht, so bist du ein Hebräer, ein Jude und nicht wert, ein Christ zu heißen.
Flink. Warum?
Lanz. Weil du nicht so viel Nächstenliebe in dir hast, mit einem Christen zu Biere zu gehen. Willst du gehen?
Flink. Wie du befiehlst. (Beide gehen ab.)

6. Szene.

Zimmer.

Proteus tritt auf.

Proteus. Verlass' ich meine Julia, ist es Meineid;
Lieb' ich die schöne Silvia, ist es Meineid;
Kränk' ich den Freund, das ist der höchste Meineid.
Dieselbe Macht, die erst mich schwören ließ,
Sie reizt mich jetzt, dreifachen Schwur zu brechen.
Die Liebe zwang zum Eid und zwingt zum Meineid.
O Liebe, süße Verführerin, deinen Fehltritt
Lehr' den Verführten, mich, entschuldigen.
Erst huldigt' ich dem schimmernden Gestirn,
Jetzt bet' ich an den Glanz der Himmelssonne.
Man bricht bedachtsam unbedacht Gelübde,
Dem fehlt Verstand, dem echter Wille fehlt,
Verstand zu lehren, gut für schlecht zu wählen.
Pfui, schamvergessene Zunge! schlecht zu nennen,
Die du so oft der Frauen erste priesest,
Mit zwanzigtausend seelentiefen Eiden.
Nicht meiden kann ich Lieb', und doch geschieht's;
Doch meid' ich dort sie, wo ich lieben sollte.

Julia verlier' ich), und den Freund verlier' ich;
Behalt' ich sie, muß ich mich selbst verlieren,
Verlier' ich sie, find' ich durch den Verlust
Für Valentin mich selbst, für Julia Silvia.
Ich bin mir selber näher als der Freund;
Denn Lieb' ist in sich selbst am köstlichsten;
Und Silvia, zeug, o Himmel, der sie schuf!
Stellt Julia mir als dunkle Mohrin dar.
Vergessen will ich denn, daß Julia lebt,
In dem Gedanken, meine Liebe starb.
Und Valentin soll als mein Feind mir gelten,
Weil ich um Silvia werb', die süßere Freundin.
Ich kann die Treu' mir selber nicht bewahren,
Begeh' ich nicht Verrat an Valentin.
Die Nacht denkt er auf seilgeknüpfter Leiter
Der Göttin Silvia Fenster zu ersteigen;
Ich, sein Vertrauter, bin sein Nebenbuhler.
Gleich will ich nun dem Vater Kunde geben
Von der Verkleidung und beschloss'nen Flucht;
Der wird, im Zorn, dann Valentin verbannen,
Da er die Tochter Thurio will vermählen.
Doch, Valentin entfernt, durchkreuz' ich schnell
Durch schlaue List des plumpen Thurio Werbung.
Leih, Liebe, Schwingen, rasch zum Ziel zu streben,
Wie du mir Witz gabst, diese List zu weben. (Geht ab.)

7. Szene.

Verona. Juliens Zimmer.

Julia und Lucetta treten auf.

Julia. Rat mir, Lucetta; hilf mir, liebes Kind!
Bei unsrer Liebe selbst beschwör' ich dich.
Du bist das Blatt, auf dem mein Sinnen all
Deutlich geschrieben und verzeichnet steht.
Bedeute mich und nenne mir die Mittel,
Wie ich mit Ehren unternehmen mag
Zu meinem teuren Proteus hinzureisen.
Lucetta. Ach! sehr beschwerlich ist der Weg und lang.
Julia. Der wahrhaft fromme Pilger bleibt entschlossen,
Mit müdem Schritt Provinzen zu durchmessen;
Wie mehr denn sie, beschwingt mit Liebesfittich,
Und strebt der Flug zu dem so hoch geliebten,
Göttlich begabten Mann, zu Proteus hin.

Lucetta. Doch harret lieber, bis er wiederkehrt.
Julia. Du weißt, sein Blick ist meiner Seele Nahrung.
Hab Mitleid mit dem Mangel, der mich quält,
Daß ich so lang' nach dieser Nahrung schmachte!
O! kenntest du den innren Drang der Liebe,
Du möchtest eh' mit Schnee ein Feuer zünden,
Als Liebesglut durch Worte löschen wollen.
Lucetta. Nicht löschen will ich Eurer Liebe Feuer,
Nur mäßigen des Feuers Ungestüm,
Daß es der Klugheit Schranke nicht zerstöre.
Julia. Je mehr du's dämpfst, je heller flammt es auf.
Der Bach, der nur mit sanftem Murmeln schleicht,
Tobt ungeduldig, wird er eingedämmt;
Doch wird sein schöner Lauf nicht aufgehalten,
Spielt er ein süßes Lied mit Glanzgestein
Und streift mit zartem Kuß jedwede Binse,
Die er auf seinem Pilgerpfad berührt;
So wandert er durch manche Schlangenwindung
Mit leichtem Spiel zum wilden Ozean.
Drum laß mich gehn und stör nicht meinen Lauf,
Ich bin geduldig wie ein sanfter Bach,
Und Kurzweil acht' ich jeden müden Schritt,
Bis mich der letzte zum Geliebten bringt;
Dort will ich ruhen, wie nach Erdenleid
Ein sel'ger Geist ruht in Elysium.
Lucetta. Allein in welcher Kleidung wollt Ihr gehn?
Julia. Nicht wie ein Mädchen; denn vermeiden möcht' ich
Den lockern Angriff ausgelassner Männer;
Gute Lucetta, solch Gewand besorge,
Wie's einem zücht'gen Edelknaben ziemt.
Lucetta. So müßt Ihr Euch der Locken ganz berauben.
Julia. Nein, Kind; ich flechte sie in seidne Strähne
Mit zwanzig künstlich-treuen Liebesknoten.
Phantastisch so zu sein ziemt selbst dem Jüngling,
Der älter ist, als ich erscheinen werde.
Lucetta. Nach welchem Schnitt wollt Ihr das Beinkleid tragen?
Julia. Das klingt ganz so, als: „Sagt mir, gnäd'ger Herr,
Wie weit wollt Ihr wohl Euren Reifrock haben?"
Nun, nach dem Schnitt, der dir gefällt, Lucetta.
Lucetta. Notwendig müßt Ihr dann mit Latz sie tragen.
Julia. Pfui, pfui, Lucetta! das wird häßlich sein.
Lucetta. Die runde Hos' ist keine Nadel wert;
Ein Latz muß sein³, um Nadeln drauf zu stecken.
Julia. Lucetta, liebst du mich, so schaffe mir,
Was gut dir dünkt und sich am besten ziemt;

Doch, Mädchen, sprich, wie wird die Welt mich richten,
Wenn sie die unbedachte Reis' erfährt?
Ich fürchte sehr, es schadet meinem Ruf.
Lucetta. Wenn Ihr das denkt, so bleibt zu Haus, geht nicht.
Julia. Das will ich nicht.
Lucetta. So lacht denn jeder Lästerung und geht.
Lobt Proteus nur die Reise, wenn Ihr kommt,
Was kümmern Euch die Tadler, seid Ihr fort?
Ich fürcht', er wird sie schwerlich billigen.
Julia. Das ist, Lucetta, meine kleinste Sorge.
Viel tausend Schwür', ein Ozean von Thränen
Und grenzenloser Liebe manch ein Zeichen
Verbürgen, daß ich ihm zur Freude komme.
Lucetta. All dies ist trügerischen Männern dienstbar.
Julia. Zu schlechtem Zweck, gebraucht von schlechten Männern!
Proteus' Geburt regiert' ein treu'rer Stern;
Sein Wort ist heil'ges Band, sein Schwur Orakel,
Treu seine Liebe und sein Sinnen rein;
Die Thränen seines Herzens reine Boten,
Und himmelfern sein Herz von jedem Falsch.
Lucetta. Mögt Ihr ihn so nur finden, wenn Ihr kommt!
Julia. O, liebst du mich, so kränk ihn nicht so bitter,
Daß seine Treue du in Zweifel ziehst.
Nur wer ihn liebt, kann meine Lieb' erwerben;
So folge mir denn auf mein Zimmer gleich,
Zu überdenken, was mir nötig sei,
Mich auszurüsten zu der Sehnsuchtsreise.
Dir sei mein ganz Vermögen übergeben,
So Hausrat, Länderei'n, wie guter Ruf;
Nur hilf zum Danke mir alsbald von hinnen.
Kein weitres Wort! Wir gehen gleich ans Werk;
Denn Ungeduld bringt jedes Zögern mir. (Sie gehen ab.)

Dritter Aufzug.

1. Szene.

Mailand. Zimmer im Palast des Herzogs.

Herzog, Proteus und Thurio treten auf.

Herzog. Verlaßt uns, Signor Thurio, kurze Zeit;
Wir haben heimlich etwas zu besprechen. — (Thurio geht ab.)
Jetzt, Proteus, sagt, was Ihr von mir begehrt.
Proteus. Mein gnäd'ger Herr, was ich Euch wollt' entdecken,

Dritter Aufzug. 1. Szene. 147

Heißt das Gesetz der Freundschaft mich verhehlen;
Doch, wenn ich Eurer gnäd'gen Huld gedenke,
Die Ihr dem Unverdienten reich geschenkt,
So spornt mich meine Pflicht, Euch auszusprechen,
Was sonst kein Gut der Welt mir je entrisse.
Wißt, gnäd'ger Herzog: Valentin, mein Freund,
Will Eure Tochter diese Nacht entführen;
Mir ward der Anschlag von ihm selbst vertraut.
Ich weiß, Ihr seid entschlossen, Signor Thurio
Sie zu vermählen, den das Fräulein haßt;
Und wenn man sie auf diese Art entführte,
Es brächte Eurem Alter bittres Leid.
Drum zog ich's vor, um meiner Pflicht zu g'nügen,
Des Freundes Absicht so zu hintertreiben,
Als, sie verhehlend, schwere Sorgen nieder
Auf Euer Haupt zu ziehn, die, nicht gehoben,
In ein frühzeitig Grab Euch niederdrückten.
Herzog. Dank, Proteus, für dein redliches Gemüt;
Solang ich lebe, will ich's dir gedenken.
Nicht unbemerkt von mir blieb diese Liebe
Wenn sie mich wohl fest eingeschlafen wähnten;
Und oft schon dacht' ich, Valentin den Hof
Und ihren Umgang streng zu untersagen;
Doch, fürchtend, Argwohn geh' auf falscher Spur
Und könne unverdient den Mann verletzen
(Ein hastig Wesen, das ich stets vermied),
Blickt' ich ihn freundlich an; dadurch zu finden
Das, was du selber jetzt mir hast entdeckt.
Und daß du siehst, wie ich dies längst gefürchtet.
Wohl wissend, leicht verführt sei zarte Jugend,
Wohnt sie im hohen Turme jede Nacht.
Den Schlüssel nehm' ich in Verwahrung selbst;
Unmöglich ist's, von dort sie zu entführen.
Proteus. Wißt, gnäd'ger Herr, ein Mittel ist erdacht,
Wie er ihr Kammerfenster mag erklimmen,
Daß auf geflochtnem Seil sie niedersteigen;
Dies holt der junge Liebende jetzt eben
Und muß mit ihm sogleich hier wiederkommen;
Auffangen könnt Ihr ihn, wenn's Euch gefällt.
Doch, gnäd'ger Herr, thut es mit feiner Wendung,
Daß er in mir nicht den Verräter ahne.
Denn Liebe nur zu Euch, nicht Haß zu ihm,
Bewog mich, seinen Plan bekannt zu machen.
Herzog. Bei meiner Ehr', er soll es nie erfahren,
Daß mir von dir ein Licht hierüber kam.

Proteus. Lebt wohl, mein Fürst, dort naht schon Valentin.
(Proteus geht ab.)

Valentin tritt auf.

Herzog. Freund Valentin, wohin in solcher Eil'?
Valentin. Mit Eurer Gnaden Gunst, ein Bote wartet,
Um meinen Freunden Briefe mitzunehmen,
Und jetzo wollt' ich sie ihm übergeben.
Herzog. Ist viel daran gelegen?
Valentin. Ihr Inhalt soll nur melden, wie gesund
Und glücklich ich an Eurem Hofe lebe.
Herzog. So ist's nicht wichtig; weile noch bei mir;
Denn ein Geschäft muß ich mit dir besprechen,
Ganz insgeheim, das nahe mich betrifft.
Dir ist nicht unbekannt, daß ich die Tochter
Mit Thurio, meinem Freund, vermählen wollte.
Valentin. Ich weiß es wohl, mein Fürst, und die Verbindung
Ist reich und ehrenvoll, und trefflich paßt
Ob seiner Tugend, Mild' und Würdigkeit
Der edle Herr für Eure schöne Tochter.
Könnt Ihr des Fräuleins Herz nicht zu ihm wenden?
Herzog. Durchaus nicht; sie ist mürrisch, widerspenstig,
Stolz, ungehorsam, starr und pflichtvergessen;
Sie weigert mir die Liebe ganz des Kindes,
Wie sie nicht Furcht vor ihrem Vater kennt;
Und, daß ich's dir gestehe, dieser Stolz
Hat, wohlerwogen, ihr mein Herz entfremdet.
Ich hoffte sonst die letzten Lebensjahre
Gepflegt von Kindesliebe hinzubringen,
Doch jetzt ist mein Entschluß, mich zu vermählen;
Dann nehm', wer will, sich der Verstoßnen an.
Mög' ihre Schönheit ihre Mitgift sein;
Denn mich und meine Güter schätzt sie nicht.
Valentin. Was will Eu'r Gnaden, das ich hierin thue?
Herzog. In eine Dame hier in Mailand, Freund,
Bin ich verliebt; doch sie ist spröd' und kalt,
Und achtet nicht Beredsamkeit des Greises.
Drum wollt' ich dich zu meinem Führer wählen,
(Denn längst vergaß ich schon, den Hof zu machen,
Auch hat der Zeiten Weise sich verändert;)
Wie, und was Art ich mich betragen soll,
Ihr sonnenhelles Aug' auf mich zu lenken.
Valentin. Gewinnt sie durch Geschenk', schätzt sie nicht Worte;
Juwelen sprechen oft mit stummer Kunst,
Gewinnen mehr als Wort des Weibes Gunst.

Dritter Aufzug. 1. Szene.

Herzog. Sie wies ein Kleinod ab, das ich geschickt.
Valentin. Oft weist ein Weib zurück, was sie beglückt.
Ein zweites schickt, ermüdet nicht im Lauf;
Verschmähn zuerst weckt später Sehnsucht auf.
Wenn scheel sie blickt, ist's nicht, um Haß zu zeigen,
Sie will, Ihr sollt ihr größre Liebe zeigen;
Schilt sie Euch weg, so heißt das nicht: geht fort!
Die Närrchen rasen, nimmt man sie beim Wort.
Abweisen laßt Euch nicht, was sie auch spricht,
Denn sagt sie: „geht", so meint sie: „gehet nicht".
Lobt, schmeichelt, preist, vergöttert ihre Gaben,
Auch schwarz, laßt sie ein Engelsantlitz haben.
Der Mann, der eine Zung' hat, ist kein Mann,
Wenn sie ihm nicht ein Weib gewinnen kann.
Herzog. Doch die ich meine, ward von ihren Freunden
Versprochen einem jungen, edlen Herrn
Und streng von Männerumgang ausgeschlossen,
Daß niemand sie am Tage sehen darf.
Valentin. So würd' ich denn sie in der Nacht besuchen.
Herzog. Verschlossen ist die Thür, verwahrt der Schlüssel,
Daß niemand nachts zu ihr gelangen mag.
Valentin. Was hindert, durch das Fenster einzusteigen?
Herzog. Hoch ist ihr Zimmer, von dem Boden fern,
Und steil gebaut, daß keiner auf mag klimmen,
Der augenscheinlich nicht sein Leben wagt.
Valentin. Nun, eine Leiter, wohlgeknüpft aus Schnüren,
Hinaufzuwerfen mit zwei Eisenklammern,
Genügt, der Hero Turm selbst zu ersteigen,
Wenn ein Leander kühn es wagen will.
Herzog. So wahr du bist ein echter Edelmann,
Gib Rat, wie solche Leiter anzuschaffen.
Valentin. Wann braucht Ihr sie? Ich bitte, sagt mir das.
Herzog. In dieser Nacht; denn Liebe gleicht dem Kinde,
Das alles will, was es erlangen kann.
Valentin. Um sieben Uhr schaff' ich Euch solche Leiter.
Herzog. Noch eines: ich will zu ihr gehn allein;
Wie läßt sich nun dorthin die Leiter schaffen?
Valentin. Leicht könnt Ihr, gnäd'ger Herr, sie selber tragen,
Ist Euer Mantel nur von ein'ger Länge.
Herzog. Von deiner Länge wird's ein Mantel thun?
Valentin. Ja, gnäd'ger Herr.
Herzog. Zeig deinen Mantel mir,
Ich laß' mir einen machen von der Länge.
Valentin. Ein jeder Mantel, gnäd'ger Herr, ist passend.
Herzog. Wie stell' ich mich nur an mit solchem Mantel?

Ich bitte, laß mich deinen überhängen.
Was für ein Brief? was sehe ich? — An Silvia?
Und hier ein Instrument, so wie ich's brauche?
Vergönnt, daß ich einmal das Siegel breche.
(Liest.) „Ihr wohnt bei Silvia, meine Nachtgedanken;
Als Sklaven send' ich Euch, dorthin zu fliegen.
O, könnt' ihr Herr so leicht gehn durch die Schranken,
Um da zu ruhn, wo sie gefühllos liegen!
Ja, die Gedanken schließ' in sel'ge Brust ein,
Dieweil ihr König, der sie eifrig schickt,
Verwünschend wünscht, er möcht' in solcher Lust sein,
Weil mehr als er die Diener sind beglückt.
Weil ich sie sende, drum verwünsch' ich mich;
Wo selbst ich sollte ruhn, erfreun sie sich."
Und was steht hier?
„Silvia, in dieser Nacht befrei' ich dich."
So ist es; und dazu ist dies die Leiter.
Ha, Phaethon (denn du bist Merops' Sohn⁴),
Greifst nach den Zügeln du der Sonnenrosse,
Im Uebermut die Erde zu verbrennen?
Nach Sternen, weil sie auf dich nieder scheinen?
Ha! frecher Sklav! der keck sich eingedrängt,
Dein hündisch Grinsen schenke deinesgleichen.
Wiss', meiner Nachsicht, mehr als deinem Wert,
Verdankst du's, daß du ungefährdet ziehn darfst;
Dies preise mehr, als all die Gunstbezeigung,
Die ich, nur weggeworfen, dir erwies.
Doch wenn du länger weilst in meinem Land,
Als nötig ist, bei schleunigster Beeilung
Von unserm königlichen Hof zu scheiden,
Dann will, bei Gott, ich grimmiger dir zürnen,
Als ich mein Kind je oder dich geliebt.
Fort denn, und schweig mit nichtiger Entschuld'gung;
Liebst du dein Leben, fort in schnellster Eil.
(Herzog geht ab.)

Valentin. Lieber den Tod als dieses Daseins Marter.
Zu sterben, ist von mir verbannt zu sein,
Und Silvia ist ich selbst; verbannt von ihr
Ist selbst von selbst; o tödliche Verbannung!
Ist Licht noch Licht, wenn ich nicht Silvia sehe?
Ist Lust noch Lust, wo Silvia nicht zugegen?
Es sei denn, daß mein Geist sie nahe dächte,
Am Schatten der Vollkommenheit sich weidend.
Nur wenn ich in der Nacht bei Silvia bin,
Singt meinem Ohr Musik die Nachtigall;

Dritter Aufzug. 1. Szene.

Nur wenn ich Silvia kann am Tage sehn,
Nur dann strahlt meinem Auge Tag sein Licht.
Sie ist mein Lebenselement; ich sterbe,
Werd' ich durch ihren Himmelseinfluß nicht
Erfrischt, verklärt, gehegt, bewahrt im Leben.
Tod folgt mir, flieh' ich seinen Todesspruch;
Verweil' ich hier, erwart' ich nur den Tod;
Doch fliehe ich, so flieh' ich aus dem Leben.

Proteus und Lanz treten auf.

Proteus. Lauf, Bursch, lauf, lauf, und such ihn mir.
Lanz. Holla! Holla!
Proteus. Was siehst du?
Lanz. Den, den wir suchen; es ist nicht ein Haar auf seinem Kopfe, das nicht ein Valentin ist.
Proteus. Valentin?
Valentin. Nein.
Proteus. Wer denn? sein Geist?
Valentin. Auch nicht.
Proteus. Was denn?
Valentin. Niemand.
Lanz. Kann niemand sprechen? Herr, soll ich schlagen?
Proteus. Wen willst du schlagen?
Lanz. Niemand.
Proteus. Zurück, Tölpel.
Lanz. Nun, Herr, ich will niemand schlagen, ich bitte Euch —
Proteus. Zurück, sag' ich. Freund Valentin, ein Wort.
Valentin. Mein Ohr ist abgesperrt für gute Zeitung,
So viel des Bösen zog darin schon ein.
Proteus. Dann will ich mein' in tiefes Schweigen senken;
Denn sie ist rauh, voll Uebellaut und schlimm.
Valentin. Botschaft von Silvias Tod?
Proteus.   Nicht, Valentin.
Valentin. Nicht Valentin, fürwahr, für jenen Engel.
Sagt sie sich von mir los?
Proteus.   Nicht, Valentin.
Valentin. Nicht Valentin, wenn Silvia sich losjagt!
Was bringst du denn?
Lanz. Herr, man rief aus, daß Ihr seid hier verbannt.
Proteus. Daß du verbannt bist, ach, das ist die Botschaft;
Von hier, von Silvia und von deinem Freund.
Valentin. Von diesen Schmerzen hab' ich schon gezehrt;
Das Uebermaß wird jetzt mich übersättigen.
Und weiß es Silvia schon, daß ich verbannt?
Proteus. Ja, ihr entströmte bei dem strengen Spruch

(Der, ohne Widerruf, in Kraft besteht)
Ein Meer von Perlen, Thränen sonst genannt;
Die goß sie zu des harten Vaters Füßen;
Auf ihre Knie warf sie sich bittend hin,
Die Hände ringend, deren Weiß erglänzte,
Als würden sie erst jetzt so bleich aus Gram.
Doch nicht gebeugtes Knie, erhobne Hand,
Noch Seufzer, Klagen, Silberflut der Thränen
Durchdrang des mitleidlosen Vaters Herz;
Nein, Valentin, ergreift man ihn, muß sterben.
Ihr Fürwort reizt' ihn noch zu größerm Zorn,
Als sie für deine Rückberufung bat.
In enge Haft hieß er sie schließen ein
Und drohte zornig, nie sie zu befrein.
Valentin. Nichts mehr; wenn nicht dein nächstes Wort, gesprochen,
Mit tötender Gewalt mein Leben trifft.
Ist's so, dann bitt' ich, hauch es in mein Ohr,
Ein Trau'rlied, das mein endlos Leiden ende.
Proteus. Nein, klage nicht, wo du nicht helfen kannst,
Und such zu helfen dem, was du beklagst;
Die Zeit ist Amm' und Mutter alles Guten.
Verweilst du hier, siehst du nicht die Geliebte;
Auch drohet dein Verweilen deinem Leben.
Hoffnung ist Liebesstab; zieh hin mit ihm,
Er sei dir gegen die Verzweiflung Schutz.
Schick deine Briefe her, bist du auch fern;
Die sende mir, und ich beförrde sie
In den milchweißen Busen deiner Silvia.
Für lange Reden ist jetzt keine Zeit;
Komm, ich begleite dich durchs Thor der Stadt,
Und, eh' wir scheiden, sprechen wir ausführlich
Von deiner Herzensangelegenheit.
Bei Silvias Liebe, meide die Gefahr,
Um sie, wenn nicht um dich, und komm mit mir.
Valentin. Lanz, wenn du meinen Burschen sehen solltest,
Heiß eilen ihn und mich am Nordthor treffen.
Proteus. Geh, hörst du, such ihn auf. Komm, Valentin.
Valentin. O, teure Silvia! armer Valentin!
(Proteus und Valentin gehen ab.)

Lanz. Ich bin nur ein Narr, seht ihr; und doch habe ich den Verstand, zu merken, daß mein Herr eine Art von Spitzbube ist; doch das ist alles eins, wenn er nur ein ganzer Spitzbube wäre. Der soll noch geboren werden, der da weiß, daß ich verliebt bin; und doch bin ich verliebt; aber ein Gespann Pferde soll das aus mir nicht herausziehen; und auch nicht, in wen ich

Dritter Aufzug. 1. Szene.

verliebt bin, und doch ist's ein Weibsbild; aber was für ein Weibsbild, das werde ich nicht verraten; und doch ist's ein Milchmädchen; doch ist's kein Mädchen; denn sie hat Kindtaufe gehalten; und doch ist's ein Mädchen; denn sie ist ihres Herrn Mädchen und dient um Lohn. Sie hat mehr Qualitäten als ein Hühnerhund, — und das ist viel für einen Christenmenschen. Hier ist der Katzenlog (zieht ein Papier heraus) von ihren Eigenschaften. Imprimis, sie kann tragen und holen. Nun, ein Pferd kann nicht mehr; ein Pferd kann nicht holen, sondern nur tragen; deswegen ist sie besser als eine Mähre. Item, sie kann melken; seht ihr, eine säuberliche Tugend an einem Mädchen, das reine Hände hat.

Flint tritt auf.

Flink. Heda, Signor Lanz, wo ist mein Gebieter?
Lanz. Dein Gebiet, er? Ich dachte, du wärest sein Gebiet.
Flink. Ei, immer dein alter Spaß, die Worte zu verdrehen. Was gibt es denn für Neuigkeiten in deinem Papier?
Lanz. Die schwärzeste Neuigkeit, von der du jemals gehört hast.
Flink. So, Bursch, wie schwarz?
Lanz. Ei, so schwarz wie Tinte.
Flink. Laß mich sie lesen.
Lanz. Fort mit dir, Dummkopf; du kannst nicht lesen.
Flink. Du lügst, ich kann.
Lanz. Ich will dich auf die Probe stellen. Sage mir das: Wer zeugte dich?
Flink. Wahrhaftig, der Sohn meines Großvaters.
Lanz. O du unstudierter Grützkopf! es war der Sohn deiner Großmutter; das beweist, daß du nicht lesen kannst.
Flink. Komm, Narr, komm; stell mich auf die Probe mit deinem Papier.
Lanz. Hier; und Sankt Nikolas steh' dir bei! 5
Flink. Imprimis, sie kann melken.
Lanz. Ja, das kann sie.
Flink. Item, sie brauet gutes Bier.
Lanz. Und daher kommt das Sprichwort: Glück zu, ihr braut gutes Bier.
Flink. Item, sie kann nähen und stifen.
Lanz. Nun besser als erwürgen.
Flink. Item, sie kann stricken.
Lanz. So braucht der Mann nicht um einen Strick zu sorgen, wenn die Frau stricken kann.
Flink. Item, sie kann waschen und scheuern.
Lanz. Das ist eine besondre Tugend; denn da braucht man sie nicht zu waschen und zu scheuern.

Flink. Item, sie kann spinnen.

Lanz. So kann ich als Fliege ausfliegen, wenn sie sich mit Spinnen forthilft.

Flink. Item, sie hat viele namenlose Tugenden.

Lanz. Das will sagen, Bastardtugenden; die kennen eben ihre Väter nicht und haben darum keine Namen.

Flink. Jetzt folgen ihre Fehler.

Lanz. Den Tugenden hart auf dem Fuße.

Flink. Item, sie ist nüchtern nicht gut zu küssen wegen ihres Atems.

Lanz. Nun, der Fehler kann durch ein Frühstück gehoben werden. Lies weiter.

Flink. Sie ist ein Süßmaul.

Lanz. Das ist ein Ersatz für ihren sauern Atem.

Flink. Item, sie spricht im Schlaf.

Lanz. Das ist besser, als wenn sie im Sprechen schliefe.

Flink. Item, sie ist langsam im Reden.

Lanz. O Schurke, das unter ihre Fehler zu setzen! langsam im Reden zu sein, ist eine ganz einzige Tugend bei einem Weibe; ich bitte dich, streich das aus und stelle es unter ihren Tugenden oben an.

Flink. Item, sie ist eitel.

Lanz. Streich das auch aus! es war Evas Erbteil, und kann nicht von ihr genommen werden.

Flink. Item, sie hat keine Zähne.

Lanz. Daraus mache ich mir auch nichts; denn ich liebe die Rinden.

Flink. Item, sie ist zänkisch.

Lanz. Gut; das Beste ist, sie hat keine Zähne zum Beißen.

Flink. Item, sie lobt sich einen guten Schluck.

Lanz. Wenn der Schluck gut ist, soll sie's; wenn sie's nicht thut, thu' ich's; denn was gut ist, muß gelobt werden.

Flink. Item, sie ist zu freigebig.

Lanz. Mit ihrer Zunge kann sie's nicht; denn es steht geschrieben, daß sie langsam damit ist; mit ihrem Beutel soll sie's nicht, denn den will ich verschlossen halten; nun könnte sie es sonst noch mit etwas; und da kann ich nicht helfen. Gut, weiter.

Flink. Item, sie hat mehr Haar als Witz, und mehr Fehler als Haare, und mehr Geld als Fehler.

Lanz. Halt hier; ich will sie haben; sie war mein und nicht mein, zwei- oder dreimal bei diesem letzten Artikel; wiederhole das noch einmal.

Flink. Item, sie hat mehr Haar als Witz.

Lanz. Mehr Haar als Witz, das mag sein; das will ich beweisen: der Deckel des Salzfasses verbirgt das Salz und ist deshalb mehr als das Salz; das Haar, das den Witz bedeckt, ist mehr als der Witz; denn das größere verbirgt das kleinere. Was ist das nächste?

Flink. Und mehr Fehler als Haare.

Lanz. Das ist schrecklich; wenn das heraus wäre!

Flink. Und mehr Geld als Fehler.

Lanz. Ach, das Wort macht die Fehler zu Tugenden. Gut, ich will sie haben; und wenn das eine Heirat gibt, wie kein Ding unmöglich ist —

Flink. Was dann?

Lanz. Nun, dann will ich dir sagen, — daß dein Herr am Nordthor auf dich wartet.

Flink. Auf mich?

Lanz. Auf dich! Ja; wer bist du? er hat schon auf beßre Leute gewartet, als du bist.

Flink. Und muß ich zu ihm gehn?

Lanz. Du mußt zu ihm laufen; denn du hast so lange hier gewartet, daß gehen schwerlich hinreicht.

Flink. Warum sagtest du mir das nicht früher? Hol der Henker deinen Liebesbrief! (Geht ab.)

Lanz. Jetzt kriegt er Prügel, weil er meinen Brief gelesen hat; ein unverschämter Kerl, der sich in Geheimnisse drängen will! Ich will hinterher und an des Bengels Züchtigung meine Freude haben. (Geht ab.)

2. Szene.

Ebendaselbst. Zimmer im Palast des Herzogs.

Der Herzog und Thurio treten auf, Proteus nach ihnen.

Herzog. Nichts fürchtet, Thurio; lieben wird sie Euch,
Nun Valentin aus ihrem Blick verbannt ist.

Thurio. Seit seiner Flucht hat sie mich ausgehöhnt,
Verschworen meinen Umgang; mich gescholten,
Daß ich verzweifeln muß, sie zu gewinnen.

Herzog. So schwacher Liebeseindruck gleicht dem Bild,
In Eis geschnitten; eine Stunde Wärme
Löst es zu Wasser auf und tilgt die Form.
Ein wenig Zeit schmelzt ihren frost'gen Sinn
Und macht den niedern Valentin vergessen. —
Wie nun, Herr Proteus? Sagt, ist Euer Landsmann
Gemäß dem strengen Ausruf abgereist?

Proteus. Ja, gnäd'ger Herr.

Herzog. Betrübt ist meine Tochter um sein Gehn.

Proteus. Bald wird die Zeit, mein Fürst, den Gram vertilgen.
Herzog. Das glaub' ich auch; doch Thurio denkt nicht so.
Die gute Meinung, die ich von dir habe, —
Denn Proben deines Werts hast du gezeigt, —
Macht, daß ich um so eh'r mich an dich wende.
Proteus. Zeig' ich mich jemals unwert Eurer Gnade,
Raub' mir der Tod den Anblick Euer Gnaden.
Herzog. Du weißt, wie sehr ich zu vollziehen wünsche
Thurios Verbindung mit der Tochter Silvia.
Proteus. Ich weiß es, gnäd'ger Fürst.
Herzog. Und ebenso, denk' ich, ist dir bekannt,
Wie sie sich meinem Willen widersetzt.
Proteus. Sie that's, solange Valentin hier weilte.
Herzog. Ja, und verkehrten Sinns bleibt sie verkehrt.
Was thun wir wohl, auf daß sie bald vergesse,
Wie jenen sie geliebt, und Thurio liebe?
Proteus. Am besten, Valentin so zu verleumden,
Als sei er untreu, feig und niedrer Abkunft;
Drei Dinge, die den Weibern stets verhaßt.
Herzog. Doch wird sie denken, man spricht so aus Haß.
Proteus. Ja, wird von einem Feind dies vorgebracht.
Drum muß es mit Beweisen der erklären,
Der ihr als Freund des Valentin erscheint.
Herzog. Ihn zu verleumden, wärest du der nächste.
Proteus. Mit Widerwillen nur, mein gnäd'ger Fürst;
Es ziemt sich schlecht für einen Edelmann,
Besonders gegen seinen besten Freund.
Herzog. Wo Euer Lob ihm nicht von Nutzen ist,
Kann Euer Lästern ihm nicht Schaden bringen;
Drum unbedenklich dürft den Dienst Ihr leisten,
Den ich als Euer Freund von Euch erbitte.
Proteus. Ihr habt gewonnen, Herr. Und wenn nur irgend
Böse Nachrede Macht hat über sie,
So soll sie bald aufhören, ihn zu lieben.
Doch, reißt dies Valentin aus ihrem Herzen,
Liebt sie deshalb noch Signor Thurio nicht.
Thurio. Drum, wie die Gunst von ihm Ihr abgewickelt,
Daß sie sich nicht ganz unbrauchbar verwirre,
Müßt Ihr bei mir sie anzuzetteln suchen;
Und das geschieht, wenn Ihr mich so erhebt,
Wie Ihr den Signor Valentin erniedrigt.
Herzog. Und, Proteus, hierin dürfen wir Euch trauen;
Da wir durch Valentins Erzählung wissen,
Daß treuen Dienst Ihr schon der Liebe schwurt
Und nicht den Sinn zum Abfall wandeln könnt.

In dem Vertraun sei Zutritt Euch gewährt,
Wo Ihr mit Silvia alles könnt besprechen;
Sie ist verdrießlich, düster, melancholisch
Und wird, des Freundes halb, Euch gern empfangen;
Da mögt Ihr sie durch Ueberredung stimmen,
Valentin zu hassen, meinen Freund zu lieben.
Proteus. Was ich nur irgend kann, soll gern geschehn;
Ihr aber, Thurio, zeigt zu wenig Eifer;
Leimruten stellt, um ihren Sinn zu fangen
Durch klagende Sonett', die, süß gereimt,
Ergebnen Dienst in jedem Wort verkünden.
Herzog. Ja, viel kann Poesie, das Himmelskind.
Proteus. Singt, daß Ihr auf der Schönheit Weihaltar
Ihr Thränen, Seufzer, Euer Herz selbst opfert;
Schreibt, bis die Tinte trocknet; macht sie fließen
Mit Euren Thränen; rührend sei der Vers,
Daß er beglaub'gen mag die Herzensliebe;
Denn Orpheus' Laut erklang von Dichtersehnen!
Dem goldnen Ton erweicht sich Stein und Erz,
Zahm ward der Tiger, der Leviathansriese
Entstieg der Tiefe, auf dem Strand zu tanzen.
Habt Ihr ein herzbeweglich Lied gesungen,
So bringt in stiller Nacht vor ihrem Fenster
Harmon'schen Gruß; weint zu den Instrumenten
Ein weiches Lied; der Mittnacht Totenstille
Wird gut zum Laut der süßen Wehmut stimmen.
So oder niemals ist sie zu erringen.
Herzog. Die Vorschrift zeigt, wie sehr du selbst geliebt.
Thurio. Heut' nacht noch üb' ich aus, was du geraten.
Drum, teurer Proteus, du mein Liebeslehrer,
Laß augenblicklich in die Stadt uns gehn
Und wohlgeübte Musikanten suchen;
Ich hab' schon ein Sonett, das trefflich paßt
Als deines Unterrichtes erste Probe.
Herzog. So macht euch dran, ihr Herrn.
Proteus. Bis nach der Tafel warten wir Euch auf,
Und dann sogleich beginnen wir das Werk.
Herzog. Nein, thut es alsobald; ich geb' euch frei. (Alle ab.)

Vierter Aufzug.
1. Szene.

Wald zwischen Mailand und Verona.

Einige Räuber treten auf.

Erster Räuber. Gesellen, halt! Dort kommt ein Reisender.
Zweiter Räuber. Und wären's zehn, bangt nicht, und macht sie
nieder.

Valentin und Flint kommen.

Dritter Räuber. Steht, Herr, werft hin das, was Ihr bei Euch
tragt;
Sonst setzen wir Euch hin, Euch auszuplündern.
Flint. Wir sind verloren, Herr! Das sind die Schufte,
Vor denen alle Reisenden sich fürchten.
Valentin. Ihr Freunde —
Erster Räuber. Das sind wir nicht, Herr! Wir sind Eure Feinde.
Zweiter Räuber. Still! Hört ihn an.
Dritter Räuber. Bei meinem Bart, das woll'n wir!
Er ist ein feiner Mann.
Valentin. So wißt, ich habe wenig zu verlieren;
Ich bin ein Mann, den Unglück niederschlug;
Mein Reichtum sind nur diese armen Kleider;
Wenn ihr von denen mich entblößen wollt,
Nehmt ihr mir alles, meine ganze Habe.
Räuber. Wohin reist Ihr?
Valentin. Nach Verona.
Erster Räuber. Woher kommt Ihr?
Valentin. Von Mailand.
Dritter Räuber. Habt Ihr Euch lang' da aufgehalten?
Valentin. An sechzehn Mond', und blieb' wohl länger dort,
Wenn nicht das häm'sche Glück mir widerstrebte.
Erster Räuber. Seid Ihr von dort verbannt?
Valentin. Ich bin's.
Zweiter Räuber. Für welch Vergehn?
Valentin. Für etwas, das mich quält, wenn ich's erzähle.
Ich tötet' einen Mann, was sehr mich reut;
Doch schlug ich ihn im ehrlichen Gefecht,
Ohn' falschen Vorteil oder niedre Tücke.
Erster Räuber. Ei, laßt es Euch nicht reun, wenn's so geschah;
Doch seid Ihr um so kleine Schuld verbannt?
Valentin. Ich bin's, und war noch froh des milden Spruchs.

Vierter Aufzug. 1. Szene.

Erster Räuber. Versteht Ihr Sprachen?
Valentin. Die Gabe dank' ich meinen Jugendreisen;
Sonst wär' es mir wohl manchmal schlimm ergangen.
Dritter Räuber. Der Bursch wär', bei der Glatz' von Robin Hoods
Dickwanst'gem Mönch, für unsre Band' ein König.
Erster Räuber. Wir woll'n ihn haben; Gesellen, auf ein Wort.
Flink. Geht unter sie;
Es ist 'ne ehrenwerte Dieberei.
Valentin. Schweig, Schlingel!
Zweiter Räuber. Sagt, habt Ihr was, worauf Ihr Hoffnung setzt?
Valentin. Nichts, als mein Glück.
Dritter Räuber. Wißt denn, ein Teil von uns sind Edelleute,
Die wildes Blut und ungezähmte Jugend
Aus ehrbarer Gesellschaft ausgestoßen.
Mich selbst hat von Verona man verbannt,
Weil ich ein Fräulein zu entführen suchte,
Die reich war und dem Herzog nah verwandt.
Zweiter Räuber. Und mich von Mantua, weil ich wutentbrannt
Dort einem Edelmann das Herz durchstach.
Erster Räuber. Und mich um solch gering Versehn wie diese.
Doch nun zum Zweck — denn unsre Fehler hört Ihr,
Damit sie unsern Räuberstand entschuld'gen —
Wir sehn, Ihr seid ein gutgebauter Mann
Von angenehmer Bildung; und Ihr rühmt Euch
Der Sprachen; solches Manns, der so vollendet,
Bedürfen wir in unsrer Profession.
Zweiter Räuber. In Wahrheit, weil Ihr ein Verbannter seid,
Deshalb, vor allem andern, fragen wir:
Gefällt's Euch, unser General zu werden?
Wollt Ihr 'ne Tugend machen aus der Not
Und mit uns hier in diesen Wäldern leben?
Dritter Räuber. Sprich, willst du unsrer Bande zugehören?
Sag ja, und sei der Hauptmann von uns allen;
Wir huld'gen dir und folgen deinem Wort
Und lieben dich als unsern Herrn und König.
Erster Räuber. Doch stirbst du, wenn du unsre Gunst verschmähst.
Zweiter Räuber. Nicht sollst du prahlen je mit unserm Antrag.
Valentin. Den Antrag nehm' ich an, mit euch zu leben,
Mit dem Beding, daß ihr nicht Unbill übt
An armen Wandrern und wehrlosen Frauen.
Dritter Räuber. Nein, wir verschmähn so ehrlos feige Thaten.
Komm mit, wir bringen dich zu unsrer Schar
Und zeigen dir den Schatz, den wir gehäuft;
Und dieser, so wie wir, sind dir zu Dienst. (Alle ab.)

2. Szene.

Mailand. Im Palasthof.

Proteus tritt auf.

Proteus. Erst war ich treulos gegen Valentin,
Nun muß ich auch an Thurio unrecht handeln.
Mit falschem Schein, als spräch' ich seinethalb,
Nutz' ich den Zutritt eignem Liebeswerben;
Doch Silvia ist zu schön, zu treu, zu heilig,
Gehör zu geben niedriger Bestechung.
Beteur' ich treuergebnen Sinn für sie,
Wirft sie die Falschheit vor mir an dem Freund;
Und weih' ich ihrer Schönheit meinen Schwur,
Heißt sie mich meines Meineids gleich gedenken,
Weil Julien ich mein Liebeswort gebrochen.
Doch, ob sie mich auch noch so schnöde abweist,
Genug, um jede Hoffnung zu ertöten,
Stärkt sich nur meine Lieb' und schmeichelt ihr,
Dem Hündchen gleich, jemehr sie sie zurückstößt.
Doch Thurio kommt; jetzt müssen wir zum Fenster
Und ihrem Ohr ein nächtlich Ständchen bringen.

Thurio kommt mit Musikanten.

Thurio. Wie, Proteus? seid Ihr mir vorausgeschlichen?
Proteus. Ja, edler Thurio; denn Ihr wißt, daß Liebe
Zum Dienst hinschleicht, wo sie nicht gehen kann.
Thurio. Ja, Herr, doch hoff' ich, daß Ihr hier nicht liebt.
Proteus. Ich thu' es doch; sonst wär' ich fern von hier.
Thurio. Wen? Silvia?
Proteus. Silvia — um Euretwegen.
Thurio. So dank' ich Euretwegen. Jetzt, ihr Herrn,
Stimmt nun, und dann mit frischem Mut daran.

In der Entfernung treten auf der Wirt und Julia in Pagentracht.

Wirt. Nun, mein junger Gast! mich dünkt, Ihr leidet an der Alkoholik; ich bitte Euch, warum?
Julia. Ei, mein guter Wirt, weil ich nicht fröhlich sein kann.
Wirt. Kommt, Ihr sollt fröhlich werden. Ich will Euch hinbringen, wo Ihr Musik hören und den Edelmann sehen werdet, nach dem Ihr fragtet.
Julia. Aber werde ich ihn sprechen hören?
Wirt. Ja, das werdet Ihr.
Julia. Das wird Musik sein.

(Die Musik beginnt.)

Wirt. Horł! hört!
Julia. Ist er unter denen?
Wirt. Ja, aber still, laßt uns zuhören.

Gesang.

Wer ist Silvia? Wer ist sie,
Die aller Welt Verehrung?
Heilig, schön und weis' ist sie
In himmlischer Verklärung;
Lob und Preis ihr, dort und hie.

Ist sie nicht so schön als gut?
Denn Schön' und Güte weilt hie.
Amor ihr im Auge ruht,
Ihn von der Blindheit heilt sie;
Er, dort bleibend, Wunder thut.

Dich, o Silvia, singen wir,
Die hoch als Fürstin thronet;
Du besiegst an Huld und Zier,
Was nur auf Erden wohnet;
Kränzt das Haupt mit Rosen ihr!

Wirt. Nun? seid Ihr noch schwermüt'ger als zuvor? Was ist Euch, Freund? gefällt Euch die Musik nicht?
Julia. Ihr irrt; der Musikant gefällt mir nicht.
Wirt. Warum, mein artiges Kind?
Julia. Er spielt falsch, Vater.
Wirt. Wie? greift er unrecht in die Saiten?
Julia. Das nicht; aber er reißt so in die Saiten, daß er die Saiten meines Herzens zerreißt.
Wirt. Ihr habt ein zartes Ohr.
Julia. O, ich wollte, ich wäre taub; es macht mein Herz schwer.
Wirt. Ich merke, Ihr habt keine Freude an Musik.
Julia. Nicht die geringste, wenn sie so mißlautet.
Wirt. Hört, welch ein schöner Wechsel in der Musik.
Julia. Ach! dieser Wechsel ist das Böse.
Wirt. Ihr wollt, daß sie immer dasselbe spielen?
Julia. Ich wollte, einer spielte stets dasselbe.
Doch dieser Proteus, von dem wir jetzt sprechen,
Stellt er sich oft bei diesem Fräulein ein?
Wirt. Ich sage Euch, was Lanz, sein Diener, mir gesagt hat, er liebt sie über alle Maßen.
Julia. Wo ist Lanz?
Wirt. Er ist fort, seinen Hund zu suchen, den er morgen, auf seines Herrn Befehl, der Dame zum Geschenk bringen muß.
Julia. Still! geh beiseit', die Gesellschaft entfernt sich.

Proteus. Thurio, seid unbesorgt! Ich spreche so,
Daß meinem list'gen Plan Ihr höchstes Lob zollt.
Thurio. Wo treffen wir uns?
Proteus. Bei Sankt Gregors Brunnen.
Thurio. Lebt wohl.
(Thurio und die Musikanten ab.)

S i l v i a erscheint oben am Fenster.

Proteus. Fräulein, ich biet' Euer Gnaden guten Abend.
Silvia. Ich danke, meine Herrn, für die Musik;
Wer ist's, der sprach?
Proteus. Mein Fräulein, kenntet Ihr sein treues Herz,
Ihr würdet bald ihn an der Stimme kennen.
Silvia. Herr Proteus, hört' ich recht.
Proteus. Proteus, mein edles Fräulein, und Eu'r Diener.
Silvia. Was ist Eu'r Wille?
Proteus. Eu'r will'ger Knecht zu sein.
Silvia. Euer Wunsch ist schon erfüllt; mein Will' ist dieser,
Daß Ihr sogleich nach Haus und schlafen geht.
Du schlau, meineidig, falsch, treuloser Mann!
Glaubst du, ich sei so schwach, so unverständig,
Daß mich verführte deine Schmeichelei,
Der du mit Schwüren schon so manche trog'st?
Zur Heimat kehr, die Braut dir zu versöhnen.
Denn ich, hör's, blasse Königin der Nacht!
Ich bin so fern, mich deinem Flehn zu neigen,
Daß ich dein schmachvoll Werben tief verachte;
Und schon beginn' ich mit mir selbst zu hadern,
Daß ich noch Zeit verschwende, dich zu sprechen.
Proteus. Ich will's gestehn, mein Herz, ich liebt' ein Fräulein;
Doch sie ist tot.
Julia (beiseite). Falsch ist's, dürft' ich nur reden;
Denn ich bin sicher, sie ist nicht begraben.
Silvia. Sei's, wie du sagst; doch Valentin, dein Freund,
Lebt noch, dem ich, du bist des selber Zeuge,
Verlobte bin. Und hast du keine Scham,
Ihn durch dein freches Drängen so zu kränken?
Proteus. Man sagte mir, auch Valentin sei tot.
Silvia. So denk, ich sei es auch; denn in sein Grab,
Des sei gewiß, versenkt' ich meine Liebe.
Proteus. Laßt, Teure, mich sie aus der Erde scharren.
Silvia. Geh, rufe Juliens Lieb' aus ihrer Gruft;
Und kannst du's nicht, begrabe dort die deine.
Julia (beiseite). Davon ward ihm nichts kund.
Proteus. Fräulein, wenn Euer Herz so grausam ist,

Vierter Aufzug. 3. Szene.

Bewilligt doch Eu'r Bildnis meiner Liebe,
Das Bildnis, das in Eurem Zimmer hängt;
Zu diesem will ich reden, seufzen, weinen.
Denn, da das wahre Selbst von Eurer Schönheit
Sich weggeschenkt, bin ich ein Schatten nur;
Und Eurem Schatten will ich liebend huld'gen.
Julia (beiseite). Wär' es ein wahres Selbst, betrög'st du es
Und machtest es zum Schatten, wie ich bin.
Silvia. Mich freut es nicht, zum Götzen Euch zu dienen;
Doch, da es gut für Eure Falschheit paßt,
Nur Schatten, falsch Gebilde anzubeten,
Schickt zu mir morgen früh, ich send' es Euch;
Und so schlaft wohl.
Proteus. Wie, wer verurteilt liegt
Und morgen seine Hinrichtung erwartet.
(Proteus geht ab und Silvia von oben weg.)
Julia. Wirt, wollt Ihr gehn?
Wirt. Meiner Treu, ich war fest eingeschlafen.
Julia. Sagt mir, wo wohnt Proteus?
Wirt. Ei, in meinem Hause. — Wahrhaftig, ich glaube, es ist beinah' Tag.
Julia. Das nicht; doch ist's die längste Nacht gewesen,
Die ich je durchgewacht, und auch die bängste. (Sie gehen ab.)

3. Szene.

Ebendaselbst.

Eglamour tritt auf.

Eglamour. Die Stunde hat mir Silvia bestimmt,
Und jetzt soll ich erfahren, was sie wünscht;
Zu etwas Wicht'gem will sie mich gebrauchen.
Fräulein!
Silvia erscheint oben am Fenster.
Silvia. Wer ruft?
Eglamour. Euer Diener und Euer Freund,
Der Euren gnädigen Befehl erwartet.
Silvia. Herr Eglamour, viel tausend guten Morgen.
Eglamour. So viele, wertes Fräulein, wünsch' ich Euch.
Nach Euer Gnaden Willen und Geheiß
Kam ich so früh, zu hören, welchen Dienst
Es Euch gefallen wird mir aufzutragen.
Silvia. O Eglamour, du bist ein Edelmann, —

Ich schmeichle nicht, ich schwör', ich thu' es nicht —
Zartfühlend, weise, tapfer, ohne Tadel.
Dir ist nicht unbekannt, welch holden Sinn
Ich hege dem verbannten Valentin,
Noch wie mein Vater mich mit Zwang will geben
Dem faden Thurio, den mein Herz verabscheut.
Du hast geliebt; und sagen hört' ich dich,
Kein Schmerz kam deinem Herzen je so nah
Als deiner Braut, der treu geliebten, Tod,
Auf deren Grab du strenge Keuschheit schwurest.
Herr Eglamour, mich zieht's zu Valentin
Nach Mantua, wo er, wie ich höre, weilt.
Und da die Wege jetzt gefährlich sind,
So wünsch' ich deine würdige Gesellschaft,
Nur im Vertrau'n auf deine wahre Ehre.
Sprich von des Vaters Zorn nicht, Eglamour;
Mein Leid bedenke, einer Dame Leid,
Und daß ich fliehen darf mit gutem Fug,
Mich vor gottlosem Ehebund zu schützen,
Den Gott und Schicksal stets noch ahndeten.
Ich bitte flehend dich, mit einem Herzen
So voll von Trübsal wie die See voll Sand,
Gefährte mir zu sein und mitzugehn;
Wo nicht, so berge, was ich dir entdeckt,
Daß ich allein mein Abenteuer wage.
Eglamour. Mich jammert, Fräulein, Euer schwer Bedrängniß;
Und da ich Eures Herzens Tugend kenne,
Geb' ich den Willen drein, mit Euch zu reisen;
Nicht achtend, was mich irgend fährden könnte,
Wie ich nur eifrig Eure Wohlfahrt wünsche.
Wann wollt Ihr reisen?
Silvia. Wie der Abend kommt.
Eglamour. Wo treff' ich Euch?
Silvia. In Bruder Patriks Zelle.
Ich gebe vor, ich ging' zur heil'gen Beichte.
Eglamour. Ich werd' Euch, teures Fräulein, nicht verfehlen.
Prinzessin, guten Morgen.
Silvia. Habt guten Morgen, teurer Eglamour.

(Gehen ab.)

4. Szene.

Ebendaselbst.

Lanz tritt auf mit seinem Hunde.

Lanz. Wenn eines Menschen Angehöriger sich recht hündisch gegen ihn beträgt, seht ihr, das muß einen tränken; einer, den ich vom frühsten aufgezogen habe; einen, den ich vom Ersäufen gerettet, da drei oder vier seiner blinden Brüder und Schwestern daran mußten! Ich habe ihn abgerichtet — grade wie wenn einer sich recht ausdrücklich vornimmt: so möchte ich einen Hund abgerichtet haben. Ich war abgeschickt, ihn Fräulein Silvia zum Geschenk von meinem Herrn zu überbringen; und kaum bin ich in den Speisesaal getreten, so läuft er mir zu ihrem Teller und stiehlt ihr einen Kapaunenschenkel. O, es ist ein böses Ding, wenn sich ein Köter nicht in jeder Gesellschaft zu benehmen weiß! Ich wollte, daß einer, der, sozusagen, es auf sich genommen hat, ein wahrer Hund zu sein, daß er dann, sozusagen, auch ein Hund in allen Dingen wäre. Wenn ich nicht mehr Verstand gehabt hätte als er, und den Fehler auf mich genommen, den er beging, so glaube ich wahrhaftig, er wäre dafür gehenkt worden. So wahr ich lebe, er hätte es büßen müssen! Urteilt selbst: da schiebt er sich ein in die Gesellschaft von drei oder vier wohlgebornen Hunden, unter des Herzogs Tafel; da steckt er kaum (Gott behüte mich) so lange, daß ein Mensch drei Schluck thun könnte, so riecht ihn auch schon der ganze Saal. Hinaus mit dem Hunde, sagt einer; was für ein Köter ist das? sagt ein andrer; peitscht ihn hinaus, ruft der dritte; hängt ihn auf, sagt der Herzog. Ich, der ich gleich den Geruch wieder kannte, wußte, daß es Krabb war; und mache mich an den Kerl, der die Hunde peitscht. Freund, sage ich, Ihr seid willens, den Hund zu peitschen? Ja, wahrhaftig, das bin ich, sagt er. So thut Ihr ihm himmelschreiend Unrecht, antworte ich; ich that das Ding, was Ihr wohl wißt. Der macht auch weiter keine Umstände und peitscht mich zum Saal hinaus. Wie viele Herren würden das für ihre Diener thun? Ja, ich kann's beschwören, ich habe im Block gesessen für Würste, die er gestohlen hat, sonst wäre es ihm ans Leben gegangen. Ich habe am Pranger gestanden für Gänse, die er gewürgt hat, sonst hätten sie ihn dafür hingerichtet; das hast du nun schon vergessen! — Ja, ich denke noch an den Streich, den du mir spieltest, als ich mich von Fräulein Silvia beurlaubte; hieß ich dich nicht immer auf mich achtgeben, und es so machen wie ich? Wann hast du gesehen, daß ich mein Bein aufhob und an einer Dame Reifrock mein Wasser abschlug? Hast du je solche Streiche von mir gesehn?

Proteus und Julia treten auf.

Proteus. Sebastian ist dein Name? du gefällst mir;
Ich will dich gleich zu einem Dienst gebrauchen.
Julia. Was Euch beliebt; ich will thun, was ich kann.
Proteus. Das hoff' ich, wirst du. — (Zu Lanz.) Wie, nichts=
nutz'ger Lümmel?
Wo hast du seit zwei Tagen mir gesteckt?
Lanz. Ei, Herr, ich brachte Fräulein Silvia den Hund, wie Ihr mich hießet.
Proteus. Und was sagte sie zu meiner kleinen Perle?
Lanz. Ei, sie sagte, Euer Hund wäre ein Köter; und meinte, ein hündischer Dank wäre genug für solch ein Geschenk.
Proteus. Aber sie nahm meinen Hund?
Lanz. Nein, wahrhaftig, das that sie nicht; hier hab' ich ihn wieder mitgebracht.
Proteus. Was, diesen wolltest du ihr von mir schenken?
Lanz. Ja, Herr; das andre Eichhörnchen wurde mir von des Scharfrichters Buben auf dem Markt gestohlen; und da schenkte ich ihr meinen eignen; der Hund ist so dick wie zehn von den Euren, und um so größer ist auch das Präsent.
Proteus. Geh, mach dich fort, und bring mir meinen Hund;
Sonst komm mir niemals wieder vor die Augen.
Fort, sag' ich; bleibst du mich zu ärgern stehn?
Ein Schurke, der mir stets nur Schande macht. (Lanz geht ab.)
Ich nahm, Sebastian, dich in meinen Dienst,
Teils, weil ich einen solchen Knaben brauche,
Der mit Verstand vollführt, was ich ihn heiße;
Denn kein Verlaß ist auf den dummen Tölpel.
Doch mehr um dein Gesicht und dein Betragen,
Die — wenn mich meine Ahnung nicht betrügt —
Von guter Bildung zeugen, Glück und Treue.
Drum wisse, deshalb hab' ich dich genommen.
Geh augenblicklich nun mit diesem Ring,
Den übergieb an Fräulein Silvia.
Wohl liebte die mich, die ihn mir gegeben.
Julia. Ihr also liebt sie nicht, da Ihr ihn weg gebt.
Sie ist wohl tot?
Proteus. Das nicht; ich glaub', sie lebt.
Julia. Weh mir!
Proteus. Weshalb rufst du: weh mir?
Julia. Ich kann nicht anders, ich muß sie beklagen.
Proteus. Weshalb beklagst du sie?
Julia. Weil mich bedünkt, sie liebte Euch so sehr,
Als Ihr nur Euer Fräulein Silvia liebt;

Vierter Aufzug. 4. Szene.

Sie sinnt nur ihn, der schon vergaß ihr Lieben;
Ihr brennt für sie, die abweist Euer Lieben.
O Jammer, daß sich Lieb' so widerspricht,
Und des gedenkend mußt' ich klagen, weh mir!
Proteus. Gut, gib ihr diesen Ring und auch zugleich
Den Brief. Hier ist ihr Zimmer; sag dem Fräulein,
Ich fordr' ihr himmlisch Bild, das sie versprochen.
Dies ausgerichtet eil zu meiner Kammer,
Wo du mich traurig, einsam finden wirst.
(Proteus geht ab.)
Julia. Wie wen'ge Frauen brächten solche Botschaft!
Ach! armer Proteus! du erwählst den Fuchs,
Um dir als Hirt die Lämmer zu behüten.
Ach, arme Thörin! was beklag' ich den,
Der mich von ganzem Herzen jetzt verachtet?
Weil er sie liebt, verachtet er mich nun;
Weil ich ihn liebe, muß ich ihn beklagen.
Ich gab ihm diesen Ring, da wir uns trennten,
Als Angedenken meiner Gunst und Treue.
Nun schickt man mich (o unglücksel'ger Bote!),
Zu fordern, was ich nicht gewinnen möchte;
Zu bringen, was ich abgeschlagen wünschte;
Und treu zu preisen den, dem ich Verachtung gönnte.
Ich bin die treu Verlobte meines Herrn;
Doch kann ich nicht sein treuer Diener sein,
Wenn ich nicht an mir selbst Verräter werde.
Doch will ich für ihn werben; doch so kalt,
Wie ich, beim Himmel, die Erwidrung wünschte.

S i l v i a tritt auf mit Begleitung.

Gegrüßt seid, edle Dame! Bitt' Euch, macht,
Daß ich mit Fräulein Silvia sprechen kann.
Silvia. Was wolltet Ihr von ihr, wenn ich es wäre?
Julia. Wenn Ihr es seid, so bitt' ich, mit Geduld
Die Botschaft anzuhören, die ich bringe.
Silvia. Von wem?
Julia. Von Signor Proteus, meinem Herrn.
Silvia. Ach! Wegen eines Bildes schickt er Euch?
Julia. Ja, Fräulein.
Silvia. So bring denn, Ursula, mein Bildnis her.
(Das Bild wird gebracht.)
Geht, gebt das Eurem Herrn, sagt ihm von mir,
Die Julia, die sein falsches Herz vergaß,
Ziemt besser, als der Schatten, seinem Zimmer.
Julia. Fräulein, gefällt's Euch, diesen Brief zu lesen.

Verzeiht, mein Fräulein; ich gab unvorsichtig
Euch ein Papier, das nicht für Euch bestimmt;
Dies ist der rechte Brief an Euer Gnaden.
Silvia. Ich bitte, laß mich das noch einmal sehn.
Julia. Es kann nicht sein; mein Fräulein, Ihr verzeiht.
Silvia. Hier, nimm.
Ich will die Zeilen deines Herrn nicht lesen.
Ich weiß, sie sind mit Schwüren angefüllt
Und neuerfundnen Eiden, die er bricht
So leicht, als ich jetzt dieses Blatt zerreiße.
Julia. Fräulein, er schickt Eu'r Gnaden diesen Ring.
Silvia. Ihm Schmach so mehr, mir diesen Ring zu schicken;
Denn tausendmal hab' ich ihn sagen hören,
Wie seine Julia ihn beim Abschied gab.
Hat auch sein falscher Finger ihn entweiht,
Soll meiner Julien nicht solch Unrecht thun.
Julia. Sie dankt Euch.
Silvia. Was sagst du?
Julia. Ich dank' Euch, Fräulein, für dies Zartgefühl;
Das arme Kind! Herr Proteus kränkt sie sehr.
Silvia. Kennst du sie?
Julia. Beinah' so gut, als ich mich selber kenne.
Gedenk' ich ihres Wehs, bei meiner Seele,
Schon hundertmal hab' ich um sie geweint.
Silvia. So glaubt sie wohl, daß Proteus sie verlassen?
Julia. Ich glaub', so ist's, und das ist auch ihr Gram.
Silvia. Sie ist von großer Schönheit?
Julia. Sie war einst schöner, Fräulein, als sie ist.
Da sie noch glaubte, daß mein Herr sie liebe,
War sie, wie mich bedünkt, so schön wie Ihr;
Doch seit sie ihrem Spiegel untreu ward,
Die Maske wegwarf, die vor Sonne schützte,
Sind von der Luft gebleicht der Wangen Rosen,
Und ihrer Stirne Lilienglanz gedunkelt,
Daß sie so schwarz geworden ist wie ich.
Silvia. Wie groß war sie?
Julia. Sie ist von meinem Wuchse; denn zu Pfingsten,
Als man heitrer Festspiele sich erfreute,
Gab mir das junge Volk die Frauenrolle
Und putzte mich mit Juliens Kleidern aus;
Die paßten mir so gut, wie alle sagten,
Als wäre das Gewand für mich geschnitten.
Davon weiß ich, sie ist so hoch wie ich.
Und zu der Zeit macht' ich sie recht zu weinen,
Denn traurig war die Rolle, die ich spielte;

Vierter Aufzug. 4. Szene.

Ariadne war's, von wildem Weh verzehrt
Um Theseus' Falschheit und geheime Flucht;
Das spielten meine Thränen so lebendig,
Daß meine arme Herrin, tief gerührt,
Recht herzlich weint'; und sterben will ich gleich,
Wenn ich im Geist nicht ihren Kummer fühlte!
Silvia. Sie ist dir sehr verpflichtet, lieber Knabe!
Ach, armes Mädchen! einsam und verlassen!
Ich weine selbst, bedenk' ich deine Worte.
Hier, Knab', ist meine Börse; nimm die Gabe
Um deiner Herrin willen, die du liebst.
Leb' wohl. (Silvia geht ab.)
Julia. Sie wird Euch danken, lernt Ihr je sie kennen.
Ein edles Fräulein, sanft und voller Huld.
Die Werbung meines Herrn läßt sie wohl kalt,
Da meiner Herrin Liebe sie so wert hält.
Wie treibt doch Liebe mit sich selbst ein Spiel!
Hier ist ihr Bildnis; laßt mich sehn, ich denke,
Hätt' ich nur solchen Kopfputz, mein Gesicht
Würd' ganz so lieblich wie das ihre sein.
Doch hat der Maler etwas ihr geschmeichelt,
Wenn ich nicht allzuviel mir selber schmeichle.
Ihr Haar ist bräunlich, meins vollkommen blond;
Wenn das den Ausschlag gibt in seiner Liebe,
So trag' ich falsches Haar von dieser Farbe.
Ihr Aug' ist klares Blau, und so das meine;
Doch ihre Stirn ist niedrig, meine hoch.
Was könnt' es sein, was ihn an ihr entzückt,
Womit ich ihn nicht auch entzücken könnte,
Wär' thörichte Liebe nicht ein blinder Gott?
So nimm denn, Schatten, diesen Schatten mit;
Er ist dein Nebenbuhler. Lebloß Bild!
Du wirst verehrt, geküßt und angebetet;
Und wäre Sinn in seinem Götzendienst,
Mein Wesen würde Bild statt deiner sein.
Ich will dir freundlich sein der Herrin wegen;
So war sie mir; sonst, bei dem Jupiter,
Kratzt' ich dir deine blinden Augen aus,
Die Liebe meines Herrn zu dir zu tilgen. (Geht ab.)

Fünfter Aufzug.

1. Szene.

Ebendaselbst. Ein Kloster.

Eglamour tritt auf.

Eglamour. Die Sonne rötet schon den Abendhimmel;
Die Stund' ist da, die Silvia mir bestimmte,
Hier bei Patricius' Zell' auf sie zu warten.
Sie bleibt nicht aus; denn Liebende verfehlen
Die Stunde nur, um vor der Zeit zu kommen,
Weil sie die Eile selbst noch spornen möchten.
Hier kommt sie schon. Glückjel'gen Abend, Fräulein!

Silvia tritt auf.

Silvia. Geb's Gott! Geh weiter, guter Eglamour!
Hinaus zum Pförtchen an der Klostermauer;
Ich bin besorgt, daß Laurer mich bewachen.
Eglamour. Sorgt nicht, der Wald ist kaum drei Meilen weit;
Ist der erreicht, sind wir in Sicherheit. (Sie gehen ab.)

2. Szene.

Ebendaselbst. Zimmer im Palast des Herzogs.

Thurio, Proteus und Julia treten auf.

Thurio. Was sagt zu meinem Werben Silvia?
Proteus. O Herr, ich fand sie milder als bisher;
Doch hat sie viel an Euch noch auszustellen.
Thurio. Was, daß mein Bein zu lang ist?
Proteus. Nein; zu dünn.
Thurio. So trag' ich Stiefel, daß es runder wird.
Julia (beiseite). Was Liebe scheut, wer kann sie dazu spornen?
Thurio. Und mein Gesicht?
Proteus. Sie sagt', es sei zu weiß.
Thurio. Da lügt der Schalk; denn mein Gesicht ist schwarz.
Proteus. Doch weiß sind Perlen; und das Sprichwort sagt,
Ein schwarzer Mann ist Perl' im Aug' der Schönen.
Julia (beiseite). Ja; Perlen, die der Damen Augen blenden.
Denn lieber wegjehn, als auf sie zu blicken.
Thurio. Gefällt ihr mein Gespräch?

Proteus. Schlecht, redet Ihr von Krieg.
Thurio. Doch gut, wenn ich von Lieb' und Frieden rede?
Julia (beiseite). Am besten, sicher, wenn Ihr friedlich schweigt.
Thurio. Was aber sagte sie von meinem Mut?
Proteus. O, Herr, darüber hat sie keinen Zweifel.
Julia (beiseite). Nicht nötig, weil sie seine Feigheit kennt.
Thurio. Doch was von meiner Abkunft?
Proteus. Daß Ihr sehr hoch herabgekommen seid.
Julia (beiseite). Gewiß; vom Edelmann zum Narr'n herab.
Thurio. Bedenkt sie auch mein großes Gut?
Proteus. Ja, mit Bedauern.
Thurio. Weshalb?
Julia (beiseite). Weil einem Esel es gehört.
Proteus. Weil Ihr's nicht selbst verwaltet.
Julia. Hier kommt der Herzog.

Der Herzog tritt auf.

Herzog. Wie steht's, Herr Proteus? Thurio, wie steht's?
Wer von euch sah den Eglamour seit kurzem?
Thurio. Ich nicht.
Proteus. Ich auch nicht.
Herzog. Saht ihr Silvia?
Proteus. Nein.
Herzog. So floh sie hin zu Valentin, dem Wicht,
Und Eglamour ist es, der sie begleitet.
Gewiß; denn Bruder Lorenz traf sie beide,
Als im Gebet er durch die Waldung ging.
Ihn kannt' er wohl und glaubt' auch sie zu kennen;
Doch macht' ihn ihre Maske ungewiß.
Auch gab sie vor, sie woll' am Abend beichten
In des Patricius Zell', und war nicht dort.
Durch diese Zeichen wird die Flucht bestätigt.
Deswegen, bitt' ich, weilt nicht lang beratend,
Nein, gleich zu Pferd; und trefft mich beide, wo
Am Fuße des Gebirgs nach Mantua sich
Der Weg hinaufzieht; dorthin flohen sie.
Beeilt euch, teure Herrn, und folgt mir nach. (Geht ab.)
Thurio. Nun ja, da haben wir das kind'sche Ding,
Die ihrem Glück entflieht, wenn es ihr folgt.
Ihr nach! mehr mich an Eglamour zu rächen,
Als weil ich Silvia, die Leichtsinn'ge, liebe. (Geht ab.)
Proteus. Ich folge, mehr weil Silvia meine Liebe,
Als Eglamour, der mit ihr geht, mein Haß! (Geht ab.)
Julia. Ich folge, mehr zu kreuzen diese Liebe,
Als Silvia hassend, die geflohn aus Liebe. (Geht ab.)

3. Szene.

Wald.

Silvia und die Räuber kommen.

Räuber. Kommt, kommt;
Geduld, wir bringen Euch zu unserm Hauptmann.
Silvia. Durch tausend große Unglücksfälle lernt' ich
Den heutigen ertragen mit Geduld.
Zweiter Räuber. Kommt, führt sie weg!
Erster Räuber. Wo ist der Edelmann, der bei ihr war?
Dritter Räuber. Geschwind von Füßen, ist er uns entlaufen;
Doch Moses und Valerius folgen ihm.
Geh mit ihr nach des Waldes Abendseite,
Dort ist der Hauptmann; wir dem Flücht'gen nach;
Das Dickicht ist besetzt, er kann nicht durch.
Erster Räuber. Kommt, Ihr müßt mit zu unsers Hauptmanns
Höhle.
Seid unbesorgt; er ist von edlem Sinn
Und wird an einem Weib sich nicht vergreifen.
Silvia. O Valentin, das duld' ich deinethalb! (Alle ab.)

4. Szene.

Wald.

Valentin tritt auf.

Valentin. Wie wird dem Menschen Uebung doch Gewohnheit!
Der unbesuchte Wald, die dunkle Wüste,
Gefällt mir mehr als volkreich blüh'nde Städte.
Hier kann ich einsam sitzen, ungesehn,
Und, zu der Nachtigallen Klageliedern,
Mein Leid und Weh in Trauertönen singen.
O du, Beherrscherin von dieser Brust,
Laß nicht dein Haus so lang verödet stehn,
Daß nicht der morsche Bau in Trümmer falle,
Und kein Gedächtnis bleibe, was er war!
Komm, Silvia, das Gebäude herzustellen!
Tröst', holde Schöne, deinen armen Schäfer!
Welch Lärmen, welch ein Aufruhr ist das heut?
Die Bande schwärmt. Willkür ist ihr Gesetz;
Sie machen Jagd auf arme Wandersleute;
Sie lieben mich; doch hab' ich viel zu thun,

Wenn ich will rohe Ungebühr verhüten.
Verbirg dich, Valentin; wer kommt dort her?
(Er tritt beiseite.)

Proteus, Silvia und Julia treten auf.

Proteus. So dienstbereit war, Fräulein, ich für Euch, —
Obgleich Ihr keinen Dienst des Dieners achtet, —
Daß ich mein Leben wagte, Euch zu retten
Vor ihm, dem Räuber Eurer Lieb' und Ehre.
Gebt mir zum Dank nur Einen holden Blick;
Geringern Lohn als den kann ich nicht fordern,
Und wen'ger, sicherlich, könnt Ihr nicht geben.
Valentin. Ist dies ein Traum, was ich hier seh' und höre?
Leih, Liebe, mir ein Weilchen noch Geduld.
Silvia. O weh mir Armen, Unglückseligen!
Proteus. Unglücklich war't Ihr, Fräulein, eh' ich kam;
Und meine Ankunft macht' Euch wieder glücklich.
Silvia. Unglücklich macht mich deine Annäh'rung.
Julia (beiseite). Und mich, wenn er Euch wirklich näher kommt.
Silvia. Wär' ich vom Leu'n, dem hungrigen, ergriffen,
Viel lieber Speise sein dem Ungetüm,
Als mich vom falschen Proteus retten lassen.
Sei Zeuge, Himmel, wie Valentin ich liebe,
Sein Leben ist mir teu'r wie meine Seele.
Und ganz so sehr — denn mehr noch ist nicht möglich —
Ist mir verhaßt der falsch', meineid'ge Proteus;
Drum fort, und quäl' mich nicht mit läst'gem Werben.
Proteus. Dem kühnsten Unternehmen, todgefährlich,
Böt' ich die Stirn um einen milden Blick.
Es ist der Liebe Fluch bewährt geblieben,
Daß nie ein Weib den, der sie liebt, kann lieben.
Silvia. Daß Proteus nicht die, die ihn liebt, kann lieben.
In Julias Herz lies, deiner Erstgeliebten,
Um deren Gunst du deine Treu' gespalten
In tausend Schwüre; und all diese Schwüre
Zum Meineid wurden sie, um mich zu lieben.
Nun hast du keine Treu' mehr, wenn nicht zwei,
Was schlimmer wär' als keine; besser keine
Als Doppeltreu', die ist zu viel um eine,
Du Trüger deines wahren Freunds!
Proteus. In Liebe,
Wem gilt da Freundschaft?
Silvia. Jedem, außer Proteus.
Proteus. Nun, wenn der milde Geist beredter Worte
Auf keine Art zu sanfter Weis' Euch stimmt,

So werb' ich wie Soldaten mit Gewalt;
Und Liebe wird, sich selbst entartet, Zwang.
Silvia. O Himmel!
Proteus. Mit Gewalt bezwing' ich dich.
Valentin. Du Ehrenräuber, los die freche Hand!
Du Freund von schlechter Art!
Proteus. Ha, Valentin!
Valentin. Du Alltagsfreund, das heißt treulos und lieblos;
(Denn so sind Freunde jetzt) Verräter, du!
Du hintergingst mich; meinem Aug' allein
Konnt' ich dies glauben. Nun darf ich nicht sagen,
Mir lebt ein Freund; du würd'st mich Lügen strafen.
Wem ist zu traun, wenn unsre rechte Hand
Sich gegen unsre Brust empört? O Proteus,
Ich fürchte, nie darf ich dir wieder traun
Und muß um dich die Welt als Fremdling achten.
O schlimme Zeit! o Stich ins Herz hinein!
So muß der Freund der Feinde schlimmster sein!
Proteus. O Scham und Schuld vernichtet mich!
Vergib mir, Valentin, wenn Herzensreue
Genügen kann, die Sünde abzubüßen,
So sieh mein Leid; die Schuld ist größer nicht
Als jetzt mein Schmerz.
Valentin. So bin ich ausgesöhnt,
Und wieder acht' ich dich als ehrenvoll.
Wen Reue nicht entwaffnen kann, stammt nicht
Von Erd' noch Himmel, beide fühlen mild;
Durch Reue wird des Ew'gen Zorn gestillt:
Und daß vollkommen werde mein Verzeih'n,
Geb' ich dir alles, was in Silvien mein.
Julia. Weh mir, verloren! (Sie wird ohnmächtig.)
Proteus. Seht, was fehlt dem Knaben.
Valentin. Ei, Knabe! Schelm! was gibt's? was ficht dich an?
Blick auf, sprich!
Julia. O Signor, mein Herr befahl mir,
An Fräulein Silvia diesen Ring zu bringen,
Den ich vergaß und noch nicht abgegeben.
Proteus. Wo ist der Ring?
Julia. Hier ist er.
(Gibt ihm einen Ring.)
Proteus. Laß mich sehn!
Ha, diesen Ring schenkt' ich an Julia.
Julia. Verzeiht mir, Herr, ich habe mich geirrt!
Dies ist der Ring, den Ihr an Silvia sandtet.
(Zeigt einen anderen.)

Proteus. Allein wie kamst du zu dem Ring? Beim Abschied
Gab ich ihn Julien.
Julia. Und mir gab ihn Julia;
Und Julia selbst hat ihn hierher gebracht.
Proteus. Wie? Julia!
Julia. Schau sie, nach der all deine Eide zielten,
Die alle tief im Herzen sie bewahrte,
Des Wurzel oft dein Meineid, ach! gespalten.
O Proteus, dich beschäme diese Tracht!
Erröte du, daß solch unziemend Kleid
Ich angelegt, wenn ich der Liebesmaske
Mich wirklich schämen muß.
Mag Sitt' entscheiden, wer am schwersten fehle:
Vertauscht ein Weib das Kleid, ein Mann die Seele.
Proteus. Ein Mann die Seele? Wahr, o Himmel! Treue
Nur fehlt dem Mann, vollkommen sich zu nennen;
Der Mangel macht der Sünd' ihn unterthan;
Treulosigkeit stirbt ab, eh' sie begann.
Was ist in Silvia nur, das frischer nicht
Die Treue sieht in Juliens Angesicht?
Valentin. Kommt denn, und reiche jeder seine Hand;
Den schönen Bund müßt ihr mich schließen lassen,
Nicht länger darf solch Freundespaar sich hassen.
Proteus. Du, Himmel, weißt, mein Wunsch ist mir erfüllt!
Julia. Der meine mir.

Räuber kommen mit dem Herzog und Thurio.

Räuber. Ha, Beute, Beute!
Valentin. Zurück! es ist der Fürst, mein gnäd'ger Herzog.
Euer Gnaden sei gegrüßt dem gnadentblößten,
Verbannten Valentin.
Herzog. Wie, Valentin?
Thurio. Silvia ist dort, und Silvia ist mein!
Valentin. Wollt Ihr nicht sterben, Thurio, fort, entweicht!
Kommt nicht so nah, daß Euch mein Zorn erreicht;
Nicht nenne Silvia dein, wag's noch einmal,
So soll dich Mailand nicht mehr sehn. Hier steht sie;
Wag's, sie mit einem Finger zu berühren,
Mit einem Hauch nur sie zu streifen, wag's!
Thurio. Herr Valentin, ich frage nichts nach ihr;
Den halt' ich thöricht, der sein Leben wagt
Um eines Mädchens halb, die ihn nicht liebt!
Ich will sie nicht, und darum sei sie dein.
Herzog. Um so nichtswürd'ger bist und schlechter du,
Auf krummen Wegen erst sie zu erstreben,

Und dann so leichten Kaufs von ihr zu lassen!
Nun, bei der Ehr' und Würde meiner Ahnen,
Mich freut dein Mut! Du, Valentin, verdienst
Die Liebe selbst der höchsten Kaiserin.
Wie du mich hast gekränkt, das sei vergessen,
Ich widerrufe, ausgesöhnt, den Bann.
Streb' kühn nach höhrer Würde, Hochverdienter,
Die ich bestät'ge: Ritter Valentin,
Du bist ein Edelmann von altem Blut;
Nimm deine Silvia, du hast sie verdient!
Valentin. Ich dank' Euer Gnaden, mich beglückt die Gabe.
Ich bitt' Euch nun um Eurer Tochter willen,
Gewährt mir eine Gunst, um die ich flehe.
Herzog. Gewährt um deinetwillen, was es sei!
Valentin. Herr, die Verbannten, die mit mir gelebt,
Sind Männer, ausgezeichnet an Verdiensten;
Seht ihnen, was sie hier begingen, nach
Und ruft aus der Verbannung sie zurück;
Sie sind gebessert, mild und wohlgeartet,
Geschickt zu großen Diensten, gnäd'ger Herr!
Herzog. Es sei gewährt: Verzeihung dir und ihnen;
Gib ihnen Stellen, die dir passend scheinen.
Kommt, laßt uns gehn; begraben sei Verdruß
In Spiel und Lust und seltner Festlichkeit.
Valentin. Und unterwegs, mein gnäd'ger Fürst, versuch' ich,
Euch im Gespräch ein Lächeln zu erregen.
Was denkt Ihr von dem Pagen, hoher Herr?
Herzog. Sittsam scheint mir der Knabe, er errötet.
Valentin. Mehr sittsam, glaubt, als Knabe, gnäd'ger Fürst!
Herzog. Was meint Ihr mit dem Wort?
Valentin. Gefällt's Euch, so erzähl' ich Euch im Gehn,
Was Euch verwundern wird, wie sich's begab.
Komm, Proteus, dies sei deine Strafe nur,
Zu hören die Geschichte deiner Liebe;
Und dann sei unser Hochzeitstag der deine;
Ein Fest, ein Haus und ein gemeinsam Glück. (Alle gehen ab.)

Anmerkungen.

Der Widerspenstigen Zähmung.

¹ Richard der Eroberer, natürlich Wilhelm der Eroberer.
² Paucas palabris, verderbt aus spanischem pocas palabras = wenig Worte.
³ Desgleichen sessa, von spanischem cesár, aufhören; so viel wie basta.
⁴ Parodie eines Verses aus Thomas Kyds Spanish Tragedy.
⁵ Wincot oder Wilnecot, ein Dorf in der Nähe von Stratford, dem Geburtsort unseres Dichters.
⁶ Mi perdonate, italienisch, verzeiht mir.
⁷ Anna, die Schwester Didos, der Heldin der Virgilischen Aeneis.
⁸ Ein Citat aus dem Eunuchen des Terenz. Deutsch: Kauf dich los aus der Gefangenschaft mit dem denkbar kleinsten Lösegeld.
⁹ Agenors Tochter, Europa, um die Zeus in der Gestalt eines Stieres warb.
¹⁰ Italienische Wendungen. Deutsch: Von ganzem Herzen willkommen.
¹¹ Willkommen in unserem Hause, mein sehr verehrter Herr Petruchio (sprich: Petrutschio, italienisch: Petruccio).
¹² Florentius' Schätzchen. Die Geschichte von dem Ritter Florentius, der ein häßliches, altes Weib heiratete, weil sie ein Rätsel gelöst hatte, von dem sein Leben abhing, fand Shakespeare in Gowers Confessio Amantis. (Ein ähnlicher Stoff wird von Chaucer in den Canterbury Tales behandelt.
¹³ Der schönen Leda Tochter, Helena.
¹⁴ Euer Ben venuto bin ich, d. h. ich heiße Euch willkommen.
¹⁵ Affen zur Hölle führen. Im Englischen sprichwörtlich, so viel wie: eine alte Jungfer bleiben.
¹⁶ Citat aus Ovids erster Heroide:
Dorten floß der Simois, hier dehnt sich sigäisch Gelände;
Hier einst strebte empor Priamus' Königspalast.
¹⁷ Cum Privilegio etc., mit ausschließlichem Druck- und Verlagsrecht. Hier mit zweideutigem Nebensinn.
¹⁸ Und traft Ihr schon das Weiße. Anspielung auf den Namen Bianka = die Weiße.

Die Komödie der Irrungen.

¹ Den jüngsten Sohn. Shakespeare übersieht hier, daß, nach der Erzählung des Kaufmanns, die Mutter den jüngsten Sohn zu sich genommen hatte. Doch nennt auch am Schlusse des Stückes Dromio von Syrakus seinen Zwillingsbruder von Ephesus den jüngsten.

² **Mein wahrer Lebensalmanach**; weil er mit ihm an einem Tage geboren worden war. So heißen im 5. Aufzug 1. Szene (S. 118) die beiden Sklaven „die Kalender ihrem (d. h. der beiden Antipholus) Wiegenfeste".

³ Anspielung auf die Bürgerkriege in Frankreich, welches Heinrich den Vierten von Navarra nicht anerkennen wollte, zugleich aber auch eine von Shakespeare beliebte Anspielung auf die damals in England als French Crown bekannte Lustseuche, die in Ausfätzen 2c. auf der Stirn zum Ausbruch kam.

⁴ Anspielungen auf die erwähnte Eigentümlichkeit dieses Vogels fanden sich auch sonst in der zeitgenössischen englischen Litteratur.

⁵ „Das Abbild des alten Adam in neuem Kostüm ist der Gerichtsdiener, in Leder gekleidet, wie Adam nach dem Sündenfalle in Tierfelle gekleidet war." Delius.

⁶ Das lateinische respice finem (bedenke das Ende) wurde scherzhaft in respice funem (bedenke den Strick) verdreht. „Was des Papageis Prophezeiung bedeute, lernen wir aus einer unübersetzbaren Stelle des Hudibras, wo das Geschrei jenes Vogels mit den Worten rope (Strick) und walk, knave, walk (gehe, Schurke, gehe) wiedergegeben wird." A. Schmidt.

Die beiden Veroneser.

¹ **Wie ein Bettler am Allerheiligentage.** An diesem Tage pflegten die Bettler einen Rundgang zu halten; eine Sitte, die sich im Staffordshire erhalten hat.

² **Wenn auch das Chamäleon.** Von dem Chamäleon ging die Sage, daß es von der Luft lebe und seine Farbe beliebig wechseln könne. Vergl. S. 137.

³ **Ein Latz muß sein.** Es war die Sitte oder richtiger Unsitte damaliger Zeit, „einen so dick ausgestopften Hosenlatz zu tragen, daß er füglich als Nadelkissen dienen konnte". Delius.

⁴ **Denn du bist Merops' Sohn.** D. h. du bist durch und durch ein Phaethon. Der Vater des Phaethon hieß Merops.

⁵ **Und Sankt Nikolas steh' dir bei.** „Sankt Nikolas war der Patron der Schüler." Delius.

⁶ **Bei der Glatz von Robin Hoods dickwanstigem Mönch.** Der aus seinem Kloster wegen seines anstößigen Lebenswandels ausgestoßene Bruder Tuck (Friar Tuck) spielte eine hervorragende Rolle unter Robin Hoods lustigen Kumpanen.

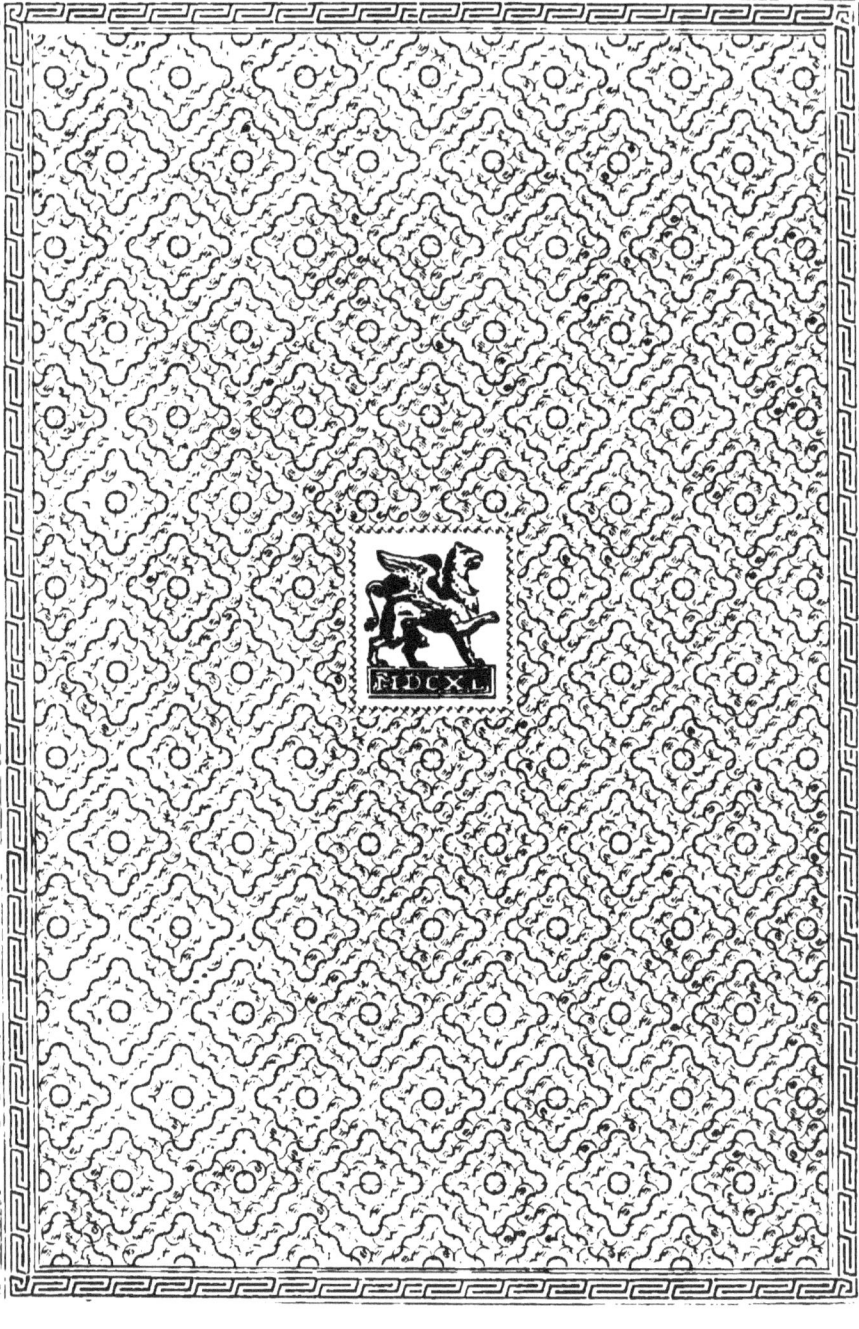

PR   Shakespeare, William
2781   Sämtliche dramatische Werke
S3
1889
Bd.1

PLEASE DO NOT REMOVE
CARDS OR SLIPS FROM THIS POCKET

UNIVERSITY OF TORONTO LIBRARY

www.ingramcontent.com/pod-product-compliance
Lightning Source LLC
Chambersburg PA
CBHW020255170426
43202CB00008B/375